Q&A
세계사

김유석 · 정부원 지음 | 심차섭 그림

살림

들 어 가 는 말

우리가 사는 곳과 다른 지역에서 일어난 과거의 사실들과 그곳에서 활동한 사람들이 남긴 삶의 흔적에 관심을 가지는 이유는 무엇일까?

처음 보는 물건이나 처음 접하는 사람에게 눈길이 쏠리는 것은 일단은 호기심 때문일 것이다. 그러나 이성적 존재로서의 인간이 '다른 것'에 신경을 쏟는 이유는 '다른 것'의 본질을 파악하고 '다른 것'과의 관계맺음을 통해 스스로의 존재를 새롭게 정립하려는 목적이 강하게 작용하기 때문이기도 하다.

한반도나 동아시아 이외의 세계 여러 지역의 역사에 관심을 갖는 이유 또한 이와 동일한 맥락에서 찾을 수 있다. 단순히 다른 나라에 대한 역사 정보를 얻어 실용적인 이득을 취하는 차원이 아니라 이러한 과정을 통해 우리의 역사를 더욱더 깊이 이해할 수 있는 기반을 마련할 수 있는 것이다.

우리는 이러한 점에 유념하여 세계 여러 지역의 역사를 조금은 색다른 관점에서 다루었다. 우선 유럽이나 중국, 여타의 강대국 중심에서 역사를 바라보는 관점에서 탈피하여 지금까지 크게 주목을 받지 못했던 지역, 중요하지만 잊혀졌던 사람이나 사건들에도 초점을 맞추는 방식으로 글을 구성하였다. 또한 세계 여러 지역들 간의 문물교류 과정과 과거의 일상생활 중 중요한 역사적 의미를 지니는 사안에 대해 관심을 집중함으로써 글 읽는 재미를 한층 끌어올리는 데 역점을 두기도 했다.

날이 갈수록 속도를 더해 가는 '세계화'의 거친 조류 속에서 이 책이 미력하나마 특정 지역을 넘어서 전 지구적 차원의 역사인식을 대중적으로 확산시키는 데 기여했으면 하는 바람 간절하다.

김유석, 정부원

차 례

4장 좌충우돌의 시대

서양 중세사회

5장 새로운 질서의 모색

근대사회로의 진입

6장 팽창하는 유럽 세계
대항해시대

7장 비 갠 후의 햇살
시민혁명과 근대국가의 탄생

1장

서양, 걸음마를 떼다

서양 역사의 기원과 고대사회

시대 설명

인류는 매우 기나긴 역사적 과정을 거치면서 오늘날에 이르렀다. 인류 사회는 문자의 사용 유무에 따라 선사시대와 역사시대로 구분되는데, 역사시대에 진입하면서부터 인류 사회의 문명이 급속도로 발전한 것은 인류가 문자를 통해 문화를 축적하고 전승·발전시켜 나갔기 때문이다. 그러나 선사시대에도 인류는 자연에 존재하는 수많은 장벽을 극복하고 불과 도구, 언어 등 인간만의 독특한 발명품과 정보 전달 매체를 활용하여 역사시대의 초석을 다지는 중요한 문화적 업적을 성취했다.

고고인류학의 성과로 유적과 유물이 잇달아 발견되어, 인류의 조상이 500만 년 전부터 지구상에 존재했을 것이라는 이론이 정설로 받아들여지고 있다. 루시라는 별명을 지닌 오스트랄로피테쿠스가 직립보행을 했다는 점을 들어 최초의 인류를 오스트랄로피테쿠스로 파악하는 견해가 하나의 상식처럼 수용되었던 것이다. 그러나 오스트랄로피테쿠스는 여전히 원숭이와 가까운 생리적 특질을 지니고 있다는 연구 결과가 주목을 끌면서 기존의 가설은 설득력을 잃었다. 여기에 덧붙여 호모 에렉투스가 호모 사피엔스로 곧바로 진화했다는 가설 또한 사실과 먼 것으로 판명되고 있다. 새롭게 정립된 이론에 근거할 경우 현생인류는 네안데르탈인보다 4~5만 년 더 앞서 아프리카에서 출현한 것으로 추정된다. 결과적으로 유럽 현생인류의 조상도 네안데르탈인이 아니라 아프리카에서 출현한 원시인류라고 보는 편이 타당한 것이다.

기원전 3000년경 티그리스 강과 유프라테스 강 유역에서 금속으로 된 도구를 사용하고 농경문화를 바탕으로 한 고대 문명이 생겨나 서양 역사의 서막을 열었다. 메소포타미아 문명은 수메르, 바빌로니아, 아시리아를 거치며 비약적으로 발전해 갔으며 이 시기에 등장한 금속제 도구는 이집트와 유럽, 아시아로 전파되어 유럽과 근동지역의 초기 문명 형성에 중대한 영향을 끼쳤다.

Q 001

최초의 인류는 어느 대륙에서 탄생했나?

★**시대** : 500만년 전 ★**주제어** : 오스트랄로피테쿠스, 네안데르탈인, 직립보행

오스트랄로피테쿠스는 인류의 조상이 아니다!

중고등학교 교과서에서 최초의 인류라고 서술하는 오스트랄로피테쿠스는 1924년 남아프리카의 타웅 지방에서 발견되었다. 적어도 450만 년 전에는 직립보행을 했을 것이라 추정되는 오스트랄로피테쿠스는, 뇌의 용적이 인간보다는 원숭이에 좀 더 가까웠지만 직립보행을 했다는 근거가 있어 인류의 조상으로 여겨져 왔다.

그러나 오스트랄로피테쿠스를 호모 속(屬)을 포함하는 모든 사람 과(科)의 조상으로 보는 견해에 대항해 호모와 오스트랄로피테쿠스를 구분해서 파악해야 한다는 주장이 제기되면서 논쟁이 벌어졌다.

실제로 루시라는 별명으로 알려진 오스트랄로피테쿠스는 유인원처럼 나무 위를 효과적으로 이동할 수 있는 능력을 가졌을 것으로 추정된다. 루시의 속귀와 치아 연구를 통해 도출한 결론도 루시가 사람보다는 유인원에 더 가깝다는 내용이 주를 이루었다. 인간의 유형에 그나마 가까운 형태의 외양을 갖추고 활동했던 루시는 250만 년 전 도구를 활용하여 생활했던 호모 하빌리스로 추정된다.

호모 하빌리스의 두뇌 용적은 800세제곱센티미터 정도로 오스트랄로피테쿠스에 비해 많게는 두 배 가까이 되며 육식을 통해 두뇌에 적절한 양분을 공급하며 생활했을 것이라고 판단된다. 오스트랄로피테쿠스는 호모 에렉투스 및 원숭이와 펼친 생존투쟁에서 밀려나 100만 년 전에 멸종한 것으로 보인다.

과학으로 발견한 최초의 인류

그렇다면 오스트랄로피테쿠스와 호모 하빌리스 이후에 출현한 호모 에렉투스가 현생인류로 규정되는 호모 사피엔스로 진화했다고 볼 수 있는가? 초기의 고고학적 발굴 성과는 이러한 가설을 뒷받침하는 방향으로 활용되었다. 이른바 '다지역진화설'이라고 불리는 이 가설에 따르면, 호모 에렉투스 집단이 형성된 곳에서는 어디서나 호모 사피엔스가 등장했다고 한다. 유라시아 대륙에 현존하는 인류의 직접적인 조상을 네안데르탈인으로 파악한 것은 바로 이러한 맥락에서였다. 그러나 전자스핀 공명법과 열 발광연대 측정법으로 측정한 결과 현생인류는 네안데르탈인보다 4~5만 년 앞서 출현했다는 것을 알 수 있었다. 이로써 인류는 아프리카의 사하라 사막 이남에서 최초로 출현하여 전 세계로 퍼져 나갔다는 가설이 새롭게 등장했다.

네안데르탈인은 추위에 적응하기 위해 짧은 팔다리를 가진 개체로 진화한 것으로 여겨지지만 이에 비해 현생인류는 팔다리가 호리호리한 체형이다. 이러한 체형은 적도나 온대 기후에서 생활하기에 좀 더 적절하고, 현생인류로 추정되는 10만 년 전의 화석들 또한 아프리카와 중동 지역에서 주로 발견된 것으로 보아 현생인류의 아프리카 기원설은 설득력이 있어 보인다.

그러나 아직까지 새롭게 출현한 인류가 언제, 어떠한 방식으로 예전의 인

류를 대체해 나갔는지에 대해서는 명확히 알려진 바가 없다. 네안데르탈인이 약 2만 년 동안 현생인류와 공존하고 접촉했다는 증거가 제시되는 것처럼, 단순한 진화설을 가지고 이 문제를 완벽히 해결하기는 힘들 것으로 보인다. 다만 현생인류는 지금으로부터 약 700만 년 전부터 출현하기 시작한 유사 인류로서의 특성을 지니는 다양한 종들과 공존하고 경쟁하면서 지금까지 이어져 온 것으로 봐야 할 것이다.

A 아프리카

Q 002

'메소포타미아'의 뜻은 무엇일까?

★ **시대** : BC 3500~612 ★ **주제어** : 티그리스 강, 유프라테스 강, 바빌로니아, 아시리아

수메르인이 문명을 일으키다

메소포타미아 문명은 고대 문명의 발상지들 중 하나로 손꼽히고 있는데, 지금의 이라크 지역과 시리아의 북동부, 이란의 남서부가 이 지역에 속한다. 이 지역은 예부터 티그리스 강과 유프라테스 강이라는 두 개의 큰 강을 중심으로 문명을 일궈 나갔는데, 바로 '메소포타미아'의 뜻이 고대 그리스어로 '두 강 사이의 유역'을 의미한다. 현재 강이 흐르는 방향은 과거와 같지 않지만, 고대에는 지금의 터키 지역과 이라크 지역을 관통하며 흐르던 이 강들을 중심으로 위대한 왕국들이 등장했다.

이 두 강의 남부 지역은 바빌로니아, 북부 지역은 아시리아로 불렸는데, 이 두 지역 중에서 먼저 문명을 일으킨 것은 바빌로니아 지역의 수메르인들로 알려져 있다. 수메르인들은 약 기원전 3500년경에 여러 개의 독립 국가들을 형성했고, 신전 혹은 왕이 토지를 소유하고 경작자들에게 임대하는 형태의 독특한 농경문화를 일구었다.

바빌로니아 제국의 흥망

기원전 1704년경 함무라비 왕의 등장과 함께 메소포타미아 지역에 강대한 제국이 건설되었다. 바로 바빌로니아 제국이다. 바빌로니아 제국은 메소포타미아 북쪽의 아시리아에도 영향을 끼칠 정도로 강력한 제국이었다. 제국의 유명한 왕 함무라비는 중앙집권적인 국가 체제를 확립했고, 신이 내린 왕권을 주장하며 강력한 통치력을 행사했다. 놀랍게도 이 시기에는 이미 은이 화폐로 통용되고 있었으며, 토지사유제도도 상당 수준으로 발달한 것으로 알려져 있다. 그렇지만 바빌로니아 제국의 통치도 오래 가지 못했다. 기원전 1550년경에 카시트인의 침입으로 멸망한 것이다.

메소포타미아 문명, 역사에서 사라지다

메소포타미아의 북부에서 등장한 아시리아는 셈족에 속하는 부족국가로 시작했다. 이들은 기원전 3000년경부터 '아수르'라고 불리는 지역에서 근거를 마련하고 세력을 확장하기 시작했는데, 이 지역은 농업에 유리한 환경이 아니었다. 따라서 이들은 목축과 사냥을 통해 경제생활을 유지했으며, 농업은 바빌로니아만큼 발전하지는 못했다. 이 지역에서 역시 바빌로니아와 마찬가지로 절대권력을 자랑하는 통일국가가 형성되지는 못했다. 다양한 국가들이 난립하여 전쟁이 끊이지 않았고, 국가들 대부분이 아카드나 바빌로니아의 속국 형태로 지배를 받았다.

그러다 기원전 900년경에 등장한 아슈르-단 2세(BC 934~912 재위)와 아다드-니라리 2세(BC 911~891 재위)가 외래 민족들의 간섭을 적절하게 차단하고 주변 부족들을 제압하여 강력한 제국을 구축하기 시작했다. 아시리아는 기병과 전차를 갖춘 강력한 전투 민족으로 활약했으며, 기원전 8~7

세기 사이에는 구약성서에서 빈번히 등장하는 화려한 도시 니네베를 건설했다. 아시리아는 곧 시리아와 페니키아, 이스라엘, 이집트 등을 정복하며 메소포타미아를 비롯한 근동 지역의 절대 강자로 부상했지만, 전성기는 그리 오래가지 못했다.

지나치게 급속하게 확장된 제국을 통치하기엔 아시리아의 관리 능력이 턱없이 모자랐다. 아시리아의 통치에서 벗어나고자 했던 많은 나라들이 점차 독립을 꾀하기 시작했으며, 결국 기원전 612년경 칼데아인들이 니네베를 정복함으로써 아시리아도 역사의 뒤안길로 사라지게 되었던 것이다. 결국 이후 페르시아가 이 지역을 복속하고 거대한 제국을 건설하는 데 성공함으로써 메소포타미아 문명은 막을 내렸다.

A 두 강 사이의 유역

니네베

성경에는 니느웨로 잘 알려져 있다. 지금 이라크의 모술 지방을 가리키며, 아시리아 시절 가장 번성했던 지역으로 밝혀졌다.

Q 003

바벨탑에서 '바벨'의 뜻은?

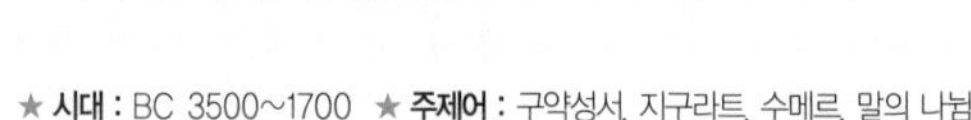

『구약성서』의 바벨탑 이야기

『구약성서』 창세기에 따르면 옛날에는 온 세상에 하나의 언어만 있었다고 한다. 인간의 무리들은 동쪽으로 옮아가다가 평원에 이르렀고, 그곳에 벽돌과 역청을 사용하여 도시를 건립했다. 점차 자신들의 능력을 과신하게 된 인간들은 도시 한가운데에 하늘 끝까지 닿을 만한 건물을 쌓기로 결심하고 탑을 짓기 시작했다. 이때 하느님이 나타나셨다. 하느님이 이들의 오만함에 혀를 내두르며 말씀하시길, "사람들이 말이 하나이기 때문에 못하는 짓이 없구나. 어서 말을 뒤섞어 서로 알아듣지 못하게 해야겠다!" 하셨다. 이에 인간의 언어는 여러 개로 나뉘었고, 하느님이 사람들을 온 땅으로 흩어놓았다고 한다. 그리고 하느님은 이곳을 바벨이라 이름 지었는데, 그 뜻은 곧 '혼돈'이라 한다.

바벨탑은 지구라트?

이 이야기는 다양한 언어와 종족으로 구성되어 있는 지구 세계가 어떻게 형성되었는지에 대한 단서를 제공하는 신화에 불과하다고 생각되지만, 사실

더 높게!
더 올려!
?
바벨탑

| 현재 남아 있는
우르 지방의 지구라트 유적

바벨탑이 실제로 존재했다는 가설에 많은 연구자들이 동의한다. 연구자들은 『구약성서』에 등장하는 바벨탑은 지구라트를 지칭하는 말이라고 추정한다. 지구라트는 수메르인들의 신전을 말하는데, 이들은 본래 산악지방에서 살던 습성이 있어서 메소포타미아 평야지대에 인공 산을 만들어 신전으로 삼았다. 이는 인간들이 평지로 옮겨왔다는 『구약성서』의 내용과 일치한다.

수메르인들은 높은 지구라트를 통해 하늘에 있는 신이 땅과 소통할 수 있다고 생각했다. 또한 지구라트 내에 신전을 세우고 그곳에 '신의 문'을 만들었는데, 이곳의 이름이 아카드어로 '바브(bab: 문)-엘(el: 신)'이다. 이 이름에서 '바벨', '바빌로니아'라는 명칭들이 탄생한 것이다. 이는 바벨이 '혼돈'을 뜻한다는 것과는 다른 가설이다. 하지만 신의 세계와 지상의 세계가 뒤섞이는 공간이 '신의 문'이라고 생각한다면, '혼돈'이라는 의미도 적절하게 들어맞는다고 볼 수 있다.

게다가 메소포타미아 평원 지대에는 석재나 목재가 귀하고 흙이 많았다고 한다. 그래서 이곳의 건축물들은 흙으로 틀을 채워 구워 만든 벽돌로 만든 것들이 대부분이었다고 한다. 이는 『구약성서』가 전하는 바벨 도시의 건설 내용과 일치한다.

헤로도토스가 남긴 바벨탑에 대한 기록

고대 그리스의 역사가 헤로도토스는 바벨탑에 대한 기록을 남겼다. 완전한 바벨탑을 본 것은 아니고 일부 붕괴된 지구라트 중 하나를 본 것으로 추측되는데, 그의 고증에 따르면 바벨탑은 7층으로 되어 있 맨 밑의 층이 가장 넓은데, 그 넓이가 90제곱미터에 이른다. 그리고 점차 넓이가 좁아지는 각 층의 높이를 모두 더하면 90미터라고 하니, 바벨탑은 대략 30층에 달하는 아파트와 높이가 같다고 생각하면 되겠다. 탑의 실제 높이를 감안하면 바벨탑은 하늘에 닿을 만큼 큰 규모는 아니었던 것 같지만, 기중기나 굴삭기 하나 없던 고대의 기술력에 비추어 봤을 때 정말 놀랄 만한 건축물이 아닐 수 없다.

A 혼돈

헤로도토스

BC 480년경~420년경의 인물로 '역사의 아버지'라 불리는 그리스의 역사가. 흑해 북안으로부터 페니키아 여러 도시와 바빌론을 거쳐 이집트, 나일강을 거슬러 올라 아프리카 북안의 키레네까지 직접 여행을 했다. 각지의 풍토, 풍속, 역사 이야기를 동서항쟁이라는 거대한 설화 속에 통일적으로 집어넣어 『역사』라는 저술을 남겼다.

Q 004

고대 이집트에서 애완동물도 미라로 만들었다는 게 사실일까?

★**시대** : BC 3200~343 ★**주제어** : 미라, 고대 이집트, 사후 세계, 영혼과 육체

나의 살던 고향은 썩지 않는 미라

고대 이집트인들은 사후 세계가 존재한다고 생각했다. 그런데 이들이 생각한 사후 세계는 독특한 것이었다. 사후 세계에서는 인간의 영혼만이 빠져나간다고 생각했던 대부분의 종교와 달리, 고대 이집트에서는 영혼이 지하 세계에 가서 심판을 받은 후 다시 현세로 돌아와 육체를 가지고 사후 세계로 간다고 믿었다. 육체가 완전하게 보존되어 있어야만 영혼이 자신의 육체를 되찾아 안전하게 사후 세계로 갈 수 있는 것이었다. 그래서 시신이 부패하지 않도록 내장을 제거하고 정성껏 씻은 후 여러 가지 약품 처리를 하고, 공기나 빛에 노출되지 않도록 마른 천으로 꽁꽁 싸맨 후, 밀폐된 공간에 이를 보관했던 것이다. 이것이 바로 미라이다.

왕과 귀족의 미라만 남아 있는 이유

현재 우리가 볼 수 있는 미라는 대부분이 왕이나 고위 귀족들의 것이기 때문에 미라로 만드는 의식은 소수의 집단들만 누릴 수 있는 특권이라고 생각하기 쉽다. 그렇지만 최근의 연구에 따르면 미라는 일반인들 사이에서도

내가 다시
올때까지
여기에 잘
있어야 해!
으...음
빨리
와야해.

성행하던 풍습이었다. 심지어 사람들이 어여삐 여기던 애완동물도 미라로 만들었다 한다.

그런데 왜 소수의 왕과 귀족층의 미라만 발견되는 것일까? 그것은 권력과 재력을 두루 갖춘 계층의 사람일수록 더 좋은 약품과 철저한 봉인 작업을 거쳐서 미라로 만들었기 때문이다. 일반인들의 미라는 약품 처리도 보잘 것 없었으며, 내장 제거 작업 등이 제대로 되지 않아 쉽게 부패할 수밖에 없었다. 따라서 수 천 년이 지난 지금에는 소수의 부유층 미라만 남아 있는 것이다.

이와 연관되어 피라미드의 존재도 풀리지 않는 미스터리로 남아 있다. 많은 학자들이 피라미드가 만들어진 이유에 대해 각기 다른 견해를 제시하고 있는데, 어떤 연구자는 피라미드가 육체에서 빠져나간 영혼이 쉽게 자신의 육체를 찾을 수 있도록 하는 일종의 표식이라고 주장하기도 한다. 이는 미라를 만들고 화려하게 장식한 이유와 동일한 맥락이다. 아무튼 고대 이집트의 문화는 여전히 풀리지 않은 수수께끼로 남아 우리의 환상을 자극하고 있다.

A 사실이다.

Q 005

람세스 2세가 역사의 사기꾼이라는 말이 사실일까?

★ **시대 :** BC 1274 ★ **주제어 :** 카데시 전투, 람세스 2세, 무와탈리 2세, 정치 선전

카데시 전투는 이집트의 승리?

소설 『람세스』에 따르면 람세스의 이집트는 카데시 전투에서 완벽하게 승리했고, 히타이트는 비참하게 패배하여 물러났다고 하는데 이는 역사의 많은 오해 중 하나이다.

카데시 전투가 일어날 즈음인 기원전 14~13세기 고대 세계는 이집트와 히타이트라는 양대 강국이 전성기를 구가했을 뿐 아니라 두 나라의 경쟁이 최고조에 이른 시기이기도 했다. 카데시 전투는 이러한 경쟁이 드디어 전쟁으로 표출된 것이었다.

기원전 1274년 이집트의 람세스 2세가 히타이트의 속국을 공격하자 히타이트의 왕 무와탈리 2세도 더 이상 이집트와의 직접적인 충돌을 피할 수 없었다. 당시 히타이트 군은 이집트 군을 맞이하여 일단 후퇴하는 모습을 보였다. 히타이트 군이 두려움에 도망쳤다고 믿고 진격한 이집트 군은 매복하고 있던 히타이트 전차부대의 기습으로 거의 섬멸 지경에 이르렀다. 다행히 다른 곳에 주둔하고 있었던 아군의 도움으로 람세스 2세는 간신히 포로 신세를 면하고 전쟁터를 벗어날 수 있었다.

무와탈리 2세는 더 이상 공격하지 않고 중개인을 보내 퇴각을 권유했고 람세스 2세는 이를 '기꺼이' 받아들였다. 이집트 군은 엄청난 전력 손실을 입고 퇴각했다. 카데시 전투는 상식과는 달리 엄연한 히타이트의 승리였던 것이다.

람세스 2세 앞에서 울고 갈 히틀러

하지만 무와탈리 2세는 하늘에서 자신이 베푼 관용을 후회했을 것이다. 람세스 2세가 몇 년 후 이 전투의 진실을 은폐하고 왜곡했기 때문이다.

람세스 2세는 카데시 전투에 관한 여러 편의 보고서를 기록하여 신전에 새기도록 명령했다. 거기서 람세스 2세는 자신을 카데시 전투의 위대한 승리자로 천명했고 히타이트 측의 긴 전사자 명단을 거짓으로 만들었는데, 전사자 중에는 존재하지도 않는 무와탈리 2세의 친동생이 둘이나 있다고 한다. 그리고 이 형제들이 전사한 사실을 알고 무와탈리 2세가 항복했다고 씌어 있다. 하지만 전투에 참가한 무와탈리 2세의 유일한 동생 하투실리는 멀쩡히 살아 있었다.

람세스 2세의 이러한 역사적 프로파간다(선전)는 무려 3,000년이 넘도록 효과를 발휘했다. 람세스가 신전에 남긴 그림과 글들은 수많은 학자와 관광객이 '무식하고 잔혹하고 야만적인 히타이트인'이라는 이미지를 믿게 만든 것이다.

비록 여러 가지 정황과 뒤늦게 해독된 히타이트의 문서들을 통해 진실이 밝혀졌지만, 사람들의 뇌리에 박힌 람세스 2세와 카데시 전투의 이미지는 역사적 사실을 여전히 은폐하고 있다. 람세스 2세는 히틀러도 울고 갈 정치 선전의 선구자였던 것이다.

A 사실이다.

히타이트

바빌론, 이집트와 함께 고대 오리엔트 3대 제국으로 불리는 강대국이지만 앞의 두 나라에 비해 히타이트가 잘 알려져 있지 않다. 아마도 매우 늦게 발굴된 것의 영향 때문일 것이다. 히타이트인들은 무척 강한 전사들의 민족으로 알려져 있으며, 특히 3인승 전차를 이용하여 적을 무자비하게 섬멸했다고 한다.

연표로 보는 고대 5대 사건

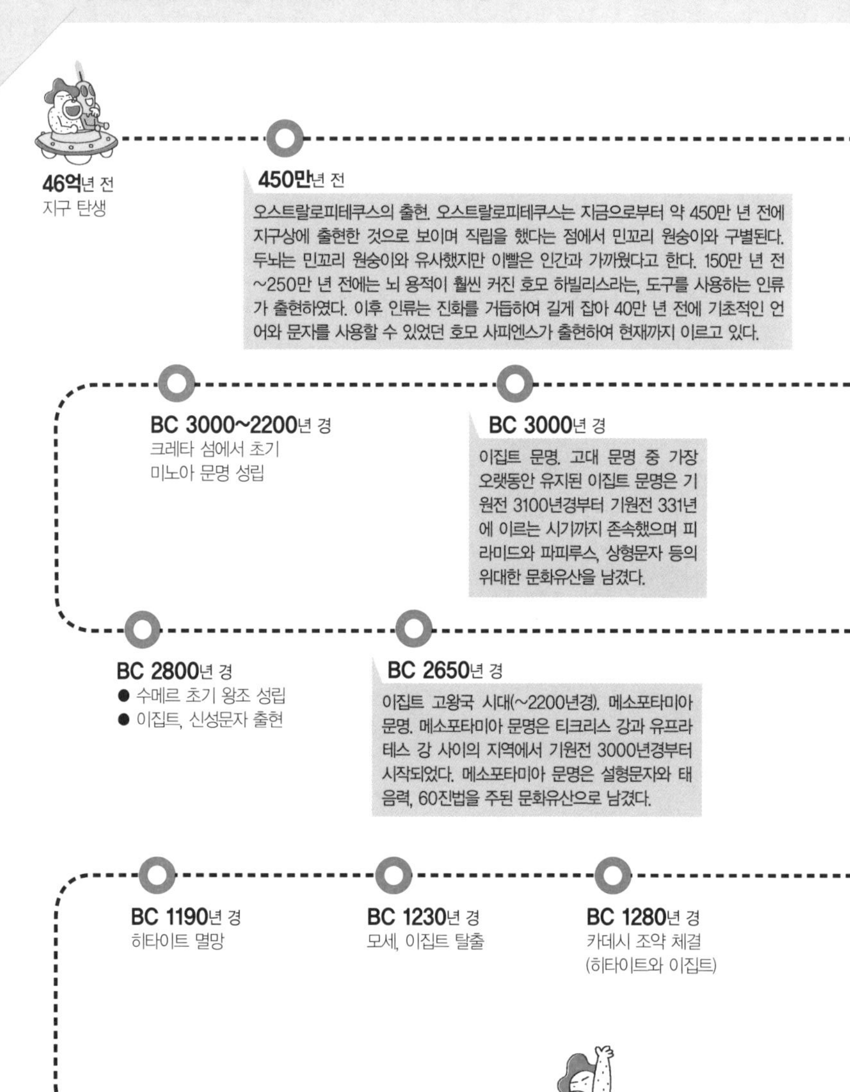

BC 1100년 경
도리아인 남하하여 그리스 침입

BC 900년 경
스파르타 성립

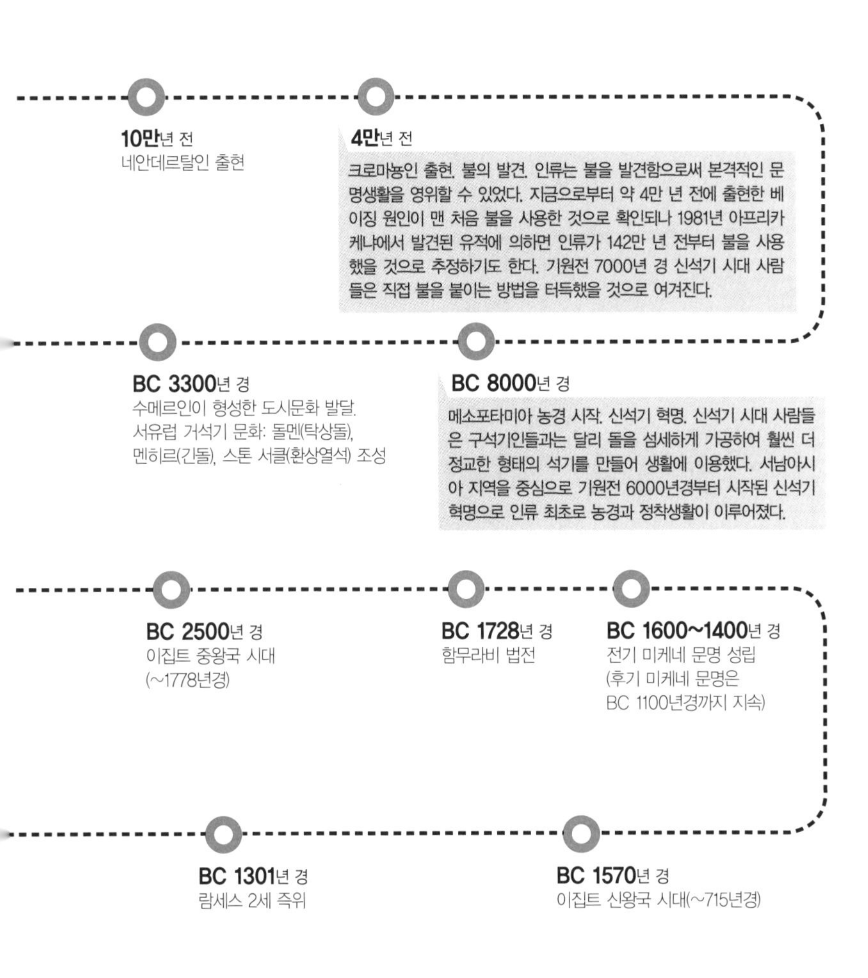

10만년 전
네안데르탈인 출현
4만년 전
크로마뇽인 출현. 불의 발견. 인류는 불을 발견함으로써 본격적인 문명생활을 영위할 수 있었다. 지금으로부터 약 4만 년 전에 출현한 베이징 원인이 맨 처음 불을 사용한 것으로 확인되나 1981년 아프리카 케냐에서 발견된 유적에 의하면 인류가 142만 년 전부터 불을 사용했을 것으로 추정하기도 한다. 기원전 7000년 경 신석기 시대 사람들은 직접 불을 붙이는 방법을 터득했을 것으로 여겨진다.
BC 3300년 경
수메르인이 형성한 도시문화 발달.
서유럽 거석기 문화: 돌멘(탁상돌),
멘히르(긴돌), 스톤 서클(환상열석) 조성
BC 8000년 경
메소포타미아 농경 시작. 신석기 혁명. 신석기 시대 사람들은 구석기인들과는 달리 돌을 섬세하게 가공하여 훨씬 더 정교한 형태의 석기를 만들어 생활에 이용했다. 서남아시아 지역을 중심으로 기원전 6000년경부터 시작된 신석기 혁명으로 인류 최초로 농경과 정착생활이 이루어졌다.
BC 2500년 경
이집트 중왕국 시대
(~1778년경)
BC 1728년 경
함무라비 법전
BC 1600~1400년 경
전기 미케네 문명 성립
(후기 미케네 문명은
BC 1100년경까지 지속)
BC 1301년 경
람세스 2세 즉위
BC 1570년 경
이집트 신왕국 시대(~715년경)

2장

서양 역사의 서막

고대 그리스와 로마

시대 설명

에게 문명은 오리엔트 문화의 영향 속에서 형성되었지만 후기 미케네 문명을 거치면서 오리엔트와는 구별되는 독자적인 문화체계를 구축해 나갔던 고대 그리스인들은 서양 문명의 기초를 형성했다. 폴리스를 중심으로 민주정과 합리적인 철학 체계, 창의적인 문화 양식을 확립한 고대 그리스 문명은 헬레니즘과 로마 문화, 기독교 신학의 교의 형성에 직접적인 영향을 끼치면서 서양 문화의 실질적인 시조가 되었다.

그리스 신화는 단순히 허구적 이야기에 불과한 것이 아니라 고대 그리스인들의 가치관과 사회구조를 반영하고 있는 중요한 사료로서의 가치를 지니고 있다. 이집트와 메소포타미아 신화의 영향을 받아 형성된 그리스 신화는 동방 고대문화의 특질들을 발전적으로 계승하고 있으며 그리스 사회가 가부장제에 입각해 있었음을 짐작케 해 준다. 그리스 신화를 통해 고대 그리스인들이 하늘과 땅의 결합을 통해 세상이 창조되었다는 신념을 지니고 있었고 그리스 사회가 농업사회에 바탕을 두고 있었다는 사실을 확인할 수 있다.

고대 그리스 사회에서 최초로 민주정체를 형성하여 빛나는 문화적 업적을 이루었던 아테네는 페르시아 전쟁에서 승리하여 지중해 문명권의 새로운 강자로 부상하였다. 이를 계기로 아테네 사회에서는 국가의 지원을 받는 연극 공연이 기획되어 아테네 사람들에게 자국에 대한 애국심을 고취하는 문화적 의식이 행해졌다.

고대 서양 철학의 아버지로 일컬어지는 소크라테스의 죽음은 아테네 민주정의 특성과 서양사상의 본질을 엿볼 수 있게끔 하는 소재로 활용된다. 소크라테스는 포퓰리즘적 성향을 배태하고 있던 아테네 민주정이 중우정치로 변질될 것을 우려했고 절대적 진리와 영혼의 불멸성을 철학탐구의 전제로 삼았다. 펠로폰네소스 전쟁 이후 스파르타의 배후조정으로 형성된 30인 과두정체를 붕괴시키고 이전의 민주정체를 부활시킨 아니토스에 의해 소크라테스가 목숨을 잃은 사건은 소크라테스 사상의 본질은 물론 아테네 민주정의 특질에 대해 다양한 시사점들을 제공해 준다. 한편 지나침을 멀리하고 올바른 습성을 길러 참된 덕성을 구현하는 것이 행복에 이르는 지름길이라고 역설했던 아리스토텔레스의 사상은 고대 그리스 및 헬레니즘 사회의 윤리의식은 물론 서양 도덕철학의 중요한 이론적 기반이 되었다.

창의성과 합리성을 특질로 지니고 있던 그리스 문화를 계승하고 동방지역의 문화를 적극적으로 수용했던 로마는 조직적이고 실용적인 문화체제를 구축하여 현존하는 서양문화의 기틀을 형성하였다. 로마는 포에니 전쟁의 승리를 계기로 거대한 제국으로 발전해 나갔고 제정의 확립을 통해 훨씬 더 효율적으로 지방 행정을 꾸려 나가면서 제국의 부강을 꾀했다. 또한 제국 말기에 기독교를 공인함으로써 중세사회의 근간을 마련했다. 혼합적 정치체제가 갖는 비효율성과 자영농의 몰락, 도덕적 해이 등의 요인으로 제국은 몰락했지만 로마는 서양 고대사회의 실질적 주인으로 행세하며 서양문화의 원류를 형성했다.

Q 006

고대 그리스인의 우주관을 알려주는 신화는 무엇인가?

★ **시대** : BC 1200~750 ★ **주제어** : 그리스 신화, 제우스, 문명 교류

도리스 족의 침입과 그리스 신화의 변화

그리스 신화는 제우스를 정점으로 하는 신의 계보를 중심으로 구성되어 있다. 제우스가 신 중의 신으로 인식되었다는 것은 고대 그리스 사회가 가부장적 사회였다는 사실을 상징한다. 원래 고대 그리스에서는 헤라, 데메테르 등 지모신(地母神)적 성격이 강한 여신들이 사람들의 숭배를 받았다. 그러나 도리스 족이 그리스 반도를 침입한 이후 상황이 달라졌다. 하늘의 신 제우스와 땅의 여신들이 결합하여 이루어진 새로운 사회 체제가 신화로 표현된 것이다.

이는 도리스 족 침입 이후 제우스와 같은 천신을 숭배하는 종족과 지모신을 숭배하던 그리스 원주민이 타협하고 결합했음을 보여주는 상징으로 읽을 수 있다. 아테나의 사주를 받아 메두사의 목을 벤 것으로 유명한 페르세우스 관련 신화는 종족 간의 결합을 반대한 종족이 맞았을 비참한 최후를 의미하는 상징으로 해석할 수 있다.

크로노스 신화의 의미

헤시오도스의 『신통기』에는 천지창조 및 제우스의 탄생과 관련된 신화가 전한다. 태초에 하늘의 신 우라노스와 땅의 신 가이아가 있었는데 둘 사이에서 아들 크로노스가 태어난다. 크로노스는 어머니 가이아의 사주를 받고 아버지 우라노스를 하르페라는 칼로 거세시켜 버린다. 이 행위로 인해 하늘과 땅이 갈라졌다. 크로노스의 치세 동안에는 죄악과 싸움이 없고 대지에 여러 곡물들이 풍성하게 결실을 맺는 황금시대가 펼쳐졌다.

또한 크로노스는 레아와 결혼 관계를 맺은 후 자식들의 손에 살해당할 것을 두려워한 나머지 자식들을 삼켜 버린다. 레아의 기지로 크로노스의 아들 제우스는 안전하게 살아남았고 제우스로부터 건네받은 돌을 먹게 된 크로노스는 삼켜 버렸던 자식들을 토해내고 제우스의 손에 감금되기에 이른다.

크로노스 신화에 담겨 있는 아버지 살해와 자식 살해, 부부간의 음모 등은 일견 잔인하고 폭력적인 내용으로만 보이기도 하지만, 그 속에는 천지창조의 과정을 하늘과 땅의 결합으로 이해하고 농업과 풍요로운 수확을 강조하는 가치관을 품고 있다. 이는 당대 그리스인들의 우주관과 세계관을 이해하는 데 중요한 열쇠를 제공한다.

신화에 담겨 있는 동서 교류의 흔적들

헤로도토스가 전하는 크로노스 관련 신화는 하늘의 신이자 자신의 아버지인 아누 신을 살해하고 대지의 자식을 삼켰다는 내용을 담고 있는 쿠마르비 신화와 그 구성이 유사하다. 쿠마르비 신화는 메소포타미아 지역에 전해 내려오던 신화였고 그리스 신화에서 크로노스가 사용한 칼 '하르페'의 이름은 셈어 계통의 언어에서 유래한 것으로 알려져 있다. 또한 12신으로 이루

욱~
잔인해...
ㅋㅋㅋㅋ

어진 그리스 신들의 구성은 이집트 신화의 영향을 받아 정착된 것으로 밝혀졌다. 고대 그리스의 신화체계는 동방 문명과의 교류의 산물로 이해될 수 있는 것이다.

이렇게 그리스 신화는 암흑기로 일컬어지는 기원전 1200년에서 750년 사이의 그리스 역사를 이해할 수 있는 자료를 제공해 주고 그 시기 그리스인들의 가치관과 생활방식을 엿볼 수 있는 실마리를 던져 준다. 신화는 단순히 인간의 상상력을 통해 조성된 거짓 이야기가 아니라 과거의 역사와 옛 사람들의 생활방식을 담고 있는 귀중한 자료이다.

A 크로노스 신화

도리스 족 침입

선사시대 그리스의 문화적 불연속성을 설명하기 위해 역사가들이 고안한 개념이다. '헤라클레스 일족의 귀환'이라 불리는 이 사건으로 남부 그리스의 풍습과 언어가 고전기 그리스의 풍습과 언어로 바뀌었다. 역사학자들 사이에서는 이 사건이 실제로 일어났는지를 두고 아직 의견이 분분하다.

Q 007

아테네인들은 무엇을 통해 애국심을 고취시켰나?

★ **시대** : BC 5~4세기 ★ **주제어** : 그리스 비극, 페르시아 전쟁, 연극

페르시아 전쟁과 그리스 비극

아테네의 민주정치는 종교의례나 체전, 정치 연설, 군사 행진, 연극 상연 등 문화적 장치를 통해 활성화되었다. 특히 연극 상연은 대중적 인기와 맞물려 아테네인들의 정치의식을 함양하는 중요한 문화적 도구였다. 또한 비극 공연 직전에는 아테네 동맹국들의 헌물이 봉헌되는 의식과 전쟁에서 죽은 전사자의 아들이 아버지의 유훈을 받들어 거행하는 성년식이 행해지기도 했다. 극장에서 행해지는 연극 상연은 이렇게 정치적 색채를 강하게 띠고 있었다.

신화에 의하면 테바이와 아르고스는 각각 페니키아와 페르시아 사람들이 세운 국가다. 페르시아 전쟁에서 이 두 국가는 페르시아를 도와 아테네인들의 미움을 샀는데, 이는 소포클로스와 아이스킬로스, 에우리피데스의 비극에 고스란히 반영되었다. 실제로 소포클레스와 아이스킬로스의 비극에 등장하는 오이디푸스, 안티고네, 크레온 등은 테바이 출신이고, 아가멤논, 클리타임네스트라, 엘렉트라, 오르스테스 등은 아르고스의 아가멤논 왕가에 속하는 인물들이었다. 비극에 반영된 테바이, 아르고스 양국의 건국과 관련된 이야기들과 맞물리면서 이 두 도시국가에 대한 아테네인의 증오심은 점점 깊어만 갔다.

정의로운 아테네와 부정한 테바이

기원전 5세기 그리스 비극을 이끌었던 아이스킬로스와 소포클레스는 아테네에 대한 애국심이 유별났던 인물들이었다. 아이스킬로스는 마라톤 전투와 살라미스 해전에 아테네 군의 일원으로 참전한 용사였고, 소포클레스 또한 아테네의 주요 관직을 역임하면서 조국 아테네의 발전을 위해 헌신했다. 아이스킬로스와 소포클레스의 이러한 인생 배경은 페르시아를 비롯한 오리엔트 지역의 나라들과 자신들의 조국 아테네를 대립적인 이분법으로 비교하는 방식으로 자신들이 저술한 비극에 그대로 반영되었다.

이들은 오이디푸스가 활동했던 테바이를 근친상간과 골육상쟁이 아무런 거리낌 없이 일어나고 전제 정치가 성행하며 경제적으로도 풍요롭지 못해 모든 백성들이 기아와 두려움에 휩싸여 있는 국가로 묘사했다. 이에 반해 아테네는 정의와 올바른 법의 가치가 널리 퍼져 있고 핍박받는 이방인들에게도 관대한 정치가 실현되는 지상의 낙원으로 그려 아테네와 테바이 사이의 관계를 정의와 부정, 풍요와 빈곤이라는 이항 대립적 구도로 규정했다.

페르시아 전쟁의 승리 후 아테네에서 성행했던 여러 연극 공연들은 국가 당국의 지원을 받으며 더욱 더 활성화되었고, 소포클레스와 아이스킬로스 같은 비극 작가들은 페르시아 전쟁의 승리로 나타난 아테네인들의 자신감을 작품 속에 그대로 반영함으로써 아테네인들의 긍지와 애국심을 높였다. 이렇게 그리스 비극은 당대 아테네의 정치 상황과 사회 분위기를 여실히 반영하는 문화적 장치로 아테네 사람들의 마음속에 굳건히 자리 잡고 있었던 것이다.

A 연극 관람

Q 008

소크라테스는 아테네의 민주정을 부정했는가?

★시대 : BC 399년 ★주제어 : 민주주의, 중우정치, 소크라테스

소크라테스는 왜 독배를 마셨나

소크라테스는 아테네의 젊은이들을 타락시키고 도시가 지정한 신들을 숭배하지 않으며 새로운 종교를 믿었다는 이유로 기원전 399년, 70세의 나이에 법정에 선다. 『소크라테스의 변명』에서는 소크라테스의 불경죄를 그가 '다이모니온'을 신봉했기 때문인 것으로 적고 있다. 다이모니온은 신과 인간 사이의 관계를 중재하는 신으로 알려져 있는 '다이몬'이라는 신의 전언을 뜻한다. 소크라테스는 다이모니온을 당시 아테네 사람들이 믿고 따르던 일반적인 신탁과는 다른 차원의 신적 메시지로 받아들였다. 그는 다이모니온을 지혜를 사랑하는 삶을 추구하는 사람들에게만 감지되는 절대적 진리로 간주했다.

『크리톤』에는 소크라테스가 자신이 비록 결백하지만 탈옥을 포기하고 아테네 법정의 판결에 따라 독배를 마시고 죽을 수밖에 없는 이유에 대해 차분하면서도 논리적인 어조로 변론한 내용이 담겨 있다. 그는 무고한 자신을 사형에 처한다는 부정한 판결에 대해 아테네를 떠나 테살리아로 탈출하겠다는 부정한 방식으로 대응하는 처사는 정의롭지 못한 행위이며, 70 평생 아테네

| 독배를 마시는 소크라테스

시민으로 살아오면서 아테네의 국법을 준수하겠다는 암묵적 동의를 보여 왔던 자신의 삶을 부정하는 행위는 이치에 맞지 않는다고 역설했다.

쿠데타의 배후에 그가 있다

소크라테스가 사형을 당한 기원전 399년은 스파르타와 벌인 펠로폰네소스 전쟁에서 아테네가 패배한 지 5년이 지난 시점이었다. 전쟁에 패한 아테네는 스파르타의 조종으로 크리티아스와 카르미데스가 주도하는 30인 과두정 체제 하에서 1,500명의 시민이 학살당하는 참혹한 상황을 맞이하게 된다. 과두정 이후에는 쿠데타 체제가 잠시 지속되었는데, 쿠데타 세력의 핵심인물이었던 크리티아스와 카르미데스, 알키비아데스는 모두 공교롭게도 소크라테스와 가까이 지내며 그의 사상을 흠모했던 귀족 가문의 자제들이었다.

이후 쿠데타 체제는 30인 과두정 체제 아래서 재산을 몰수당하고 아테네의 민주주의를 복원시키기 위해 와신상담하고 있던 아니토스에 의해 타파되었다. 아니토스는 민주정을 부활시키고 정치적 변동에 수반되는 사회 혼란을 최소화하기 위해 보복 정치를 감행하지 않겠다고 약속했다. 그러나 그는 멜레토스를 이용해 소크라테스를 기소하게 된다. 확실한 동기는 밝혀진 바 없지만 소크라테스를 기소한 이유는 과두정과 쿠데타 세력의 배후에 소크라테스가 있다고 아니토스 스스로 생각했기 때문이었을 공산이 크다. 소크라테스의 제자로서 소크라테스의 죽음을 목도하고 그의 사후 대화편을 통해 소크라테스의 사상을 집대성한 플라톤이 『국가』를 통해 아테네 민주주의의 맹점을 신랄한 어조로 비난했다는 사실은 이러한 추정을 뒷받침한다.

민주주의 아래서만 성찰이 가능하다

그러나 정작 소크라테스는 아테네의 민주정을 완전히 부정하지는 않았던 것으로 보인다. 그는 아테네 민주정이 중우정치로 빠져 지혜를 추구하고 참다운 영혼의 발현을 꾀하는 사람들을 수용하지 못하는 현실을 안타까워했을 뿐 아테네 민주정이 지니는 고귀한 가치를 죽기 직전까지 찬양했다. 자신을 기소한 아테네의 국법은 바로잡아야 할 대상이었지 타파해야 할 대상은 아니었던 것이다. 소크라테스는 다이모니온을 일상생활에서 실현할 수 있는 유일한 체제가 사상의 자유를 절대적으로 보장하는 아테네의 민주정이라고 확신했던 것으로 보인다. 그는 다이몬의 전언에 입각해 자신의 삶을 성찰할 수 있는 기회가, 모든 주제에 대해 자유롭게 토론할 수 있는 언론의 자유가 보장된 민주정 체제 아래서만 가능하다고 믿고 있었던 것이다.

A 아니다. 민주정을 지지하고 발전시키려 했다.

Q 009

아테네의 민주정을 가능하게 한 것은?

★ **시대 :** BC 5세기 ★ **주제어 :** 노예제, 제국주의, 도편추방제

노예가 전 인구의 35~40퍼센트

아테네의 민주정은 노예제와 '아테네식 제국주의'를 통해 유지되었다. 아테네의 면적은 제주도보다 조금 더 넓었고 인구는 30만 명에 달한 것으로 알려져 있다. 30만 명의 인구 중 시민이 50퍼센트, 외국인이 10~15퍼센트, 노예가 35~40퍼센트의 비율로 구성되어 있었던 아테네는 그리스의 도시국가들 중 스파르타와 함께 가장 규모가 큰 나라였다.

정치에 참여하면 수당을 준다

생계유지에 바쁜 시민들 모두가 민회나 재판에 참석하여 각자의 정치적 입장을 표출하기란 현실적으로 쉽지 않다. 그런데 전체 인구의 절반이나 되는 시민이 그렇게 할 수 있었던 것은, 노예가 생업을 맡고 있었기 때문이다. 더군다나 시민의 정치 참여를 장려하기 위해 민회에 출석하거나 배심원으로 활동하는 사람들에게는 수당까지 지급했다 한다. 시민들의 정치 참여를 위해 금전까지 오고 가는 상황이었던 것을 보면 이러한 제도가 민주주의 정신을 고양하는 데 얼마만큼 기여했을지 의문이지만, 수당 지급이 좀 더 많은

아테네 시민들을 정치적 공론의 장으로 끌어들였으리라 짐작할 수 있다.

수당을 마련하기 위해서는 재원 확보가 필수적이다. 아테네는 이를 위해 델로스 동맹을 적극 활용했다. 아테네는 동맹국들의 내정에 간섭하여 공납금을 갈취함으로써 민주정의 재원으로 삼았다. 델로스 동맹을 통한 아테네식 제국주의는 아테네의 민주정을 유지하는 경제적 근간으로 작용했던 것이다.

도편추방제의 이론과 진실

아테네의 민주정치를 이야기할 때는 늘 도편추방제를 거론한다. 클레이스테네스가 마련한 도편추방제는 원래 참주를 몰아내는 것이 목적이었다. 도편을 통한 표결에서 추방될 자로 가결된 사람은 비록 재산과 시민권은 몰수당하지 않았지만 10일 이내에 아테네를 떠나 10년 간 아테네로부터 추방당하는 처벌을 받았다.

그러나 도편추방제는 시간이 지날수록 그 의미가 변질되어 학식이 있고 인덕이 고매한 사람이나 반대파 정치인을 제거하는 수단으로 악용되고 말았다. 따라서 도편추방제는 실제적인 악행의 여부와 상관없이 모든 정치인들을 불안에 떨게 했으며, 정치인들로 하여금 시민들의 비위에 맞는 대중 선동의 정치를 행하도록 부추겼다. 심지어 아테네 민주정의 상징이자 무려 30년 동안 아테네 정치권의 실질적 수장으로 군림했던 페리클레스(BC 495?~429)마저도 도편추방제의 희생자가 되지나 않을까 노심초사했다고 한다. 명확히 밝혀진 바는 없지만 아테네 민주정의 상징 페리클레스가 추방당할 것을 염려하여 포퓰리즘적 정책을 취했을 확률이 높다는 것은 당시 아테네 정계의 분위기를 감안하면 충분히 짐작할 수 있는 일이다.

이 모든 한계에도 불구하고 아테네의 민주정은 이후 중세시대에 자치도

시의 출현을 추동하는 이론적 기반이 되었고 시민의 직접적인 정치 참여를 최상의 가치로 간주하는 근대 민주주의 정신의 전거로 활용되었다.

A 노예제, 아테네식 제국주의

포퓰리즘

대의 민주주의 체제 아래서는 유권자의 표를 얼마만큼 얻느냐가 정치의 성패를 가름한다. 정치인들 중에 말로는 대중의 민의를 수렴하는 정치를 한다고 하면서 실제로는 대중을 기만하여 획득한 권력을 통해 자신들의 이익을 극대화하는 무책임하고 기회주의적인 행태를 일삼는 이가 많은데, 이렇게 대중의 인기에 영합하며 민의를 왜곡하고 정치권력의 영속화를 꿈꾸는 정치 행태를 포퓰리즘이라고 부른다.

Q 010

아리스토텔레스는 행복을 한마디로 무엇이라 했는가?

★ **시대 :** BC 384~322 ★ **주제어 :** 그리스 철학, 행복, 중용, 아리스토텔레스

행복은 덕을 갈고 닦는 것

고대 그리스에서 '아레테'라는 말은 훌륭함, 뛰어남, 탁월성 등을 뜻했다. 그리스인들에게 아레테는 곧 '덕성(德性)'이었다. 아리스토텔레스는 인간이 행복하기 위해서는 일상생활 속에서 참된 덕성을 구현해야 한다고 보았다.

아리스토텔레스는 인간의 정신을 비이성적 부분과 이성적 부분으로 구분한다. 식물의 생장이나 영양 섭취, 동물의 생식 같은 요소들은 비이성적 부분에 속하고, 사유의 기능은 이성적 부분에 속한다. 그런데 식물이나 동물 사회에서 통용되는 여러 기능들은 자연계의 모든 생명체들이 공유하고 있으므로 인간만이 지니는 독자적인 탁월성이라고 보기 어렵다. 욕구와 관련된 기능은 모든 생물들이 공통적으로 구비하고 있는 요소이기 때문이다.

다만 이성과 사유 능력을 갖춘 인간은 사물의 본질을 인지하고 참된 덕행을 수행할 수 있는 수단을 선한 의지로부터 도출해 내기 때문에 욕구는 상황에 따라서는 이성적 영역 내에서 작동하기도 한다. 특히 이성적 기능을 발휘하는 데 활용되는 의지의 욕구는 이성의 목표 수행에 적극적으로 개입하여 참된 덕성의 발현을 돕기 때문에 인간이 행복에 이르기 위해서는 필수적이다.

이러한 맥락에서 아리스토텔레스는 인간이 진정한 행복에 이르기 위해서는 적극적으로 의지를 발휘하여 부단히 덕성을 함양해 나가는 자세가 중요하다고 역설한다.

중용, 덕을 갈고닦는 지름길

아리스토텔레스가 행복의 필수 조건으로 제시한 덕성의 함양은 중용의 도를 실천함으로써 얻어질 수 있는 것이었다. 중용의 도는 두 가지의 상대적인 가치관이나 생활태도의 양식이 충돌할 때, 양 극단을 버리고 어느 한 곳으로도 치우치지 않는 중도적 삶의 자세를 견지하는 것을 일컫는다. 일례로 용기 있는 행동은 무모함과 비겁함을 멀리하는 데서 나오고, 절제 있는 생활은 낭비와 인색을 피함으로써 얻어질 수 있다는 것이 중용의 도가 전하는 핵심 메시인 것이다.

물론 살인이나 강도와 같이 명백한 악행에 대해서는 중용의 가치가 통용될 수 없다. 중용의 도는 절대 진리의 영역에서가 아니라 여러 가치들이 충돌하는 상황이나, 선택의 여지가 존재하는 사안에 대해서만 적용된다. 아리스토텔레스는 때와 장소에 따라 변화무쌍하게 전개되는 현실적 상황에 대응해 적절한 중용의 미덕을 발휘하기란 쉽지 않은 일이기 때문에 일상생활 속에서 중용의 습관을 부지런히 체득하는 삶의 자세가 필수적으로 요청된다고 주장했다. 그는 지나침을 멀리하고 올바른 습성을 길러 참된 덕성을 구현하는 것이 행복에 이르는 지름길이라고 역설했던 것이다.

A 중용의 도

Q 011

포에니 전쟁에서 카르타고를 이끈 명장은?

★ **시대 :** BC 2~1세기 ★ **주제어 :** 로마, 카르타고, 포에니 전쟁

제1차 포에니 전쟁

로마는 카르타고와 세 차례에 걸쳐 치른 포에니 전쟁으로 서지중해의 해상권을 장악하고 거대 제국으로 발전할 기틀을 마련했다. 포에니 전쟁은 카르타고의 명장 한니발(BC 247~183)과 로마의 명장 스키피오(BC 236~184)라는 두 영웅의 활약을 통해 지금까지도 후세 사람들의 기억 속에 자리하고 있다.

페니키아인들에 의해 아프리카 북부 튀니스 근처에 건설된 카르타고는 과두정 체제를 기반으로 지중해를 통한 상업 활동으로 번성했던 국가였다. 포에니 전쟁이 발발하기 전 로마와 카르타고의 관계는 그리 나쁘지 않았던 것으로 보인다. 그러나 시칠리아 섬의 시라쿠사 지역에서 마메르티니가 반란 사건을 일으킨 것을 계기로 로마와 카르타고는 운명적인 대결의 장 속으로 뒤엉켜 들어갔다(제1차 포에니 전쟁).

제2차 포에니 전쟁의 발발

한니발은 아홉 살에 아버지를 따라 스페인 지역으로 이주했고 아버지 하

밀카르와 매부 하스드루발이 사망한 이후에는 이들을 계승하여 카르타고 군의 총사령관을 맡게 되었다. 아버지와 매부의 활동을 계승한 한니발은 로마와 맺은 에브로 조약을 존중하며 에브로 강 이남 지역을 중심으로 정복사업을 펼쳐 나갔다.

그러나 한니발과 로마 사이에서 일시적으로 지속되었던 평화는 한니발의 사군툼 공격으로 쉽사리 깨지고 말았다. 에브로 강 이남에 있던 도시 사군툼이 한니발의 예하 부족을 공격하는 사태가 발생하자 한니발이 로마와 동맹 관계에 있던 사군툼을 공격한 것이다(제2차 포에니 전쟁).

한니발, 스키피오 앞에 무릎을 꿇다

한니발은 악천후와 자연의 제약을 불굴의 인내력과 슬기로 극복하고 알프스를 넘어 이탈리아 반도로 진입했다. 알프스를 넘으면서 병력의 절반가량을 잃은 한니발은 보병 2만 명과 기병 4천 명, 코끼리 20마리로 포 강의 지류인 티키누스 강변에서 로마 군을 격파한 것을 시작으로 트레비아를 거쳐 이탈리아 남부지역까지 승승장구하며 진군해 갔다. 이때 포에니 전쟁의 최후 승자로 기록될 스키피오는 10대 후반의 어린 나이에 아버지를 따라 전쟁에 참여하여 패전을 통해 한니발의 전략과 전술을 관찰하고 습득할 수 있었다.

과두정 체제의 카르타고를 통치하던 정치가들은 상인 계층은 물론 카르타고 민중들의 전폭적인 지지를 한 몸에 받고 있던 한니발이라는 영웅의 출현을 좌시하지 않았다. 한니발은 카르타고 정부로부터 아무런 도움을 얻지 못했고 급기야는 스페인에서 원군으로 출병한 동생의 군대마저 로마 군에게 패하면서 결국 로마 정복의 뜻을 접어야만 했다. 남부 이탈리아의 협소한 지역에서 고립되어 있던 한니발은 어려운 상황 속에서도 매복과 기습작전으로

로마 군의 사기를 떨어뜨리며 끝까지 항전했지만, 젊고 명민할 뿐만 아니라 한니발의 전술을 숙지하고 있던 스키피오의 활약으로, 기원전 202년 카르타고 근처 자마에서 벌어진 전투에서 패하여 역사의 뒤안길로 사라져야만 하는 운명에 처하게 되었다.

친 민중적 성향을 지닌 영웅 한니발

전쟁이 끝난 후 로마와 카르타고 사이에는 강화가 이루어졌고 이후 5~6년이 지나 카르타고에는 혁명이 일어나 민중파가 득세하는 상황이 연출되었다. 이 시기 한니발은 카르타고의 총독을 역임하면서 민중의 이익을 대변하는 수준에서 세제를 개혁하고 국가의 여러 제도들을 훨씬 더 자유롭게 개선했다. 그러나 그는 과두정 체제를 이끄는 정치가들에 의해 권좌에서 축출되었고 이후 망명길에 올라 로마에 대한 외로운 투쟁을 지속해 나가다가 음독자살로 생을 마감했다.

A 한니발

Q 012
로마는 지방을 어떻게 다스렸는가?

★ **시대** : BC 31~27 ★ **주제어** : 임페리움, 옥타비아누스, 공화정, 제정

로마에서는 지방자치가 이뤄졌다

로마는 이탈리아 반도를 정복해 나가면서 점령지의 주민들에게 투표권을 제외한 통상권과 통혼권을 부여하는 정책을 취했다. 이른바 라틴 시민권을 부여받은 점령지의 주민들과 무니피키움이라는 자치공동체에 거주하던 사람들은 이러한 로마의 지방 통치 제도 아래서 상당한 자치권을 누리며 생활했다.

기원전 3세기 말 이후부터 로마는 자치도시들로 구성된 속주들에 대한 통치 제도 마련을 위해 고심했다. 과두정 체제를 기반으로 형성된 공화정 기에 로마는 중앙집권적인 방식을 통해 속주들을 통치하지 못했다. 로마는 원로원에서 속주에 파견할 정무관인 콘술과 프라이토르, 콰이스토르에게 임페리움이라는 권한을 부여해 속주들의 자치권을 인정하는 바탕 위에서 지방 통치를 펼쳤다. 황제의 독점 권한을 통해 운영되는 제정이 확립되기 전까지 로마는 속주를 완벽하게 통제할 수 없었던 것이다. 공화정 시기 로마는 제국의 질서 유지와 세금 징수에 저해가 되지 않는 범위 내에서 속주들의 자치권을 보장해 주었다.

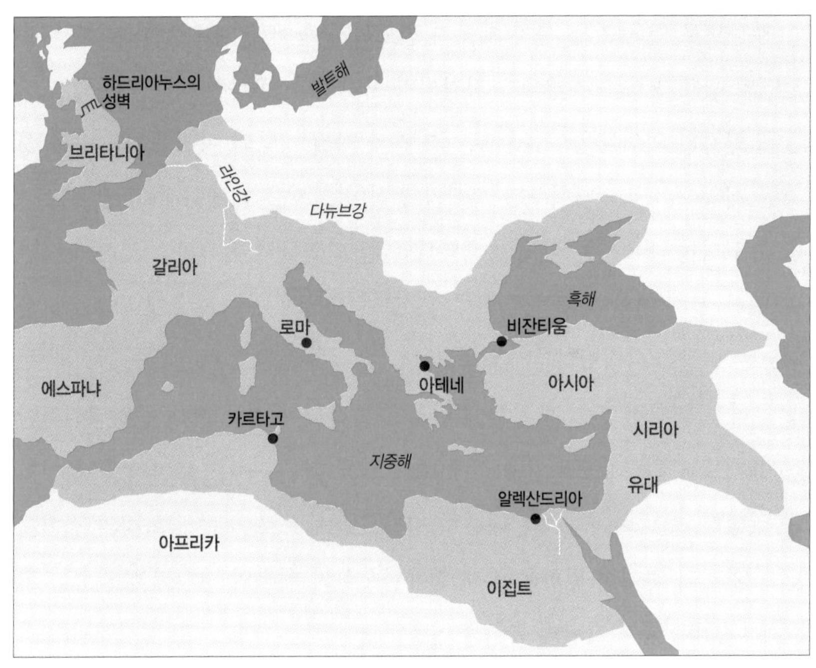

| 전성기 로마의 영토

옥타비아누스의 집권과 제정의 시작

악티움 해전의 승리로 옥타비아누스 주도의 제정이 시작되면서부터 전성기 로마의 지방 통치 제도는 이전에 비해 훨씬 더 중앙집권적인 특성을 띠며 변모해 갔다. 옥타비아누스가 주도한 원수정 시기에는 히스파니아, 시리아, 킬리키아, 키프로스, 이집트 지역이 황제의 직할 속주로 편입되었다. 이러한 현상은 다른 속주들로도 확대되었는데, 황제는 새롭게 편입된 '황제 속주'에 황제 자신이 임명한 총독을 파견했다. 또한 공화정 시기에 속주의 재정을 담당했던 콰이스토르를 대신해 황제가 직접 임명한 대리인을 통해 속주의 재정을 관할했다.

제정으로 인해 지방 통치 제도가 변모하자 황제를 매개로 한 보호-피후견인의 관계가 속주 지방에도 정착되기 시작했다. 공화정 시기 속주의 도시들은 원로원 의원들을 보호자로 섬기면서 자기 지역의 이익을 대변하려 했지만 제정이 시작되면서부터 황제의 권한이 그것을 대체하게 되었다. 또한 속주 도시들 내에서는 황제 숭배와 관련된 의식들이 유행하고 로마의 시민권 또한 전 지역의 속주들로 확대됨으로써 제국의 전역에서 로마의 문화를 따르는 현상이 나타났다.

로마는 공화정 말기의 사회 혼란을 수습하고 제정을 통해 중앙집권적인 통치 제도를 확립함으로써 이전에 비해 훨씬 더 효과적으로 지방을 통치할 수 있었다. 옥타비아누스는 대중적 지지를 바탕으로 하는 공화정의 정치이념을 황제의 절대적 권한을 통해 전유함으로써 제국의 정치적 통일성을 확보해 나갔다. 황제 직할의 속주를 신설하고 제국 전역으로 로마 시민권의 적용 범위를 확대한 것은 바로 이러한 맥락에서 이해될 수 있다.

A 초기에는 지방자치가 이뤄졌으나, 제정이 시작된 이후 중앙집권적 통치가 강화되었다.

임페리움

민회 및 원로원 등의 소집권, 의결안 제안권, 군대 지휘권, 민사소송 및 형사소송 지휘권 등을 포괄하는 고대 로마의 명령권을 말한다.

Q 013

로마는 왜 멸망했을까?

★ **시대** : 5세기 ★ **주제어** : 라티푼디움, 자영농, 용병, 라틴어, 문화

로마, 지중해 세계를 정복하다

라티움 지역의 한 촌락에서 기원한 로마는 고대 서양 역사에서 가장 위대한 제국으로 발전했다. 로마는 막강한 군사력을 자랑하던 에트루리아인과의 전쟁에서 승리한 후 이탈리아 전역으로 세력을 확장했다. 이후 차례대로 주변 지역들을 점령해 가면서 매우 효율적인 지배 방식으로 확장된 영토를 통치해 나갔다. 로마인들은 주변 지역을 점령하여 가난한 로마 사람들에게 토지를 분배해 주었을 뿐 아니라 점령지의 주민들을 군인으로 편입시킴으로써 이들을 로마의 신민으로 만들었다. 군인으로 편입된 점령지의 주민들은 군복무의 대가로 보수를 받았고 그 결과 로마군은 전문성과 우수한 능력을 갖춘 다수의 군인들을 확보할 수 있었다.

이탈리아 내의 주변 지역들을 잇달아 복속시킨 로마는 여세를 몰아 포에니 전쟁을 승리로 이끌어 지중해의 패권을 장악했고 기원전 31년에는 악티움 해전을 통해 본격적인 제국으로 진입했다. 제국을 이룩한 로마는 그리스의 문화와 사상을 실용적인 차원에서 계승하여 법률과 도로, 건축 등의 방면에서 대단한 성과를 거두었다. 로마 제국을 통해 번성한 문명은 제국 말기에 수용한 기독교적 전통과 더불어 유럽문명권을 형성하는 토대로 기능했다.

라티푼디움이 로마의 재정을 흔들다

그러나 제국의 번영 이면에는 몰락의 길을 예비하는 불안의 싹이 자라나고 있었다. 포에니 전쟁으로 지중해의 실질적인 강자로 부상한 로마는 전쟁 이후 시칠리아와 북아프리카 지역의 대규모 경작지를 확보할 수 있었고 패전 지역으로부터 값싼 노예 노동력까지 덤으로 획득할 수 있었다. 여기에 더해 전쟁의 여파로 토지가 황폐해지고 자영농이 농촌을 이탈하는 사태가 발생하면서 유력 가문에 의한 대토지 소유제의 일종인 라티푼디움이 출현하게 되었다. 라티푼디움이 출현하자 로마의 자영농은 훨씬 더 급속히 몰락해 갔고 제국 내의 빈부 차 또한 극심해졌다. 자영농의 몰락과 불균등한 부의 분배는 로마 공화정의 근간을 뒤흔들었고 로마 사회의 활력을 박탈했다.

정치 혼란, 도덕적 해이, 문화 통일성 부재

로마 제국은 말기로 갈수록 심각한 정치 혼란에 허덕였다. 황제가 절대 권한으로 제국을 통치하긴 했지만 공화제적 전통과 혼합정(로마의 정치체제는 군주정과 귀족정, 민주정의 요소가 혼합적으로 뒤섞여 있었다)을 근간으로 하는 로마 정치 체제의 특성은 정치적 위기에 직면해서는 사회 혼란을 가속화하는 요인으로 작용했던 것이다. 실제로 제국 말기에 황위 계승을 둘러싸고 펼쳐진 정치 투쟁은 완벽한 수준의 중앙집권적 정치체제가 부재한 결과 빚어진 비극이었다.

제국의 번영은 도덕적, 군사적 해이를 가져왔다. 영토가 넓어지고 생활이 윤택해지자 로마 사람들은 사치와 향락에 물들었고 군 복무를 꺼리기 시작했다. 군대에 복무하는 것이 더 이상 명예로운 행위로 간주되지 않는 분위기 속에서 로마 시민들은 국토방위를 이민족 용병에게 전적으로 의존하게 되었다. 로마로 이주한 이민족은 점점 세력을 확장해 나갔고, 급기야 476년 게르만 용병 오도아케르는 로마를 멸망시키고 말았다.

로마 제국은 라틴어를 공용어로 사용하여 넓은 영토의 문화를 통일하려 했다. 하지만 라틴어는 배우기가 매우 어려워 지식인들 사이에서만 주로 사용되었다. 라틴어는 제국 전체의 인민들이 사용하는 공용어로서의 지위를 차지하지 못했고 이에 따라 제국의 인민들은 공통적인 세계관을 공유할 수 없었다. 문화적 측면에서 통일성을 이끌어 내지 못했던 로마 제국은 말기로 갈수록 심화된 사회 혼란을 수습하지 못하고 멸망의 길로 접어들 수밖에 없었다.

A ① 자영농의 몰락, ② 정치체제의 비효율성,
③ 자주국방 정신의 부재, ④ 문화적 통일성의 부재

Q 014

12월 25일 크리스마스는 예수의 탄생일이 아니다?

★ **시대** : 4세기 ★ **주제어** : 크리스마스, 태양의 탄생일, 공의회

왜 12월 25일이 크리스마스가 되었을까?

놀라운 사실이 있다. 너도 나도 예수의 탄생을 축하하는 12월 25일은 사실 예수의 생일이 아니라는 것이다. 그렇다면 왜 12월 25일을 예수의 탄생일로 기념하게 된 것일까?

이유를 알기 위해서는 우선 대부분의 기독교 축일들이 어떻게 결정되었는지를 알아야만 한다. 콘스탄티노플 공의회 혹은 니케아 공의회 등으로 알려진 '공의회'라는 것은 유럽 각지에 퍼져 있는 교회의 주교들이 모여서 기독교 교리에 대해 의견을 교환하던 회의체였다. 이곳에서 채택된 교리에 따라서 기독교는 통일성을 가질 수 있었고, 교리에 어긋나는 의견들은 이단으로 판단되어 단죄되기도 했다. 수많은 중세의 이단 논쟁들은 바로 공의회를 통해서 잘잘못을 가렸던 것이다.

공의회에서는 교리뿐만이 아니라 다양한 기독교 축일들의 날짜를 비롯하여, 그 축일에 맞는 행사 방법 등을 논의하여 결정하곤 했다. 공의회뿐만이 아니었다. 각 지역의 주교들은 왕이나 영주 같은 그 지역의 지배자들과 협의하여 다양한 기독교 교리들을 조정했고, 그 지역의 특색에 맞는 기독교 축일

을 결정하기도 했다.

의심스럽지만 영향력은 큰 루치아 성인

예를 들어보자. 중고등학교 음악교과서에도 실려 있는 〈산타 루치아〉는 뱃길을 밝게 인도한다고 알려져 있는 루치아 성인을 기리는 이탈리아 뱃사람들의 노래로 작곡되었다. 여기서 루치아 성인은 로마 황제 디오클레티아누스의 기독교 박해 시절 죽음을 당한 동정녀라고 알려져 있다.

하지만 사실 루치아를 짝사랑했던 한 남자가 홧김에 루치아를 기독교인으로 몰아서 처형되도록 만들었다는 언급만이 있을 뿐 루치아에 대한 재판과 순교 과정에 대해서는 아무런 기록도 남아 있지 않다. 심지어는 루치아가 기독교인이었는지를 의심하는 사람들도 있다. 그렇지만 루치아는 어떤 이유에서인지 성인으로 추대되어 루치아가 처녀의 몸으로 임신할 수 있었다는 이야기와 함께 화형을 당하던 날 불에 타지 않고 멀쩡히 서 있었다는 전설까지 만들어져서 유포되었다. 성인으로 추대된 이후로부터 지금까지 이탈리아의 뱃사람들은 '밝은 빛'을 뜻하는 이름인 루치아 성인을 받들어 안전한 항해를 기원했으니, 루치아 성인의 존재는 의심스럽지만 그녀의 영향력만큼은 의심할 수가 없는 것이다.

원래는 태양의 탄생일

크리스마스라는 축일도 예수님이 태어난 날이 아니라, 그날 탄생한 것으로 결정한 것에 불과하다. 로마 제국과 로마의 고위 성직자들은 기독교를 이교도들에게도 널리 퍼뜨리기 위해 크리스마스를 고안했다.

본래 로마에서는 하루해가 가장 짧았다가 길어지기 시작하는 날을 '태양

원래는
내 생일이
아닌데…

의 탄생일'이라 여기고 축제일로 삼았었다. 이날이 곧 12월 25일이다. 달력을 보면 우리네 절기 중 하나인 동짓날도 크리스마스 즈음인 것을 알 수 있다. 로마 제국과 로마의 고위 성직자들은 대략 4세기경 공의회를 통해 이러한 날짜를 못 박았다. 이들은 '세상의 빛'인 예수의 탄생을 '빛=태양'이라는 등식에 일치시킴으로써 이교도들이 기존 종교에서 기독교로 개종하는 데 거부감이 덜하도록 만들었던 것이다. 그러므로 크리스마스를 12월 25일로 삼아서 기리는 것은 어떻게 보면 예수님을 숭배하는 것이 아니라 태양신을 섬기는 이교적 행위일 수도 있다.

A 그렇다.

▎연표로 보는 그리스 · 로마 6대 사건 ▎

BC 776년
고대 그리스의 도시국가인 폴리스 발생. 100여 개의 폴리스 중 아테네의 민주적 폴리스가 대표적이다.

BC 600년 경
로마 건립

BC 509년
로마 공화정 성립

BC 508년
클레이스테네스의 개혁으로 아테네 민주정치 시작

BC 272년
로마가 이탈리아 반도 통일

BC 287년
호르텐시우스 법 제정으로 평민회의 의결을 국법으로 인정(로마)

BC 334년~324년
알렉산드로스의 동방원정. 페르시아를 정복하고 중앙아시아와 인도의 인더스 강까지 진격하여 대 제국을 건설했다. 이로써 그리스 문화와 오리엔트가 문화가 융합된 헬레니즘 문화가 탄생했다. 헬레니즘 문화에서는 개인주의와 세계주의가 풍미했고 자연과학이 크게 융성했다.

BC 264년~241년
1차 포에니전쟁

BC 218년~202년
2차 포에니전쟁

BC 149~146년
3차 포에니전쟁

1차 포에니전쟁. 로마와 카르타고 사이에 벌어진 전쟁이다. '포에니'라는 말은 라틴어에서 '페니키아인'이라는 뜻으로 카르타고가 페니키아의 식민지였기 때문에 로마인들이 그렇게 부른 데서 유래했다. 세 차례의 전쟁에서 로마는 모두 카르타고에 승리를 거두었다. 이로써 로마는 지중해의 이권을 차지하여 대제국으로 발전하는 기틀을 마련할 수 있었다.

BC 7(~2)~AD 26(~36)년
예수 그리스도, 기독교 복음 전파. 로마 제국 내에 두루 전파된 기독교는 황제숭배를 거부하여 당국의 박해를 받기도 했지만 제정 말기 모든 계층의 주민들에게 전파되어 테오도시우스 황제에 의해 로마의 국교로 인정받기에 이른다. 이후 기독교는 중세의 전 시기에 걸쳐 서유럽의 정신세계를 주도하는 종교로 자리 잡는다.

BC 27년
옥타비아누스, 아우구스투스 칭호를 받고 로마 제국 초대 황제로 등극

313년
콘스탄티누스, 밀라노 칙령으로 기독교 공인

330년
콘스탄티누스, 수도를 비잔티움으로 옮겨 콘스탄티노플로 개칭

392년
테오도시우스 황제, 기독교를 국교로 선포

BC 492~448년

페르시아 전쟁. 페르시아 제국이 그리스에 원정을 나갔으나 그리스 연합군에 패했다. 이 전쟁의 승리로 아테네는 델로스 동맹의 맹주가 되어 경제 발전과 민주정을 이룰 수 있었다.

BC 477년

델로스 동맹 결성으로 아테네가 그리스의 패권 장악

BC 431년~404년

펠로폰네소스 전쟁 (스파르타 승리)

BC 411년

아테네 과두정치 시작

BC 403년

아테네 민주정치 부활

BC 399년

소크라테스가 독배를 마시고 죽음

BC 367년

리키니우스 법과 섹스티우스 법 제정(이후 로마에서 귀족과 평민의 권리가 점차적으로 평등해짐)

BC 73~71년

스파르타쿠스의 봉기. 기원전 73년 스파르타쿠스는 검투사 70여 명을 이끌고 게르만 용병과 노예를 규합하여 반란을 일으켰다. 12만 명의 군사를 이끌고 남부 이탈리아의 대부분을 장악했던 반란군은 기원전 71년 크라수스가 이끄는 로마 정부군에 패했다.

BC 60년

폼페이우스, 카이사르, 크라수스가 1차 삼두정치 시작

BC 49년

카이사르, 루비콘 강을 건넘 (이후 카이사르는 원로원과의 세력 다툼에 돌입)

BC 45년

카이사르, 종신독재자가 되어 황제 칭호 사용 율리우스력 제정

BC 44년

카이사르, 원로원에서 브루투스 일파에게 암살당함

BC 31년

악티움 해전에서 옥타비아누스가 안토니우스와 클레오파트라 연합군 격파

395년

테오도시우스 황제 사망 후 두 아들이 제국을 동서로 분할하여 통치

476년

서로마 제국 멸망

3장

소꿉동무로 만난 동양과 서양

고대 동서 문화의 교류

015 비단길을 최초로 개척한 사람은 누구인가?

016 로마를 심각한 재정난에 빠뜨린 중국의 옷감은?

017 로마의 대표적 수출품으로, 신라 고분에서도 발견되는 물품은?

018 동서 교류를 실질적으로 주도했던 사람들은 누구였나?

019 '큰 태양처럼 빛나는 종교'라는 뜻의 '경교'로 불린 기독교의 일파는?

020 서양사회가 중국을 통해 수용한 대표적인 발명품은 무엇인가?

시대 설명

상품과 자본, 정보가 국경과 인종의 장벽을 넘어 자유롭게 유통되고 있는 현대사회에 못지않게 고대사회에서도 비단과 유리, 화약, 나침반, 활판인쇄술 등 인류의 귀중한 발명품들이 활발하게 교역되어 동서양의 문화 교류를 적극적으로 이끌었다.

비단길은 동서 교류를 주도하여 일반적으로 동양과 서양으로 구분되는 세계의 역사가 상이하면서도 상호 공통적인 기반을 축으로 발전할 수 있었던 계기를 마련해 주었다.

전한시대 장건의 노력으로 개척된 비단길은 중국의 비단이 로마 사회에서 유통되고 로마의 비단 산업을 발흥시키는 촉매로 작용했고, 인도의 불교와 중동의 조로아스터교, 서방의 네스토리우스교(경교), 중동의 이슬람교가 중국에 전파되는 통로로 기능했다.

비단에 못지않게 주요한 교역 품으로 거래되었던 유리 공예품은 물품의 교역량에 비례해 로마와 페르시아, 아라비아 지역의 유리 공예 산업의 발전을 촉진하면서 광범위한 유통망을 확보하였다. 신라 고분에서 발굴된 유리 공예품이 로마와 사산조 페르시아에서 제작되었다는 점은 이러한 역사적 사실을 뒷받침하는 중요한 근거이다.

이러한 동서 교류를 주도한 세력은 중앙아시아를 근거지로 삼아 활약한 유목민족이다. 스키타이, 흉노, 투르크, 몽골 등의 여러 유목민족이 유럽과 동아시아의 국가들 못지않은 뛰어난 문화적 업적을 축적하면서 세계사의 또 다른 주연으로 당당히 나섰던 것이다.

사정이 이러함에도 불구하고 지금까지 이들이 이룬 업적이 별다른 주목을 받지 못했던 것은 서양 중심의 세계사 서술과, 중국 중심 동양사 서술이 역사를 바라보는 주된 관점으로 자리 잡고 있었기 때문이다. 비단길을 통한 동서 문화의 교류에 주목함으로써 기존의 편협한 시각에서 벗어나 세계사를 바로 볼 수 있는 눈을 뜰 수 있을 것이다.

Q 015

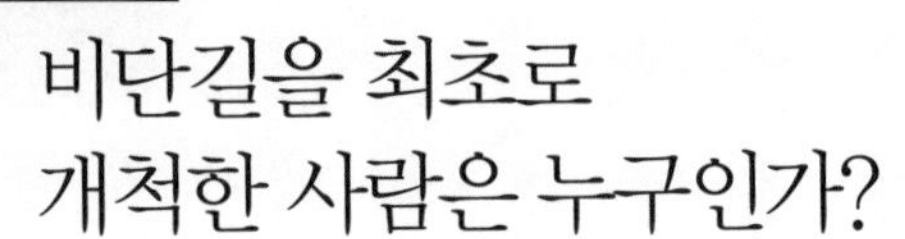

비단길을 최초로 개척한 사람은 누구인가?

★ **시대** : BC 2세기 ★ **주제어** : 비단길, 동서 교류, 장건

오아시스 비단길, 초원 비단길, 바다 비단길

동양과 서양의 교류 통로로 이용되던 비단길은 동서양을 하나의 세계로 연결해 주는 이음매 역할을 했다. 오아시스 비단길, 초원 비단길, 바다 비단길로 삼분되는 이 길을 통해 중국의 비단과 도자기, 서역의 말, 로마와 페르시아의 유리, 인도와 인도차이나 반도의 향료가 교역되어 세계화 시대라 일컬어지는 현대에 못지않은 국제적 수준의 무역활동이 활발히 진행되었다.

오아시스 비단길은 타클라마칸 산맥과 파미르 고원, 톈산 산맥을 지리적 경계로 하여 톈산 북로, 오사시스 북로, 오시시스 남로로 구분된다. 타클라마칸 산맥 북쪽을 경유하는 오아시스 북로를 통해 중국과 콘스탄티노플, 로마 간의 교역이 이루어졌다. 오아시스 남로는 타클라마칸 산맥 남쪽의 오아시스 도시들을 경유하는 길로, 인도와 서남아시아, 중국 간의 교역을 주로 담당했다. 또한 톈산 북로는 톈산산맥 북쪽을 통해 중앙아시아와 비잔티움 제국으로 이어졌고, 이 길을 통해서는 비잔티움, 중앙아시아, 중국 간의 교역이 주로 이루어졌다.

초원 비단길은 북위 40~50도에 위치하는 유라시아 대륙의 초원지대를

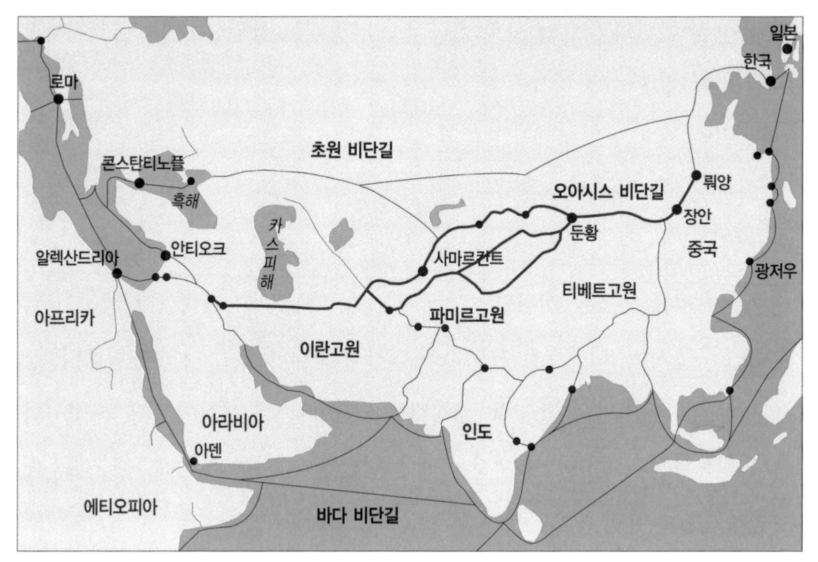

| 세 갈래 비단길

중심으로 형성되었다. 드넓은 대평원을 중심으로 조성된 초원 비단길은 일찍이 기원전 8~1세기경 유라시아 초원지대를 터전으로 활동하던 스키타이인들에 의해 개척되었다. 초원 비단길은 고대와 13세기 때 최고의 전성기를 맞았는데, 특히 풍요와 다산을 기원하는 용도로 제작된 고대의 비너스 상과 선사시대의 흙 그릇인 채도가 이 길을 통해 각 지역으로 전파되어 그 활용도를 짐작할 수 있다.

중국에서 시작해 동남아시아와 말라카 해협, 인도와 스리랑카, 아라비아해를 거쳐 지중해까지 이어졌던 바다 비단길은 10세기 이후 중국의 송 · 원 시대에 이르러 첫 번째 전성기를 구가하다가, 15세기 후반 이후 발달된 항해술로 무장한 서양세력의 진출을 계기로 제 2의 전성기를 맞이하게 된다. 특히 이 시기의 바다 비단길은 이전에 비해 한층 활발해진 동서 교류를 가능케 했을 뿐 아니라 서유럽 사회의 근대화 과정에도 상당한 영향을 끼친 것으로 알려져 있다.

비단길을 개척한 장건

비단길은 기원전 2세기경 한나라 무제 때 외교 사신으로 활동했던 장건(張騫)에 의해 최초로 개척되었다. 한나라는 흉노족의 세력을 분쇄하기 위해 흉노족을 피해 서역으로 이동한 대월지와 군사 동맹을 맺기를 원했다. 장건은 바로 대월지와의 군사 동맹 체결을 위해 파견된 사신이었다. 대월지와 한나라를 왕복했던 장건의 여정은 매우 험난했다. 그는 지형적 제약 때문에 고생하기도 했지만 흉노족에게 포로로 사로잡혀 있으면서 극심한 고초를 겪었다. 흉노족의 진영에서 가까스로 탈출한 후 행한 외교 활동 또한 실패로 돌아간 걸 보면 장건의 여정에는 상당한 고통과 위험이 뒤따랐을 것이라는 사실을 미루어 짐작할 수 있다.

그러나 장건이 펼친 외교 활동 덕에 서역의 주요 나라들은 물론 인도, 페르시아, 로마의 존재가 중국에 소개되었을 뿐만 아니라 이후 활발히 전개된 동서 간의 국제 교역을 위한 초석이 마련되었다.

A 장건

Q 016

로마를 심각한 재정난에 빠뜨린 중국의 옷감은?

★ **시대** : 2~6세기 ★ **주제어** : 동서 교류, 비단

〈견왕녀도〉의 비밀

중국은 지금으로부터 3,000년 전에 이미 비단을 생산할 수 있었다. 고운 비단실을 생산하기 위해서는 번데기가 누에고치를 깨고 나가 나방이 되지 못하도록 제어하는 양잠술이 필요했다. 누에를 뜨거운 물에 넣거나 증기를 쐬어 번데기의 성장을 억제한 것은 이런 이유 때문이다. 당시 양잠술은 고도의 전문성을 요하는 희귀한 기술이었는데, 삼황오제 시절 황제(黃帝)의 부인 서릉씨(西陵氏)가 차를 마시다가 우연히 비단실을 발견했다고 하는 전설은 양잠술의 희귀성을 비유적으로 보여준다.

일찍부터 중국은 흉노와 월지 등 북방 유목민족과 견마무역을 통해 활발히 교류했다. 중국은 중원에 대한 북방민족의 야심과 군사적 침탈을 완화시키기 위해 이들과 혼인관계를 맺으면서 평화를 유지하려 했다. 중국의 특산품인 비단과 유목민족의 특산품인 말을 교환하는 방식으로 정착된 견마무역도 중국과 북방 유목민족들 사이의 정치적 관계와 맥을 같이 하며 생겨난 교역 형태였던 것으로 보인다.

중국이 비밀리에 보유하고 있던 양잠술과 견직술(비단 짜는 기술)이 중국

이외의 다른 지역으로 전파되기 시작한 것은 기원후 1~3세기에 이르는 시기였던 것 같다. 중국의 양잠술과 견직술은 중국의 한 공주가 허톈 지역에 소재한 서역국가에 시집가면서 전해진 것으로 알려져 있다. 전설에 의하면 이 공주는 자신의 머리 장식 속에 누에고치와 뽕나무 씨앗을 몰래 감추어 허톈으로 들어가 양잠술과 견직술을 전파했다 한다. 영국의 탐험가 오렐 스타인이 허톈 강 근처의 단단오일리크 유적지에서 발견한 목각판화 〈견왕녀도〉에는 이 전설이 구체적으로 형상화되어 있다.

비단, 로마 제국을 뒤흔들다

허톈 지방에 전래된 비단은 이후 로마에까지 전파되었다. 로마에서는 비단 옷을 '유리 겉옷'이라고 부를 정도로 비단의 부드럽고 가벼운 재질과 아름다움을 높이 평가했다. 특히나 비단은 로마 제국에서 생산되지 않던 희귀품이었고 중국과 서역을 거치는 운송비가 비싸 고가의 사치품으로 통했다. 이러한 상황에서 한나라의 비단이 대량으로 로마 제국에 유입되었고, 비단 수입을 위해 막대한 금과 은을 비용으로 지불할 수밖에 없었던 로마 제국은 심각한 재정난에 빠지기도 했다.

서양 세계는 6세기 중엽에 이르러서야 비단을 자체 제작할 수 있는 역량을 보유하게 되는데, 이때까지 비단은 서유럽과 중앙아시아, 중국을 연결하는 국제 교역로를 통해 동서 문물의 교류를 실질적으로 주도하는 고귀한 물품으로서의 역할을 담당했다.

A 비단

Q 017

로마의 대표적 수출품으로, 신라 고분에서도 발견되는 물품은?

★ **시대 :** BC 1~AD 4세기 ★ **주제어 :** 동서 교류, 유리

모든 유리는 로마로 통한다

세계 최초의 백과사전이라 일컬어지는 플리니우스의 『박물지』에는 유리의 유래가 소개되어 있다. 그 책에 따르면 천연소다를 판매하는 페니키아 무역상이 유리를 최초로 개발했다고 한다. 이야기는 이렇다. 페니키아 무역상이 오늘날의 이스라엘로 흐르는 베루스 강변에 이르러 저녁을 지어 먹으려고 보니 솥을 받칠 돌이 없어 소다 덩어리 위에 솥을 얹고 불을 지폈다 한다. 이때 가열된 소다 덩어리가 강변의 하얀 모래와 뒤섞이면서 반투명의 액체로 바뀌어 흘러 내렸는데, 여기에서 유리가 발생했다는 것이다.

역사적으로 유리는 기원전 3000년경 청동기 시대에 페르시아 지역에서 최초로 등장했다고 알려져 있다. 색깔이 아름답고 가볍고 투명하며 방수까지 잘 되는 유리는 야금술의 발달에 힘입어 생겨났을 것이라 추정된다. 페르시아에서 발견된 유리는 이집트를 거쳐 로마 제국까지 전파되었는데, 로마에서는 유리를 이용해 산업을 부흥시켰다.

로마는 유리 공예술을 한층 더 발전시켜 '대롱불기'라는 새로운 유리제조술을 개발했다. 대롱불기는 대롱에 유리액 덩어리를 묻혀 틀에 넣은 후 공기

동양
서양

를 주입하는 방식인데, 이 기술로 훨씬 더 다채로운 유리 공예품을 생산할 수 있었다. 대롱불기로 생산한 유리 공예품은 가까이는 이베리아 반도와 스칸디나비아까지, 멀리는 말레이 반도와 일본, 한국까지 전래되어 명실상부한 국제 교역품으로 자리 잡았다.

비단길은 한반도까지 이어졌다

4~7세기 로마 유리가 전성기에서 벗어나고부터는 페르시아 유리가, 7세기 이후에는 이슬람권에서 생산된 유리가 로마 유리의 위상을 그대로 계승했다. 한편 중국 또한 로마 유리로부터 지대한 영향을 받아 기원전 5~2세기에 유리 제작에 성공하면서 주요한 유리 교역국으로 부상했다.

5~6세기 신라 고분에서 발굴된 유리 공예품들은 정교하고 다채로운 모양을 띠고 있어 이목을 끄는데, 주로 로마 유리와 중국을 통해 전래된 사산조 페르시아 계통의 물품들이 다수를 이룬다. 신라 고분에서 출토된 유리 공예품을 통해 로마와 페르시아 지역의 유리 공예품이 비단길을 통해 동북아시아 지역까지 전래되었다는 사실을 확인할 수 있다. 이렇게 유리는 비단에 비해 훨씬 더 다양한 경로를 통해 동서 교류를 주도적으로 이끌어 가는 중요한 물품으로 각광 받았던 것이다.

A 유리 공예품

Q 018

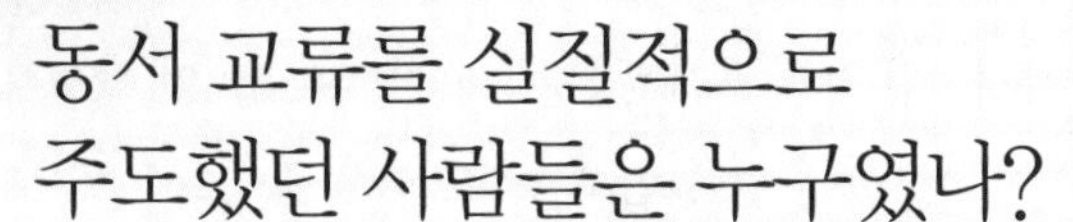

동서 교류를 실질적으로 주도했던 사람들은 누구였나?

★**시대** : BC 6세기~AD 14세기 ★**주제어** : 유목민족, 스키타이, 흉노, 투르크, 몽골

스키타이, 흉노, 투르크

중앙아시아의 초원지대를 삶의 터전으로 하여 살아가던 유목민족들은 동서 교류를 활성화하는 데 이바지한 것은 물론, 결정적인 순간마다 정주 문명권 국가들의 역사에 적극 개입하여 역사의 흐름에 큰 영향을 끼쳤다.

중앙아시아 초원지대에서 가장 먼저 두각을 나타낸 민족은 스키타이이다. 이들은 기원전 6세기부터 역사의 전면에 등장하기 시작해 페르시아 제국에 비견될 정도로 막강한 세력을 자랑했다. 스키타이인들은 뛰어난 기마 전술과 활쏘기 능력을 갖춘 페르시아계 유민인데, 남러시아 지역의 초원지대를 근거지로 중국과 서방 국가의 교류를 중개하며 향후 2,000년 동안 유라시아 초원을 호령할 후발 유목민족들의 맏형 노릇을 했다.

이후 기원전 4세기 말에 몽골고원에서 흥기한 흉노는 중앙아시아 아랄해에서 티베트 고원, 한반도 북부까지의 광활한 영역을 점유하며 급속도로 성장해 나갔다. 흉노는 진한시대부터 중국의 한족 왕조를 위협하면서 초원비단길을 통해 자신들의 고유한 문화와 스키타이 문화, 중국의 한족 문화, 고대 그리스 · 로마 · 페르시아의 문화를 융합하며 동서 문화의 교류에 크게

기여했다.

한나라에 의해 일시적으로 세력이 꺾인 흉노의 일부는 훈족이라는 이름으로 서양 세계에 알려지면서 흑해 서북쪽에 거주하던 서고트 족을 서쪽으로 몰아냈다. 이 여세를 몰아 훈족은 중부 유럽에 제국을 건설하고 서쪽으로 라인 강과 도나우 강 일대까지 세력을 확장했다. 훈족의 압력으로 인해 서유럽은 게르만족과의 접촉을 통해 고대의 외피를 벗고 중세로 이행하는 계기를 마련했다.

한편 투르크족은 당나라 시대를 기점으로 유목민족들 사이에서 새로운 강자로 부상했다. 이들은 돌궐과 위구르 제국으로 성장해 가면서 중국 역사의 고비마다 중대한 역할을 담당했다. 특히 위구르 제국은 당나라와 이슬람 세력 사이에서 힘의 균형추 역할을 수행하며 때로는 당나라를 군사적으로 돕기도 하고 때로는 당나라의 비단을 독점하기도 하면서 유라시아의 강자로 군림했다.

위구르 제국 멸망 후 일부의 투르크족은 서쪽으로 이동하여 페르시아와 아바스 왕조 내부에서 세력을 확보하여 이슬람 제국 내에서도 유력한 세력으로 급부상하게 된다. 급기야 이들은 이슬람교로 개종하고 11세기에 파미르 고원 서부와 페르시아에 걸쳐 셀주크 왕조를 개창했다. 이후 이들 투르크족은 서아시아와 북인도 지역까지 진출함은 물론 비잔티움 제국을 멸망시키고 오스만 투르크 제국을 열었다.

세계 최고의 제국을 건설한 몽골

유라시아 일대의 초원을 중심으로 성장했던 유목민족 중 최대의 제국을 건설했던 민족은 몽골족이다. 1206년 테무친이 세운 몽골 제국은 이후 네

차례의 원정을 통해 중국은 물론 중앙아시아, 러시아, 서아시아에 이르는 광대한 영역의 대제국을 확립했다. 몽골인들은 유라시아 전역에 걸친 광활한 영토를 오고타이한국, 차가타이한국, 킵차크한국, 일한국으로 분할하여 다스렸고 명실상부한 유라시아 대교역권을 완성하여 오늘날의 수준에도 결코 뒤지지 않는 세계시장을 경영했다.

A 중앙 아시아의 유목 민족

테무친

출생년도에 대해서 1155년, 1162년, 1167년 등 세 가지 설이 있다. 1189년 몽골씨족연합의 맹주로 추대되어 칭기즈칸이라는 칭호를 받았고, 1204년 몽골 초원을 통일했다. 이후 동서에 걸친 대제국을 건설하여 동서 문물교류에 결정적인 기여를 했다. '칭기즈'라는 말의 유래에 대해서도 여러 설이 있으나 '하늘의 아들'이라는 뜻의 해석이 유력하여, 그가 하늘의 권력과 땅의 권력을 모두 지닌 인물이었음을 짐작하게 한다.

Q 019

'큰 태양처럼 빛나는 종교'라는 뜻의 '경교'로 불린 기독교의 일파는?

★ **시대 :** 5세기~13세기 ★ **주제어 :** 이단, 경교, 사제왕 요한

서양에서 밀려나 동방으로 길을 떠나다

콘스탄티누스 황제가 공인하고 테오도시우스 황제가 로마의 국교로 지정한 기독교는 서양 세계의 정신을 지배하는 종교가 되었지만 일찍부터 교리 해석을 둘러싼 격렬한 신학논쟁에 휩싸였다. 특히 431년에 소집된 에페소스 공의회에서는 마리아와 예수를 어떻게 볼 것이냐를 두고 격렬한 논쟁이 있었는데, 이를 계기로 네스토리우스교가 새로운 교파로 분화되기에 이르렀다. 하지만 후일 몇몇 신학자들이 네스토리우스의 교리를 정면 비판하고 네스토리우스교를 이단으로 규정하여 벌했다.

네스토리우스교는 페르시아 지역에 새로운 터전을 마련하여 497년 공식적으로 서방 교회에 대해 독립을 선언했다. 네스토리우스교는 사마르칸트와 부하라 일대를 중심으로 교세를 확장한 것을 계기로 7세기 이후에는 오아시스 비단길을 따라 중앙아시아는 물론 당나라까지 전파되었다. 당나라에 전래된 네스토리우스교는 '큰 태양처럼 빛나는 종교'라는 의미의 '경교(景敎)'로 불렸다. 당 황실은 당시 맹렬한 기세로 팽창하던 이슬람 세력의 존재를 경계하여 이들에 대한 정보를 얻기 위한 목적에서 페르시아에서 건너온 네

스토리우스교도들을 우대했다.

그 후 경교는 845년 외래 종교의 전도를 엄금하도록 조치한 회창법난과 878년 황소의 난을 거치면서 잠시 주춤하다가 원나라 때 이르러 다시 한 번 중국 북부 지방을 중심으로 부흥하기 시작했다. 그러나 이때는 로마 교황의 사절단들도 원의 황제를 알현하고 중국 내에서 교세를 넓혀 가던 중이었기 때문에 경교는 선교에 난항을 겪었다. 또한 이들은 정신적으로도 중화 문화에 동화되어 유일신교로서의 정통 기독교 사상을 전파하는 데도 실패했다. 결국 이들은 원 왕조 말기, 중앙아시아의 정치 상황이 악화되어 비단길을 통한 여행이 불가능해지고 인력 자원의 보급도 여의치 않게 되자 중국 내에서 서서히 자취를 감춰 갔다.

사제왕 요한의 전설

네스토리우스교도들은 십자군 전쟁이 한창이던 무렵, 서양인들에게 '사제왕 요한'의 전설과 함께 다시금 부각되었다. 서양인들은 중앙아시아에 거주하면서 이슬람 세력을 저지할 존재를 사제왕 요한이라 불렀는데, 이슬람 세력과의 군사적 대치 관계 속에서 긴장하던 서유럽의 기독교인들은 중앙아시아를 기반으로 활동하던 네스토리우스교도들이 기독교의 이름으로 이슬람 세력을 퇴치할 수 있으리라는 공상에 집착했다.

이렇게 네스토리우스교는 비단길을 따라 중앙아시아와 중국까지 전래되어 동서양의 사상 교류에 이바지했고, 십자군 원정 중에 서양 기독교도들의 기억에서 되살아나 유럽 기독교 세계의 정체성을 확립하는 데도 기여했다.

A 네스토리우스교

Q 020

서양사회가 중국을 통해 수용한 대표적인 발명품은 무엇인가?

★ **시대** : 1~14세기 ★ **주제어** : 종이, 무구정광대다라니경, 나침반, 화약

종이와 인쇄의 역사

중국의 4대 발명품 중 하나인 종이는 서기 105년 후한의 환관 채륜에 의해 발명되어 8세기부터 13~14세기에 이르는 시기에 걸쳐 아프리카와 유럽에 본격적으로 전파되었다. 종이가 발명되어 보급되기 전 인류는 점토판, 파피루스, 양피지, 비단, 죽간 등의 재료를 활용하여 문자 기록을 남겼다. 그러다가 나무껍질이나 대마를 활용한 종이가 생산되면서부터 인류는 이전에 비해 훨씬 더 질 좋고 값싼 재료를 이용해 문자를 기록할 수 있게 되었다. 또한 종이를 사용하여 문자를 기록할 수 있게 됨으로써 지식의 보존과 유통, 전파의 과정도 한결 더 수월해졌다.

고구려 출신의 장수 고선지가 참전한 탈라스 전투에서 당나라 군대가 이슬람 군에게 패퇴했던 751년을 기점으로 제지술은 서아시아를 경유해 본격적으로 서양에 소개되었다. 제지술은 다마스쿠스와 사마르칸트를 시작으로 12세기에는 유럽으로, 13세기에는 북아프리카 지역까지 전파되었다. 유럽에 전래된 종이는 이탈리아를 중심으로 새로운 기술이 도입되어 품질이 향상되었고, 이후 유럽의 종이는 역으로 이슬람 세계에 수출되기에 이르렀다.

현존하는 유물을 근거로 할 때 인쇄술은 중국과 한국을 중심으로 한 동아시아 지역에서 대략 8세기 후반에서 9세기에 이르는 시기에 발명된 것으로 보인다. 신라의 「무구정광대다라니경」과 당나라의 『금강경』이 이러한 가설을 뒷받침한다. 이후 중국을 중심으로 발달한 인쇄술은 몽골 제국 시기에 서방 세계에 전파되었고, 활자 인쇄술은 고려에서 금속활자를 개발한 이후 중국과 일본으로 신속히 전파되었다. 서유럽 또한 독자적으로 금속활자와 인쇄기를 개발하여 근대 문화의 초석을 다지는 데 적극 활용했다. 제지술과 달리 인쇄술의 발명지와 전파 과정은 명확히 알려진 바 없지만 고대부터 활발하게 진행된 동서 문물 교류가 큰 영향을 주었음을 짐작할 수 있다.

역사를 바꾼 화약과 나침반

화약은 중국의 도사들이 불로장생의 영약을 제조하는 과정에서 우연히 발명된 것으로, 초기에는 연금술과 결합된 형태로 전수되었다. 그러다가 송나라 시대에 이르러 '화전(火箭)'이라는 이름의 불화살을 제작하면서부터 본격적으로 무기 제조에 활용되었다. 송나라 시대에는 대규모의 무기 공장이 신설되어 전쟁용 화약무기가 생산되었다. 이후 중국의 화약은 아랍을 거쳐 유럽에 전파되었다. 화약 무기의 사용으로 유럽은 성채 중심으로 진행되던 중세적 전쟁 방식을 탈피했고, 근대로 이행하는 시대적 변혁을 준비하는 계기를 마련할 수 있었다.

송나라 때 발명된 자남어라는 나침반은 얇은 철 조각을 자그마한 물고기 모양으로 만들어, 이를 불에 뜨겁게 달구고 급속히 냉각해 자석으로 만든 것이다. 물에 띄우는 수침반이었던 자남어는 11세기 말 최초로 발명되어 아랍의 항해사를 통해 유럽에 소개되었다. 중국의 나침반을 받아들인 유럽인들

은 이를 더욱 더 실용적으로 개량하여 물 없이 사용하는 한침반을 제작해 냈다. 한침반은 자침의 한가운데를 뾰족한 핀으로 받쳐서 자침이 수평으로 움직이도록 만든 나침반으로 중국에까지 유입되었다. 중국에서 발명된 나침반이 장구한 교류의 역사를 거치면서 훨씬 더 개선된 형태로 중국으로 역수입되었던 것이다. 나침반의 사용으로 항해가 수월해져 유럽의 대항해시대가 본격 개막되었다.

A 종이, 화약, 나침반

▌연표로 보는 고대 동서 교류의 역사▐

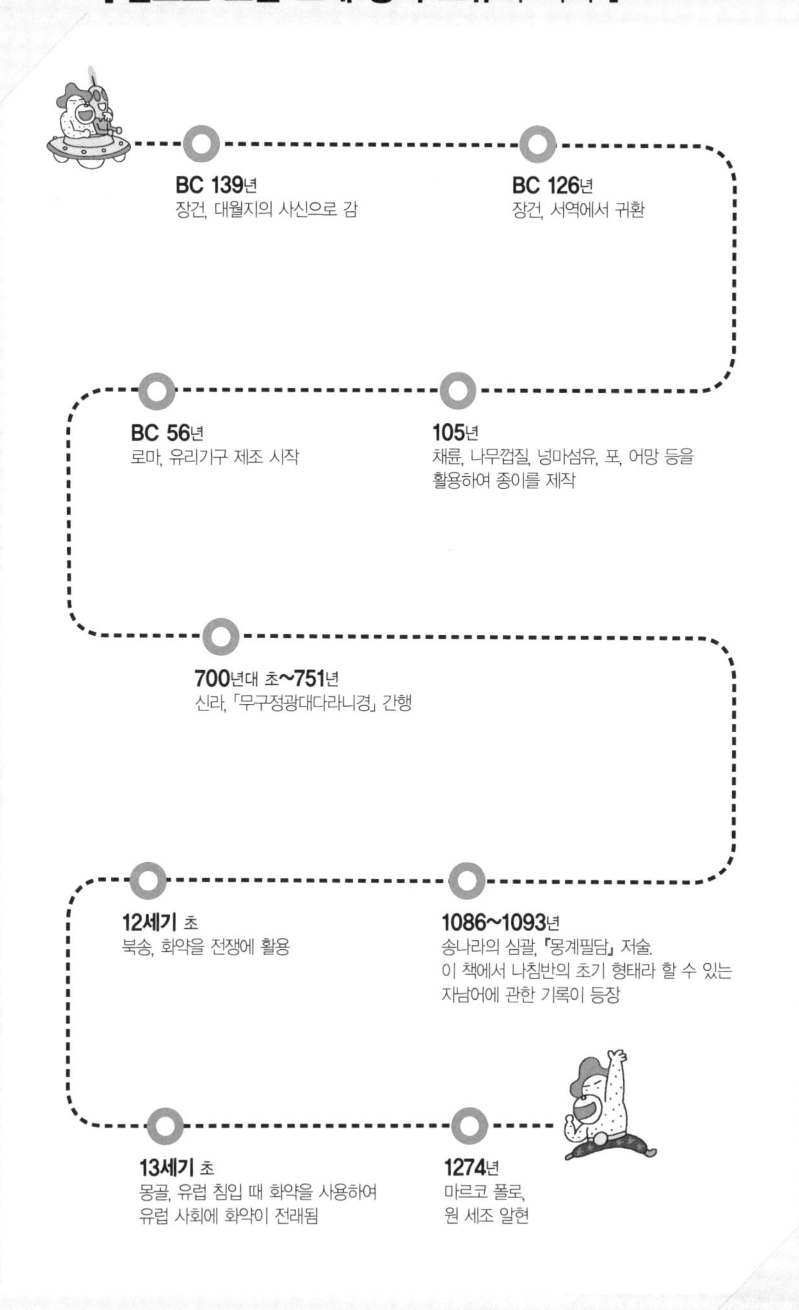

Question & Answer

4장

좌충우돌의 시대

서양 중세사회

021 고다이버는 정말 알몸으로 말을 타고 시장 거리를 돌아다녔나?

022 중세사회에서 성직자들이 여성의 매춘을 장려했다는 게 사실일까?

023 서양 역사에서 부르주아는 언제 출현했나?

024 중세시대에 심각한 사회문제를 일으킨 놀이는?

025 서양 중세에 초야권이 실제로 있었는가?

026 중세시대에도 도시의 공기는 자유로웠나?

027 유럽 중세 경제의 토대였던 장원제의 기본 형태는 어떠했는가?

028 로마 교황은 누구로부터 강력한 권위를 이끌어 낼 수 있었나?

029 중세시대 국가와 교회 당국이 종교적 이단세력을 억압한 이유는?

030 숫자 0의 개념을 유럽에 전한 사람들은?

031 아리스토텔레스주의자로, 중세 스콜라 철학의 완성자는?

032 유럽연합 설립 계획이 중세에도 있지 않았을까?

시대 설명

아틸라가 이끄는 훈족의 압박으로 376년 서고트 족이 로마 사회로 진입한 이래 게르만 족은 로마 제국의 정치적 영역을 잠식하면서 서양 고대사회의 종말을 촉진했다. 게르만의 민족이동은 약탈과 파괴를 수반하기도 했으나 선진적인 로마 문화를 적극 수용하는 차원에서 진행되어 기존의 로마 문화와 게르만 문화가 융합함으로써 새로운 시대의 서막을 열었다. 476년 게르만 출신의 군 지휘관 오도아케르에 의해 서로마 제국이 멸망하면서 시작된 서양의 중세사회는 짧게는 이탈리아 르네상스 시기까지, 길게는 16세기까지 지속되면서 현존하는 유럽 문화의 윤곽을 형성했다.

원래 중세라는 용어는 종교적 특성이 강한 스콜라 철학을 비판하고 고대 그리스, 로마의 인문주의적 전통을 부흥시키려 했던 이탈리아 르네상스 시기의 인문주의자들에 의해 확립되어 부정적 이미지를 강하게 내포하고 있었다. 그러나 서유럽의 중세사회는 단순히 단절, 혹은 암흑의 시대로 규정될 수 없다. 중세는 현대 유럽 문화의 원형으로 인식되고 있을 뿐만 아니라 현재 진행되고 있는 유럽 통합의 정치적 기획에 중요한 역사적 동기를 제공하고 있기 때문이다.

중세에 확립된 대학이나 의회, 법률 등의 제도가 중세사회와 근 · 현대사회의 연속성을 주장하는 논리의 논거가 되고 있듯이 도시와 부르주아의 존재 또한 이러한 맥락에서 접근할 수 있는 주제들이다. 중세의 도시들은 영주와 국왕으로부터의 지배로부터 자유롭지는 못했지만 이들로부터 특허장과 각종의 특권을 부여받음으로써 행정과 사법, 교역 등의 영역에서 독자적인 자치권을 행사해 나갔다. 또한 11세기부터 역사의 무대에 등장하기 시작한 부르주아들은 국내의 상업과 대외 교역활동을 통해 부를 획득하고 사회적 위신을 확보하면서 도시를 중심으로 생활해 나갔고 근대 시민사회 형성의 주체 세력으로 활약했다.

Q 021

고다이버는 정말 알몸으로 말을 타고 시장 거리를 돌아다녔나?

★시대 : 11세기 ★주제어 : 설화, 고다이버, 마음의 역사

알몸으로 말을 타고 시장을 지나가라

덴마크의 왕 크누트가 통치하던 11세기 잉글랜드의 코벤트리 지방에는 레오프릭이라는 영주가 살고 있었다. 그는 코벤트리 지방의 주민들에게 가혹한 세금을 부과하여 원성을 사고 있었다. 레오프릭이 크누트를 따라 잉글랜드에 들어온 데인족(덴마크에 살던 노르만족의 일파)의 후예일 것이라는 소문이 주민들 사이에서 공공연하게 나돌 정도로 그의 통치는 무자비하기 이를 데 없었다.

그런데 악덕 영주 레오프릭에게는 빼어난 미모에 신앙심과 자애심이 깊은 고다이버라는 아내가 있었다. 고다이버는 가혹한 세금으로 코벤트리 주민들이 신음하는 모습을 애석하게 여겨 남편에게 세금을 낮춰 줄 것을 청했다. 그러자 레오프릭은 한 가지 제안을 한다. 세금을 낮추는 대신 아내인 고다이버에게 알몸으로 말을 타고 코벤트리 시장을 가로질러 지나가는 것을 조건으로 내건 것이다.

이에 고다이버는 오랜 고심 끝에 남편의 요구 조건을 수용하기로 결심한다. 고다이버의 용단이 주민들에게 알려지자 코벤트리 주민들은 고다이버가

| 〈고다이바〉 존 콜리어 作

알몸으로 말을 타고 시장을 지나가는 동안 그녀의 모습을 지켜보지 않기로 약속했다. 그런데 톰이라는 이름의 양복 재단사가 고다이바의 모습을 창문에 난 틈을 통해 잠시 훔쳐보았다. 설화에 따르면 고다이바 부인의 벗은 몸을 몰래 훔쳐본 톰은 영원히 눈이 멀어 버렸다고 한다. 성적인 대상을 몰래 훔쳐보는 사람을 일컫는 'Peeping Tom'이라는 영어 표현이 바로 이 설화에서 유래했다. 아무튼 레오프릭은 고다이바의 요구를 수용하여 가혹한 세금을 대폭 줄여 주었다고 한다.

설화에 담겨 있는 잉글랜드 사람들의 마음

13세기에 활동했던 연대기 작가 로저는 『역사의 꽃들』이라는 저작에서 레오프릭과 고다이바가 코벤트리 지방을 중심으로 수도원이나 성당 건축에 소용될 자금을 기부 형태로 출자하는 등 신앙심이 매우 깊었다고 묘사했다. 또한 1086년 정복 왕 윌리엄이 징세 목적으로 조성한 토지대장 둠즈데이 북에도 코벤트리 지방 영주 레오프릭과 여성 지주 고다이바의 후손으로 추정되는 사람의 토지가 기록되어 있다.

이러한 문헌은 고다이버 설화가 기본적으로 역사적인 사실에 기초하여 만들어지고 전승된 것임을 말해 준다. 이야기에 묘사된 것처럼 레오프릭이 데인족 사람이었는지, 고다이버가 정말 알몸으로 말을 타고 코벤트리 시장을 지나갔는지, 양복 재단사 톰이 주민들과의 약속을 깨고 그녀의 모습을 몰래 훔쳐보았는지는 불분명하다. 하지만 이 이야기는 당시 다수의 잉글랜드 사람들이 이민족 왕에 대한 감정적 거부감, 영주의 가혹한 수탈에 대한 항거 의식, 이웃을 제 몸처럼 사랑하는 고귀한 자애심에 대한 동경 등을 마음속 깊이 간직하고 있었음을 말해 준다.

A (전해 내려오는 이야기에 따르면) 그렇다.

Q 022

중세사회에서 성직자들이 여성의 매춘을 장려했다는 게 사실일까?

★ **시대** : 5세기 이후 ★ **주제어** : 매춘, 성직자들의 이중성

매춘에 대한 교회의 이중적 태도

로마 제국 말기에 국가의 공인을 받은 기독교는 제국의 붕괴 후에 급속한 성장세를 보이며 막강한 사회적 영향력을 행사했다. 초기 기독교의 교부들은, 비교적 개방적인 여성관을 견지했던 것으로 알려져 있는 예수의 삶과는 무관하게 엄격한 금욕주의에 입각한 여성관을 피력했다. 기독교는 유대인들의 문화에서 여성을 혐오하는 관념을 받아들였고, 로마 멸망 이후에는 방탕했던 로마 시대의 일상적 관습을 일소하기 위한 조치의 일환으로 상업 매춘을 강도 높게 비난했던 것이다.

그러나 중세시대의 신학자들은 엄격한 금욕주의를 강조했음에도 불구하고 매춘이 갖는 사회적 실용성은 인정하는 이중적 태도를 보였다. 아우구스티누스는 사회 전복적 성향을 지니는 인간의 변덕스런 욕정을 소멸하기 위해서 매춘이 필요하다고 역설했고, 토마스 아퀴나스는 도시의 매춘을 근절하는 행위는 도시의 악을 배출하는 시궁창을 없애는 행위와 같다고 말했다.

우리는 장난감이 아니에요.
저희는 돈 버는 기계가 아니에요.

교황과 왕이 앞장서서 매춘업에 나서다

중세의 세속 권력과 교회 당국은 매춘의 사회적 역기능을 인식하고 있었지만 현실적인 이익을 위해 매춘을 허용하는 정책을 시행했다. 무자비한 십자군 원정으로 유명한 프리드리히 1세와 프랑스의 루이 9세, 카스티야의 알폰소 9세와 같은 군주들은 가혹한 법 규정 시행으로 매춘부의 사회활동을 규제하고 성매매 산업을 위축시키려 했지만 별다른 성과를 거두지는 못했다. 사회적으로 드러난 교회의 이미지와 달리 성직자들은 직위를 막론하고 성적 방탕에 깊이 물들어 있었다. 하위 성직자들은 말할 것도 없고 교황과 추기경을 위시한 고위 성직자들도 자신의 처소에서 창녀들과 성적 관계를 맺은 것은 물론 공개적인 장소에서도 창녀를 대동하여 주위의 빈축을 샀다.

중세의 세속 군주들과 교회 당국은 세금 수입을 확보하여 국가와 교회의 재정을 확충하기 위한 목적에서 윤락업을 적극 장려하고 나섰다. 정복왕 윌리엄은 루앙에 윤락가를 소유하고 있었고, 잉글랜드 플랜태저넷 가문의 왕들은 파리에 홍등가를 조성하여 막대한 양의 자산을 벌어들였다. 또한 교황은 개인 소유의 윤락업소를 운영하면서 매춘부들에게 면허를 부여하고 그들로부터 직접세를 수취함으로써 재정 확보와 교회 건축에 효과적으로 활용하기도 했다.

이 시기 매춘부들은 종교적이고 사회적인 윤리적 통념에 따라 악의 화신으로 인식되어 사회의 주변인으로 살아갈 수밖에 없었다. 그러나 위정자들과 교회 당국은 현실적 이익을 위해 이들을 육체적으로, 혹은 경제적으로 착취하여 자신들의 권력 기반을 확고히 하는 수단으로 유용하게 활용했다.

A 그렇다.

Q 023

서양 역사에서 부르주아는 언제 출현했나?

★ **시대 :** 11세기 ★ **주제어 :** 중세 도시의 탄생, 자유인, 시민혁명

원래는 '도시의 성곽에 거주하는 사람'이라는 뜻

서양 역사에서 '부르주아지'라는 용어는 11세기 초엽 프랑스에서 최초로 사용되기 시작한 것으로 보인다. 통상적으로 상인과 기업가를 비롯해 공업에 종사하는 도시 사람들로 구성되는 사회경제적 계급을 일컫는 용어인 부르주아지는 원래 프랑스에서 중세 도시의 성곽에 거주하는 사람들을 지칭하는 말이었다. 중세에 이들은 영주와 농노의 중간쯤에 위치하는 계층으로 인식되다가 중세에서 근대로의 이행기에 상공업과 교역의 발달로 계급 분화가 본격화되면서부터 비로소 확고한 집단적 정체성을 지니는 계급이 되었다.

새 천년의 도래 이후 중세 서양 사회는 혼란과 공포의 늪에서 서서히 벗어나 질서가 정비되고 지역 곳곳에 새로운 도시들이 출현하게 되었다. 이에 따라 종래 수도원이나 영주에 예속되어 가혹한 착취를 받던 하층 계급들이 도시를 중심으로 자유가 훨씬 더 보장된 삶을 추구하려는 움직임이 나타났다.

1007년 볼리외 수도원 주위의 부락에서 농노 상태로부터의 해방을 갈구하고 수도원장의 타이유세에 반발하여 저항하던 주민들이 부르주아로 지칭

되면서부터 부르주아라는 개념이 서양 역사에서 최초로 등장하였다. 이후 이들은 11세기 후반부터 도시를 자신들의 근거지로 삼아 신분적 구속에서 벗어나고, 프랑스 북부와 남부에 공동체를 조성하여 행정, 치안, 사법, 재정 분야에서 자치권을 확보해 나가기 시작했다.

도시에 가면 자유로워진다?

중세기를 거치면서 꾸준히 그 세력을 확장해 나가던 부르주아는 특정 도시에서 정해진 기간 동안 거주했다는 증거와 일정한 재산 자격, 공동 의무 이행에 관한 서약을 통해 자신들의 지위를 보장받았다. 특히 적절한 수준의 부를 축적한 사람들은 거주 기간과 상관없이 국왕의 재가로 부르주아 신분을 얻기도 했다.

독자적인 계급으로 성장하여 도시를 중심으로 활동하던 부르주아는 우애와 연대 의식의 관념을 기반으로 비상시를 대비해 자체 무장 태세도 아울러 갖추어 나갔다. 그러나 13세기 후반에 이르자 부르주아 내부에서 부유한 부르주아와 경제적으로 열등한 부르주아로 계급이 나뉘었다. 이때부터 부르주아라는 용어는 도시 성곽에 거주하는 주민들을 지칭하기보다는 경제적으로 부유한 계급을 가리키는 용어로 변했다.

급속도로 진행된 부르주아 내부의 계급 분화 결과, 부유한 엘리트 부르주아가 공동체의 지배권을 장악하게 되었다. 부유한 상인들과 도시 엘리트들의 과두정이 고착됨에 따라 공동체 내의 하층민들은 부르주아에 대항하는 폭동과 항쟁을 줄기차게 전개했다. 이에 따라 부유한 엘리트 지배자들은 국왕과 결탁하여 자신들의 권력 기반을 유지하려 애를 쓰게 된다.

절대왕정의 출현으로 국왕과 결탁한 부르주아는 관직 매매와 토지 점유를 통해 점차적으로 귀족적인 외양을 띠어 갔고 이들의 이러한 행보는 시민혁명 직전까지 지속되었다. 논란의 여지는 있지만, 중세와 근대로의 이행기를 거치면서 서양 사회의 주도적 계급으로 성장한 부르주아는 이후 서유럽에서 발생한 여러 시민혁명의 핵심 주체로 활약하며 서양의 근대사회와 현대사회를 이끈 중심 세력으로 자리매김했다.

A 11세기 초

타이유세

전근대시기에 농민들에게 부과되던 직접토지세를 일컫는다.

Q 024

중세시대에 심각한 사회문제를 일으킨 놀이는?

★ **시대** : 9~13세기 ★ **주제어** : 주사위, 도박

주사위 놀이로 영토 분쟁을 매듭짓다

중세시대 귀족을 비롯한 고위층 사람들은 장기나 마상 창 시합을 즐겼다. 장기는 개개인의 기지와 지혜가 발휘되어야만 하는 다소 까다로운 지적인 놀이였고, 마상 창 시합은 기사들의 기상과 상무정신을 북돋우는 놀이로 인식되어 상류층 인사들에게 긍정적인 이미지로 받아들여졌다. 이에 비해 주사위 놀이는 상류층 인사나 성직자를 막론하고 일반 민중들 사이에서도 인기가 있었다. '12줄 놀이'로도 불리는 주사위 놀이는 고대부터 유행하기 시작하여 지금까지 이어져 내려올 정도로 그 역사가 장구하다. 헤로도토스의 기록에는 리디아인들이 주사위 놀이를 시작한 것으로 되어 있는데, 실제로는 이보다 더 오래 전부터 주사위 놀이를 즐겨왔을 것으로 추정된다.

서유럽에서는 주사위 놀이를 로마 시대부터 즐겼던 것으로 보인다. 로마의 클라우디우스 황제가 주사위 놀이를 즐겼다는 기록이 있기 때문이다. 또한 이와 동일한 시기에 게르만인들 또한 주사위 놀이를 즐겼음을 확인할 수 있다. 주사위 놀이는 단순한 놀이 차원을 넘어서 영토 분쟁의 해결 수단으로까지 활용되었다. 1020년 노르웨이와 스웨덴 간의 영토 분쟁이 주사위 놀이

의 승패에 따라 좌우되었던 것이다.

주사위 놀이 대유행의 시대

시간이 지나면서 주사위 놀이는 사회적으로 점점 더 확산되었다. 십자군 원정 기간에 기사들이 주사위 놀이에 빠져 왕이 나서서 주사위 놀이를 금지했다는 기록이 있으며, 여성들도 사교의 일환으로 주사위 놀이를 즐겼던 것으로 확인된다. 고위 성직자 또한 예외가 아니어서 963년 신성로마 제국의 황제 오토 1세는 교황 요한 12세를 폐위시키면서 교황이 주사위 놀이를 한 것을 폐위의 이유 중 하나로 지목했고, 13세기 초에 저술된 연대기에도 성당 소속 사제들과 방랑 수도승, 학생들이 성당 내에서 주사위 놀이를 하며 삼위일체와 신성을 모독했다는 기록이 전한다.

주사위 놀이는 상인들 사이에서도 인기를 끌었다. 이들은 선술집과 윤락가, 심지어는 교회의 공동묘지에서도 도박성이 짙은 주사위 놀이를 하곤 했다. 도박성 짙은 주사위 놀이가 사회문제를 낳자 교회와 도시 당국은 오락 수준을 넘어서는 주사위 놀이를 금하고 이를 어긴 자에게 벌금을 물리는 조처를 취했다. 그러나 대중문화에 깊게 뿌리 내린 주사위 놀이는 수그러들 줄 몰랐다. 이러한 현상에 직면해 당국은 목욕탕이나 유곽과 같은 제한적 장소에 한해 주사위 놀이를 승인하는 식으로 주사위 놀이를 단속했다.

이렇게 주사위 놀이는 영혼을 타락시키는 악행으로 평가되기도 했지만 편협하고 폐쇄적인 사회 분위기를 완화시키는 도구로 인식되면서 중세인들의 놀이 문화를 지배했다.

A 주사위 놀이

Q 025

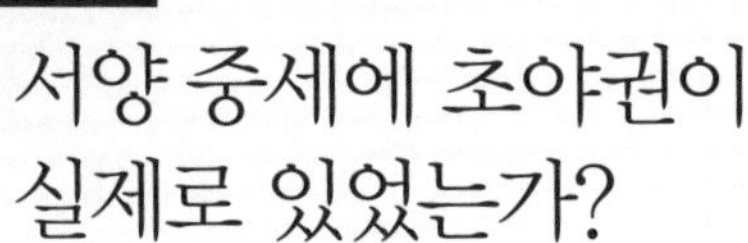

서양 중세에 초야권이 실제로 있었는가?

★ **시대 :** 8~14세기 ★ **주제어 :** 첫날밤, 결혼세

첫날밤을 신부와 치를 수 없는 남편 이야기

강력한 정치권력과 막대한 부를 소유한 사람이 지위가 낮거나 능력이 열등한 사람의 신부와 첫날밤을 함께 할 수 있다는 풍속(이를 '초야권'이라 한다)은 유럽과 서아시아 지방의 고대 문헌에서 종종 발견된다. 기원전 1900년경의 작품으로 간주되는 『길가메시 서사시』에는 바빌론의 수도 우루크의 통치자 길가메시가 다른 남자의 약혼녀와 동거했다는 일화가 등장한다. 헤로도토스 또한 『역사』에서 결혼할 모든 처녀들이 신랑과 첫날밤을 치르기 전에 먼저 왕의 침소에 들어야 한다는 결혼 관습이 리비아의 한 부족 사회에서 통용된다는 사실을 전하고 있다.

초야권의 행사와 관련된 문헌은 8세기 아일랜드에서 작성된 수도원 연대기와 중세 성기(12~13세기)의 아일랜드 전통 서사시에서도 발견된다. 자료의 미비로 이 시기에 초야권이 실재했는가의 여부를 명확히 판단하기는 어려우나 사회적 지위가 높은 사람이 결혼 당사자가 아님에도 불구하고 결혼이라는 제도에 깊숙이 관여했다는 사실을 미루어 짐작할 수 있다.

14세기 북프랑스 지역에서 작성된 민중 서사시에는 신부가 영주에게 지

참금 중 상당한 양의 금액을 바치지 않으면 영주가 초야권을 행사할 수 있다는 조항이 포함되어 있다. 이를 통해 당시 사람들은 지참금의 액수와 신부의 순결성 사이에는 정비례의 함수관계가 성립한다고 여겼다는 사실과 당시 사회에는 초야권을 결혼세와 결부해 생각하는 분위기가 만연했다는 결론에 다다를 수 있다.

초야권은 계몽주의자들의 음모?

계몽주의 시대에 활동한 지식인 중 다수는 농노의 딸이 그녀가 속해 있던 장원 외부로 시집갈 때 납부해야만 했던 결혼세를 영주가 농노의 딸과 동침할 수 있다는 초야권으로 해석했지만, 사료에 따르면 이는 잘못된 추론이다. 중세 이후 근대주의자들이 중세사회의 핵심 세력이었던 봉건 영주들의 정치적 역량을 거세하는 조처를 취하는 과정에서 초야권과 같은 비합리적 관습이 영주들의 일상 속에 실제로 있었다는 논리를 창출했다는 것이다.

이후 중세 말에 접어들어 사회경제적 구조의 변동에 수반하여 신분제 내에 극심한 동요가 발생하면서부터 초야권과 관련하여 행해진 영주의 사회적 처신은 변형된 형태를 띠며 드러났다. 15세기 말 카탈루냐에서 반란을 일으켰던 농민들이 하층 계급 출신의 신부를 성희롱(직접적인 성교가 아니라 상징적인 행위였을 뿐이다)하며 자신의 사회적 권위를 과시하려던 영주의 행위를 맹비난한 것은 이러한 분위기를 잘 보여준다. 극심한 사회 변동에 따라 자신들의 위신 상실을 몸소 경험했던 영주들은 상징적인 수준에서나마 초야권 행사와 관련된 행위를 함으로써 자신들의 특권을 계속해서 유지해 나가려 했던 것이다.

이상을 종합하면 중세에 초야권이 실재했다는 견해는 중세 이후 근대의 계몽주의자들에 의해 극심한 왜곡의 과정을 거치며 인위적으로 조성된 것으로 여겨진다. 초야권은 서양 중세 사회의 위정자나 사회적 유력자가 민중들을 지배하고 자신들의 권익과 지위를 유지하기 위한 목적에서 활용한 유용한 습속이었을 뿐이다.

A 그렇다고 볼 수 없다.

인도와 남아메리카에서의 초야권

근대 초기에 작성된 여행기에 인도와 남아메리카 지역에 거주하던 부족장이나 종교 지도자들이 신부의 처녀성을 관리하는 행위를 통해 자신들의 특권을 행사했다는 내용이 남아 있다. 당시 이 지역에서는 처녀막 파열로 인한 출혈에 대한 두려움과 신부의 성기가 악령에 의해 더럽혀져 있다는 불안이 널리 퍼져 있어, 부족장이나 종교 지도자의 감독 하에 가난한 하인이 신부와 첫날밤을 치름으로써 이러한 공포를 해소하는 의식을 벌였다고 한다.

Q 026

중세시대에도 도시의 공기는 자유로웠나?

★ **시대** : 11~14세기 ★ **주제어** : 자유민, 자치도시, 부르주아

자유가 점점 넓어지던 시대

대략 10세기 말까지 중세사회에는 '세르부스'로 불리는 부자유민 집단이 존재했다. 이들은 성주가 아니라 자신들의 주인에게 예속되어 있으면서 군대에 가지 않았고 성직자도 될 수 없는 신분이었다. 부자유민은 충성서약이나 계약을 통해 주인과 관계를 맺은 것이 아니라 모계세습의 신분 원칙에 구속되어 있었기 때문에 주인의 재산으로 간주되었다. 이들이 고대 노예와 달랐던 점은 세례를 받은 인간, 즉 기독교인으로 인식되었다는 것이다.

이에 비해 자유민은 영주에게 구속되어 있으면서 인두세와 결혼세, 상속세를 납부하며 군복무 수행의 권리와 의무, 성직 수행의 권리를 지닌 사람들이었다. 이들은 부자유민과 달리 주인에 의해 자의적으로 행해지는 사법 절차가 아니라 공식 재판을 받을 수 있는 권리를 지닌 자유민 공동체의 일원이었다.

전통적인 자유민/부자유민의 구분 방식은 중세사회가 이전에 비해 안정된 상태로 접어드는 11세기 중엽을 기점으로 변화한다. 이때를 즈음해서 자유민과 부자유민의 구분은 의미를 상실하기 시작한다. 부자유민이 주인의

속박에서 벗어나 영주의 재판을 받고 군에 입대하거나 성직자가 되는 경우가 적지 않게 발생한 사실은 이러한 추정을 뒷받침한다. 이제 법적인 측면에서 부자유민은 거의 자취를 감추게 된 것이다.

도시를 중심으로 퍼져 나가는 자유

이후 12세기부터 자유민들은 체계화된 법률 규정을 통해 그들의 존재성을 더욱 더 공고히 해 나갔다. 이들은 영주로부터 부여받은 '해방증서'를 통해 영주에게 지는 부담을 경감하고 그것을 고정적으로 명문화했다. 해방증서는 상속세와 타이유세(전근대 시기 농민에게 부과되던 직접토지세)를 면제하고 자유민에 대한 영주들의 자의적 구금을 금지하며 군사 의무를 감해 주는 내용을 주로 담고 있었다. 이들은 여전히 영주에게 예속되어 있었지만 도시 공동체를 형성하여 부르주아의 권리를 향유하며 영주의 일방적이고 자의적인 구속에서 벗어나 법으로 보장된 신분 정체성을 획득할 수 있었다.

도시라는 공간을 통해 자신들의 신분 정체성을 확립한 자유민들은 점차적으로 영주로부터 일정한 행정권과 사법권을 양도받아 자치도시를 가꿔 나갔다. 자치도시 또한 영주의 영향력에서 완전히 자유로운 것은 아니었지만, 점점 더 자유의 폭을 넓혀 갔다.

자치도시는 영주와 국왕의 영향력 아래 놓여 있긴 했지만 법적으로는 나름의 독자성을 유지하고 있었다. 자치도시들은 영주로부터 특허장을 부여받아 일정한 수준에서 소비세와 현물세를 면제받았고 군역의 의무로부터도 도시민들을 보호할 수 있었다. 이후 자치도시는 부르주아를 필두로 한 도시 내의 유력 가문들을 중심으로 확대된 자율권을 행사하며 급속도로 발전해 갔다. 백년전쟁을 기점으로 도시의 방어를 목적으로 한 성 쌓기 사업이 주된 현안으로 대두되면서 영주보다는 국왕과의 결속을 강화하는 형태로 변모했던 자치도시들은 14세기 이후부터는 왕국 내에 위치하는 '좋은 도시'의 이미지로 거듭나면서 근대 서양 사회의 중심으로 성장해 갔다.

A 그렇다.

백년전쟁

14세기 중엽부터 약 1세기 동안 영국 왕가와 프랑스 왕가의 대립을 중심으로 전개된 유럽 여러 세력의 충돌. 근대적인 의미에서의 '국가'로 발전하지 않은 세력들의 대립으로, 독일과 네덜란드의 영주들, 플랑드르의 여러 도시, 브르타뉴 공가(公家), 스코틀랜드 왕가 등이 관여하고 있었다. 백년전쟁은 1360년의 브레티니-칼레조약의 체결까지를 제1기, 1415년의 아쟁쿠르전쟁 또는 1420년의 트루아조약의 전과 후를 제2기, 제3기로 나눌 수 있다. 잔다르크가 활약한 전쟁으로 유명하다.

Q 027

유럽 중세 경제의 토대였던 장원제의 기본 형태는 어떠했는가?

★ **시대** : 9~13세기 ★ **주제어** : 고전 장원제, 순수 장원제

노동 부역으로 유지된 고전 장원제

로마 제국 시기와 마찬가지로 중세시대의 경제 또한 토지를 중심으로 운영되었다. 대체로 9세기에서 12세기에 이르러 정착되는 고전 장원제는 노예 노동력과 대토지 소유제를 기반으로 하고 있던 로마의 라티푼디움과 동일한 형태를 띠고 있었다.

그러나 정복전쟁을 통해 충당되던 노예의 공급이 정복전쟁의 중단으로 급감하게 되자 노예제의 근간이 흔들렸고, 중세 초기를 거치면서 고대 노예제는 종말을 고하게 된다. 노예제 해체 이후 해방된 노예들은 영주 직영지에서 부역 노동을 하며 개인 보유지를 얻는 방식으로 생계를 꾸려 나갔다. 또한 영세한 자유민들이 생계유지 수단으로 영주 직영지에서의 부역에 뛰어들면서 노예 노동을 통해 운영되던 로마 시기의 대토지 소유제가 고전 장원제의 형태로 변모하기 시작했다.

지주의 대토지 소유제라는 측면에서 로마의 라티푼디움과 중세의 고전 장원제는 유사한 형태를 취하고 있었으나, 영주 직영지만 존재했던 라티푼디움 체제와 달리 고전 장원제에서는 영주 직영지와 농민들의 개인 보유지

가 공존했다. 고전 장원제에서 영주는 영주 직영지의 실제 경영을 농민의 노역을 통해 이끌어 나갔다. 대신에 영주는 농민이 수행하는 노역의 대가로 농민에게 개인 보유지를 수여하여 생계를 유지할 수 있도록 했고, 이를 통해 안정적인 노동력 확보를 꾀했다. 농민의 결혼 생활과 자녀양육권을 보장한 것도 같은 맥락에서 이해할 수 있다.

이렇게 고전 장원제는 영주 직영지에서 수행하는 농민의 부역을 토대로 하여 운영되던 대토지 소유제였다. 농민들은 영주 직영지에서의 부역을 제외하고는 특별한 세금을 따로 납부하지 않았기 때문에 고전 장원제는 주로 농민들의 노동지대를 통해 운영되었다.

노동 대신 화폐와 생산물로 이동

12세기 이후 도시경제의 발전과 교역의 확대를 통해 자연경제 체제에서 화폐경제 체제로 경제의 구조가 변화하기 시작하면서부터 고전 장원제의 근간은 조금씩 흔들리기 시작했다. 대토지를 소유하는 영주 이하의 농민층 집단에서 토지 소유의 정도에 따라 계층 분화가 빠르게 진행되기 시작했고, 농민들의 계급 기반 또한 발전된 경제력을 바탕으로 좀 더 안정되어 갔다.

이러한 분위기 아래서 영주 직영지에서 부역을 통해 생계를 유지하던 농민들의 노동 형태가 점차적으로 사라져 갔다. 이렇게 해서 농민들이 노동지대가 아니라 생산물이나 화폐로 지대를 납부하는 형태로 토지 경영 방식이 바뀌었다. 이로써 유럽의 장원제는 고전 장원제에서 순수 장원제 형태로 이행하였고, 이러한 모습은 중세 말까지 큰 변동 없이 지속되었다.

A 고전 장원제는 노동으로, 순수 장원제는 화폐나 생산물로 유지되었다.

Q 028

로마 교황은 누구로부터 강력한 권위를 이끌어 낼 수 있었나?

★ **주제어** : 마태오복음, 베드로, 천국의 열쇠

교황은 왜 권력을 가졌을까?

중세시대에 기독교가 서유럽 세계에 깊이 뿌리를 내리면서, 지상의 세계를 지배하는 권력은 두 개가 되었다. 하나는 세속적인 군주의 권력을 대표하는 황제이며, 또 하나는 기독교의 수장 교황이다.

권력의 맛은 달콤하다. 황제와 교황은 상대의 권력을 호시탐탐 노렸다. 황제는 교황이 종교에만 관심을 갖기를 바랐고, 교황은 추상적인 권력에만 머물지 않고 지상에서의 권력도 소유하고 싶어 했다. 둘의 다툼은 필연적이었다. 서유럽의 중세는 이들의 권력투쟁의 역사로 점철되었다.

여기서 질문 하나. 왜 교황의 강력한 권력이 생겨난 것일까? 황제는 가장 넓은 영토 혹은 가장 강력한 군사력을 갖고 있으므로 권력이 당연히 따르겠지만, 대체 교황이 누구이기에 중세의 왕들조차도 파문이라는 끔찍한 형벌을 받을까봐 벌벌 떨면서 교황이 있는 로마의 눈치를 살펴야만 했던 것일까?

예수, 베드로 그 다음이 로마의 교황

물론 초기 교황의 권위는 보잘것없었다. 주교들도 교황의 권위를 인정하

지 않았을뿐더러, 각국의 왕들은 교황이 눈에 거슬리면 권력을 이용해서 자신의 구미에 맞는 사람을 교황 자리에 앉히기도 했고 폭력을 행사하며 교황을 위협하기도 했다. 그렇지만 기독교가 중세인의 삶에 안착하고, 교회의 행정 개혁을 통해 계서제가 성공적으로 이루어졌으며, 교황이 각국의 이해관계를 조율하는 능력과 지위를 인정받으면서 교황의 권위는 점차 누구도 무시할 수 없는 것으로 되어 갔다.

로마의 교황은 사실 로마라는 도시의 주교에 불과했다. 그렇지만 로마는 사도 베드로와 바오로가 활동하던 중심지였기 때문에 기독교인들에게는 어떤 도시보다도 중요한 곳이었다. 따라서 기독교를 믿는 사람들은 로마의 주교를 특별하게 생각했다. 이에 베드로가 로마에 교회를 설립했기 때문에 로마 교회의 주교는 베드로의 후계자라는 관념이 생겨났다.

여기에 신약성서의 마태오복음("잘 들어라. 너는 베드로이다. 내가 이 반석 위에 내 교회를 세울 터인즉 죽음의 힘도 감히 그것을 누르지 못할 것이다."—마태오복음 16장 18절)이 덧붙여지면서 로마의 주교는 더욱 놀라운 존재가 되어 갔다. 베드로는 예수로부터 지상의 대리자로 활동할 것을 약속받았으며, 사후에는 천국의 문에 들어갈 수 있는 열쇠를 관장하도록 되었다는 것이다. 이렇게 놀라운 권위를 지닌 베드로의 후계자였으니 로마의 주교는 최소한 지상에서는 가장 예수님에게 가까운 존재로 여겨졌던 것이다.

이렇게 로마의 주교는 베드로를 계승하는 자로 여겨졌고, 주교들 중에서 가장 높은 왕인 교황이라는 칭호로 자신의 권위를 자랑할 수 있게 되었다. 이것이 바로 서유럽의 중세를 좌지우지했던 교황권의 출발점이다.

A (천국의 열쇠를 관장하는) 사도 베드로

Q 029

중세시대 국가와 교회 당국이 종교적 이단세력을 억압한 이유는?

★ **시대 :** 12~13세기 ★ **주제어 :** 이단, 알비 십자군, 카타르 파

자유로운 도시를 기반으로 활동하다

이단은 특정한 교파 내에서 교리의 해석이나 의례 행위와 관련된 주요 사안에 대해 기존의 전통에서 벗어나 상이한 견해를 표출하는 사람이나 종교집단을 일컫는 말이다. 12세기와 13세기 이탈리아와 프랑스의 랑그독(프랑스 남부 지방) 지방에서 유행했던 카타르 파의 종교 활동을 살펴보면서 이단에 대해 자세히 알아보자.

카타르 파는 당시 진행되고 있던 가톨릭 교회의 개혁 분위기에 편승하여 정통 교리와는 구별되는 새로운 교의를 만들어 냈다. 육체는 악의 관념을 구현하는 실체이기 때문에 절대선의 관념으로 표상되는 신의 아들 예수가 육체의 외피를 두르고 창조될 수 없다는 것이 카타르 파가 주장한 교의의 핵심이었다. 카타르 파는 이러한 교의를 바탕으로 가톨릭 교회의 혼배성사와 영성체를 기독교적 본질에 위배되는 잘못된 의례로 간주했다.

랑그독 지방은 전형적인 봉건제가 발달했던 북프랑스 지역에 비해 상업과 교역을 중심으로 한 도시문화가 일찍부터 유행했다. 이로 인해 도시의 인구집중 현상이 북프랑스 지역에 비해 훨씬 더 현저한 수준으로 나타났고, 교회

세력과 밀착된 중앙집권적 정치체제 또한 두드러지게 나타나지 않았다.

카페왕조의 영향력으로부터 자유로운 상태에서 개방적인 도시문화를 이끌어 가던 랑그독 지방은 새롭고 이질적인 종교 이념도 별다른 반감 없이 수용했다. 카타르 파는 랑그독 지방이 지니고 있던 이러한 사회경제적 기반을 토대로 교세를 확장할 수 있었다.

이단 토벌 전쟁의 또 하나의 목적, 영지 확장

카타르 파의 교세가 확장되자 가톨릭 교회는 청빈과 순결의 덕목을 몸소 실천하며 민중들로부터 높은 존경심을 이끌어내고 있던 수도회 소속 성직자들을 활용하여 카타르 파 신도들에 대한 개종 작업에 착수했다. 하지만 도미니크회와 프란체스코회 수도사들로 구성된 사절들 또한 카타르 파 신도들의 대대적인 개종에는 실패했다.

이러던 즈음, 1208년 1월 교황의 사절 카스텔노가 툴루즈 백작 레몽에 의해 피살되는 사태가 발생하자 가톨릭 교회 당국은 이전에 펼쳤던 온건한 개종 활동을 포기하고 카타르 파에 대한 대대적인 토벌 작업에 돌입한다. 교황 인노켄티우스 3세는 이른바 알비 십자군(카타르 파는 '알비' 파로도 불렸음)으로 불리는 십자군 원정대를 꾸려 카타르 파 토벌을 명목으로 대단위 원정을 단행했다. 1229년까지 지속된 알비 십자군의 원정은 정복전쟁의 성격을 강하게 띠어 카타르 파 신도들뿐만 아니라 양민마저 무자비하게 학살했다. 실제로 알비 십자군이 꾀했던 애초의 목표는 남프랑스 지방에 산재한 봉건 영지를 노리던 카페왕조와 북프랑스 귀족들의 야욕을 충족시키기 위한 것이었다. 결과적으로 알비 십자군의 원정으로 랑그독 지방은 카페왕조와 북프랑스 귀족들의 영지로 편입되었다.

종교이념
통일!
이단
때려
잡기게임!
앗~
이단이다.
때려잡자!

알비 십자군의 원정에도 불구하고 카타르 파의 잔여 세력은 자신들의 거점을 옮기면서 그 세를 유지해 갔다. 이에 교황은 도미니크회 수도사들을 중심으로 하는 이단재판단을 구성하여 카타르 파의 개종 사업과 이들에 대한 처형 집행을 본격 추진한다. 이단재판단의 활동으로 카타르 파의 교세는 점점 약해져 갔고 1244년 몽세귀르에 잔존하던 200명의 카타르 파가 체포되어 화형당한 것을 기점으로 카타르 파는 소멸의 길에 접어들었다.

A 영지 확장, 종교 이념의 통일

카페왕조

987년부터 1328년까지 존속하였던 프랑스 왕조로, 왕조 성립 초기에는 '파리의 섬'이라 불릴 정도로 영토가 파리 주변에 한정되어 있었다. 12세기 전반 왕가의 직할지가 확대되고 왕권이 강화되기 시작했으며, 알비 십자군 원정으로 남프랑스를 왕령화하여 세력이 더욱 강해졌다. 14세기 초 필립 4세가 '아비뇽 유수'를 단행한 것으로도 유명하다. 카페왕조는 왕권을 강화하고 확장하여 프랑스 국민국가의 기초를 닦은 것으로 평가받는다.

Q 030

숫자 0의 개념을 유럽에 전한 사람들은?

★ **시대** : 7~11세기 ★ **주제어** : 이슬람, 이븐 시나, 문명 교류

"지식을 추구하는 것은 무슬림의 임무"

7세기를 기점으로 세계사의 무대에 등장하기 시작한 이슬람 세력은 서양 고대의 문화유산을 계승하여 서양의 르네상스와 근대화를 이끄는 데 중요한 기여를 했다. 특히 이들은 서양 고대의 철학과 의학, 과학 지식을 서유럽에 전수하여 서양 사회의 학문을 한 단계 끌어올렸다.

무슬림들은 서유럽의 기독교도들에 비해 세속적인 지식을 습득하고 이를 전파하는 행위에 대해 상대적으로 관대했다. 이슬람의 경전 『쿠란』에는 "지식이 있는 자와 없는 자 같을 수 있느냐(39:9)"라는 구절이 있고, 예언자 무함마드의 언행록 『하디스』에는 "지식을 추구하는 것은 무슬림의 임무"라는 경구가 기록되어 있다. 물론 여기서 말하는 지식이란 종교적인 지혜를 뜻하지만, 무슬림들은 『쿠란』과 『하디스』의 기록에 근거하여 철학은 물론 수학과 의학, 과학 분야에 걸쳐 뛰어난 업적을 이루어 냈다.

서양 근대 문명은 이슬람에서 시작했다

이슬람 세력은 시리아 지역과 사산조 페르시아, 인도, 북아프리카, 스페인

등지로 진출하여 각 지역의 문화유산과 학술 성과들을 융합했다. 9세기 초 아바스 조의 칼리프 알-마으문의 통치 기에는 '지혜의 전당'이라는 연구기관을 설립해 고대 그리스의 의학 및 과학 서적을 아랍어로 번역했다. 이후 서기 900년에서 1100년 사이에는 의학과 수학, 천문학을 중심으로 학술을 꽃피운다. 이 시기에 활동한 대표적인 학자로는 알 라지(865~925)와 이븐 시나(980~1037)를 꼽을 수 있는데, 특히 서유럽의 스콜라 철학의 형성에 기여했던 저명한 아리스토텔레스 주해가 이븐 시나의 『의학의 규범』은 12세기 무렵 라틴어로 번역되어 17세기까지 유럽 각 대학에서 교재로 사용되었다.

이슬람 세계에서 발달한 의학은 비단길을 따라 중국 원나라에도 전파되어 전 세계적인 명성을 누렸다. 중국과 서방 세계를 매개하는 대상인으로 활약한 무슬림들은 사업 수완이 뛰어나기로 유명했다. 이들의 뛰어난 상업적 역량은 이슬람 세계에서 발달한 수학에서 유래했다고 해도 과언이 아니다. 인도에서 발상한 영(0)의 개념과 십진법을 수용한 이슬람 세력은 이것을 유럽 세계에 퍼뜨렸고 대수학과 계산법을 체계화했다.

이외에 이들은 화학에도 조예가 깊었고, 헬레니즘 시기의 천문학자 프톨레마이오스의 『알마게스트』를 번역하고 주석할 정도로 상당한 수준의 천문학 지식을 축적했다. 천문학 지식이 쌓여감에 따라 천동설을 부정하고 지구공전설을 주장하며 자오선을 측정하는 실험을 했던 이슬람 천문학자들의 노고는 이후 유럽으로 전해져 코페르니쿠스의 태양중심설에도 큰 영향을 끼친 것으로 평가받는다.

A 이슬람 세력

Q 031

아리스토텔레스주의자로, 중세 스콜라 철학의 완성자는?

★ **시대 :** 13세기 ★ **주제어 :** 교부철학, 토마스 아퀴나스, 이성과 신앙

이성을 통해 진리에 이르는 길

11세기부터 농업생산력이 증가하고 인구가 늘어나는 추세 속에서 문화계의 움직임 또한 한층 더 활발해졌다. 십자군 원정의 결과 상업과 교역이 활발해진 것은 물론, 이슬람 문화와 비잔틴 문화 같은 선진 문화가 서유럽 사회에 소개되었다. 스페인 지역에 거주하던 아랍 학자들과의 교류를 통해 아리스토텔레스의 철학과 과학적 의료 기술, 유클리드의 기하학, 프톨레마이오스의 천문학 등이 서유럽 사회에 전파되기 시작했다. 12세기 서유럽에서 만개한 고전 문화의 부활은 스콜라 철학의 형성에 막대한 영향을 끼쳤다.

특히 아리스토텔레스의 사상이 서유럽 사회에 정착한 이래 신학은 이전에 비해 한층 더 정교한 논리를 갖출 수 있었다. 아리스토텔레스 사상을 수용한 서유럽의 학자들은 신앙과 섭리의 빛에 가려 그동안 별다른 주목을 받지 못했던 이성의 기능을 강조하는 신학을 전개했다. 이들은 종교를 통해 진리에 이르는 길 이외에 이성을 통해 진리에 도달하는 길이 있다고 말했다.

그러나 이들의 견해는 1270년과 1277년에 로마 가톨릭 교회 당국으로부터 이단시되었다. 인간의 이성을 신의 섭리에 필적할 만한 수준으로 격상시

키고 이성과 신앙의 균형을 통해 진리에 도달하려는 이들의 논리는 정통 가톨릭 교의와 양립할 수 없었던 것이다. 이에 따라 아리스토텔레스의 사상마저 금기시되기에 이르렀다.

아리스토텔레스가 기독교를 구하다

그러나 당대 최고의 지성을 자랑하던 중세의 성직자들은 아리스토텔레스의 철학을 놓치고 싶어 하지 않았다. 사물과 현상의 본질을 탐구하는 데 주안점을 두고 있던 아리스토텔레스의 철학이 지식 획득에 대한 무한한 욕구를 지니고 있던 당대의 성직자들에게 상당한 호소력을 발휘했던 것이다. 특히 토마스 아퀴나스는 아리스토텔레스의 철학을 독자적으로 계승하여 이를 기독교 교리에 훌륭하게 접목시킴으로써 이러한 분위기를 주도했다.

토마스 아퀴나스는 아우구스티누스와 마찬가지로 인간의 원죄와 인간 세상의 불완전함을 인정했지만 신이 규정한 자연법에 의거해 도출된 인간 세상의 법이 현세의 사회질서를 안정화시키는 것은 물론 신의 정의에 다다를 수 있는 효과적인 수단을 제공한다는 견해를 제시했다.

그 또한 여느 신학자와 마찬가지로 신의 계시와 섭리의 절대성을 신봉했고, 인간의 이성보다는 종교적 신앙에 초월적 가치를 부여하는 입장에서 신학 문제에 접근했다. 하지만 그는 아리스토텔레스 사상을 바탕으로 이성과 신앙의 융합을 통해 자신의 신학 이론을 구축해 나갔다. 그렇게 하여 스콜라 철학으로 대변되는 아퀴나스의 신학 이론은 추상적인 성향이 강했던 중세의 신학 이론을 논리적으로 정교화하여 기독교 교리가 보편성을 얻는 데 결정적으로 기여했던 것이다.

A 토마스 아퀴나스

Q 032

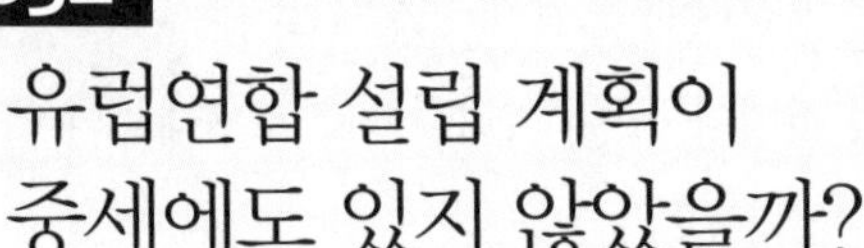

유럽연합 설립 계획이 중세에도 있지 않았을까?

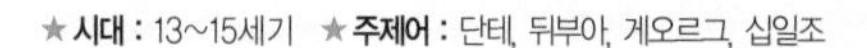

★ **시대** : 13~15세기 ★ **주제어** : 단테, 뒤부아, 게오르그, 십일조

유럽의 통합을 꿈꾼 중세인들

유럽 통합에 대해 구체적인 구상을 한 사람으로는 『신곡』으로 유명한 단테(1265~1321)를 먼저 들 수 있다. 단테는 종교적인 권리와 세속적인 권리를 명확하게 구분했다. 즉 교황은 영혼을 빛으로 인도하는 자이지만, 황제는 세속의 모든 민족들을 행복으로 인도하는 자라는 것이다. 그는 여러 국가들이 독립적인 주권을 갖는 것은 혼돈을 불러일으킬 뿐이라고 생각하여 단 하나의 군주, 즉 황제가 여러 국가들을 지배하는 정치체제가 인류를 평화로 이끌 수 있다고 주장했다.

모든 권력을 황제에게 집중시켜야 한다고 생각했던 단테와는 달리, 피에르 뒤부아(1250?~1320)는 교황을 선택했다. 그가 보기에 각 국가의 민족 들은 서로 다른 지세와 지형을 갖춘 지역에서 생활하고 있으며, 사람들의 성격 또한 지역에 따라 천차만별이기 때문에 한 명의 군주가 이들을 모두 통치한다는 것은 바람직하지 못했다. 대신 뒤부아는 유럽을 일종의 단일한 '기독교 공화국'으로 만들 수 있다고 보았다. 그의 구상은 저마다 절대적인 독립성을 유지하고 보존하는 여러 국가들이 교황이 주재하는 공의회에 대표를 파견하는 형태의 통합적 정치체제였다. 이 체제에서 교황은 공의회 산하의 사법부를 총괄하고 재판의 심판권을 행사할 수 있는 절대적 권한을 지닌 존재였다.

반면 보헤미아의 왕 게오르그(1420~1471)는 황제와 교황을 모두 배제한 상태에서 유럽 각국의 평화체제를 구축하자고 제안했다. 그는 폴란드의 왕과 헝가리의 왕, 브루군트 공과 바바리아 공 등 유럽의 유력한 군주들이 주도하여 여러 국가들을 통합한 연방을 구성하자는 방안을 제시했다. 역사상 최초로 연방제를 통한 유럽의 통합을 기획한 게오르그는 연방의회와 국제사법재판소의 설치, 투표를 통한 중재자 선출과 공통 군대의 창설을 골자로 하는 계획을 발표했다. 특히 그는 연방 구성에 필요한 예산을 교회의 십일조로 충당하자고 제안하는 혁신성을 보이기도 했다.

보헤미아의 왕 게오르그

그러나 게오르그의 독특한 제안은 받아들여지지 않았다. 프랑스의 왕 루이 11세는 정중하게 게오르그의 제안을 거절했고, 교황은 십일조를 예산으로 활용하겠다는 계획에 분노하여 그를 파문하고 보헤미아 왕위를 박탈해 버렸다. 역사에서 추측은 금물이지만, 만약 게오르그의 제안이 받아들여졌다면 우리는 유럽연합을 무려 600년 정도나 앞서서 경험할 수 있지 않았을까.

A 있었다.

보헤미아

중세 중부 유럽에 있었던 국가로 지금의 체코 공화국과 독일, 오스트리아의 일부가 보헤미아의 영토였다. 보헤미아의 왕은 신성로마 제국의 황제를 선출할 권리를 갖고 있는 7명의 선제후 중 한 명일 정도로 강한 권력의 소유자였다. 이곳은 중세에 가장 강력한 가문이었던 합스부르크 왕조의 근거지이기도 했다.

연표로 보는 중세 7대 사건

476년
서로마 제국 멸망. 라틴 세계의 중심 제국으로 서유럽 고대 문화를 대표했던 서로마 제국이 게르만 용병 오도아케르에 의해 멸망(476년)하면서 서양 고대사회가 그 막을 내렸다.

496년
프랑크 왕국의 왕 클로비스가 기독교로 개종

732년
칼 마르텔, 투르 · 푸아티에 전투에서 사라센 군 격퇴

1016년
덴마크의 크누트, 잉글랜드 지배

1035년
크누트 사망

1037년
페르시아의 의사이자 유명한 아리스토텔레스 주석가였던 이븐 시나 사망

1042년
에드워드 3세 등극

1054년
동 · 서 교회의 분열

1066년
헤이스팅스 전투에서 노르만 공 윌리엄이 승리하여 노르만 왕조 수립

1077년
카노사의 굴욕

1170년
파리 대학 설립

1209년
교황 인노켄티우스 3세, 알비 파 토벌을 위한 십자군 원정 단행

1216년
프란체스코, 도미니크 수도회 결성

1229년
프로방스, 프랑스 왕령에 편입

1241년
한자동맹 성립

1259~1264년
토마스 아퀴나스, 『대이교도대전』 저술

1265~1273년
토마스 아퀴나스, 『신학대전』 저술

1305년
교황청, 로마에서 아비뇽으로 이주

1337년
영국과 프랑스, 백년전쟁 돌입

751년
피핀의 왕위 찬탈
(카롤링 왕조 시작)

754년
피핀, 라벤나를
교황에게 기증
(교황령의 시초)

800년
샤를마뉴의 대관식. 프랑크 왕국의 샤를마뉴 대제는 꾸준한 정복사업을 통해 서로마 제국 대부분의 영토를 회복하여 서기 800년에 교황 레오 3세에 의해 서로마 황제로 등극했다. 샤를마뉴 대제 사후 왕국은 삼분되지만, 이 시기에 서유럽 문화의 근간이 마련되었다.

843년
- 베르덩 조약으로 프랑크 왕국이 서프랑크, 중프랑크, 동프랑크로 3분됨.
- 봉건제 확립. 봉건제는 주군과 봉신 간의 쌍무적 계약관계로 형성되었고 경제적으로 장원제를 기반으로 하고 있었다. 봉건제 성립 이후 유럽 사회는 지방분권적 특성을 강하게 띠었고 이러한 체제는 중세 내내 지속되었다.

962년
오토 1세, 로마에서
황제로 대관
(신성로마 제국 시작)

1096년
십자군 전쟁. 1096년부터 1270년까지 일곱 차례에 걸쳐 이루어진 십자군 원정은 한때 성지를 회복하는 전과를 올리기도 했으나 회를 거듭할수록 종교적 정열 대신 세속적 타산이 크게 개입되어 결국에는 실패로 끝났다. 원정을 계기로 서유럽 사회에서는 교황권이 쇠퇴하고 국왕권이 강화되었으며 도시가 발달하고 장원제가 쇠퇴했다.

1122년
보름스 협약(주교와 수도원장은 황제에 의해 임명될 수 있으나 세속적 관직의 보유자로서의 의미만 지니며, 종교적 권위의 부여는 교황에게 귀속된다는 내용을 핵심으로 함)으로 서임권 문제가 일단락됨

1096년
대학의 탄생. 12세기 말부터 이탈리아의 볼로냐, 프랑스의 파리, 영국의 옥스퍼드 등지에 대학이 설립되었다. 대학은 교수와 학생들이 구축한 길드의 형태로 창설되었고 13세기 초 왕이나 교황으로부터 인가장을 부여받아 독립적이고 자유로운 법적 지위를 획득하였다.

1162~1195년
이슬람 철학자 이븐 루슈드,
아리스토텔레스의
주요 저작과 플라톤의
『국가』 요약본과 주석서 출간

1347년
흑사병 창궐로 유럽 인구의 1/3이 감소했다. 인구 격감은 임금 상승을 불러왔다. 임금 상승으로 농민의 노동력과 현물에 의존하던 영주 직영지 중심의 고전 장원제가 해체되고 세금의 금납화가 진행됨으로써 중세 경제는 커다란 변화를 맞는다.

1378년
교회의 대분열로
1378년에서 1417년까지
23명의 교황이 난립함

절대 권력

5장

새로운 질서의 모색

근대사회로의 진입

033 왜 잔다르크는 성녀도 되었다 악녀도 되었다 하는가?

034 장미전쟁은 말처럼 아름다운 전쟁이었나?

035 마키아벨리는 어떤 동물에 비유하여 군주의 자격을 말했나?

036 마녀사냥은 왜 일어났나?

037 칼뱅의 종교개혁은 신앙의 자유와 관용 정신을 널리 전파했는가?

038 갈릴레오가 종교재판에 회부된 까닭은?

039 구약성서에 나오는 거대한 동물 이름이기도 한, 홉스의 책 제목은?

040 수염까지 자르면서 러시아의 근대화를 주도한 왕은?

041 중세 말에서 근대 초기의 축제(카니발)가 폭력적이었던 까닭은?

042 이탈리아 르네상스기에 흑사병을 소재로 한 대표적인 문학 작품은?

043 메디치 가문은 왜 예술가들을 후원했나?

044 서양에서 '나'의 홀로서기가 가능해진 것은 언제부터였나?

045 어린이는 언제부터 '귀염둥이'가 되었을까?

046 '즐거운 나의 집'은 언제 생겨났을까?

047 서양 사회에서 집시들이 '왕따'를 당하기 시작한 때는?

시대 설명

십자군 원정이 종결된 13세기 후반부터 중세사회는 급격한 변화의 조짐을 보였다. 교황 세력이 쇠퇴하고 교회의 권위에 대한 도전이 종교계 안팎에서 더욱 심화되었다. 교회 세력과 봉건 영주들이 쇠락한 틈을 타 세속 군주들이 정치계의 새로운 실력자로 등장하여 중앙집권적인 통치기구를 기반으로 한 왕령국가들이 앞다투어 생겨나기 시작했다.

상공업이 발달하고 대외 교역과 화폐 유통이 활발해지면서 도시의 위상이 격상되었고, 농촌 출신들이 점점 더 많이 도시로 이동했다. 농민 반란은 비록 성공을 거두진 못했으나 중세사회의 질서를 뒤흔들어 놓았고, 흑사병은 유럽 인구의 3분의 1을 죽음으로 몰고 가며 중세사회의 붕괴를 재촉했다. 이러한 와중에 자본주의 경제 체제를 특징으로 하는 근대사회의 윤곽이 서서히 잡혀 갔다.

중세 후기에 나타난 이러한 변화들로 사람들은 자의식에 눈을 뜨고 개성을 추구하게 된다. 이러한 의식 변화는 고전 문화의 부흥을 추구하는 르네상스 운동으로 이어졌다. 인문주의를 기치로 내걸고 진행된 이탈리아의 르네상스 운동은 서양 근대성의 정수로 여겨지고 있다.

이탈리아의 르네상스 문화는 점점 정치 영역까지 확장되었다. 마키아벨리는 고대 로마의 공화정과 미덕의 관념을 당대의 분위기에 맞게 변형하여 근대적 정치이론을 탄생시켰다. 그는 우연성이 지배하는 혼란된 정치 상황에 맞서 사회의 안정과 공공의 복리를 추구하는 정치체제를 만들기 위해 위정자가 정치적 수완과 역량을 적극적으로 함양해야 한다고 역설했다. 이른바 국가이성의 관념을 통해 창출된 근대적 정치이념은 이탈리아 북쪽의 유럽으로 전파되어 절대왕정의 정치이론과 홉스의 사회계약론 형성에 심대한 영향을 끼쳤다.

중세사회의 문화에서 벗어나고자 하는 사람들이 점점 늘어감에 따라 절대적인 (종교적) 진리를 의심하고 세속적 삶의 가치를 강조하는 사회 분위기가 형성되었다. 기존의 교회 제도나 형식에 구애받지 않고 개인의 신앙생활을 강조하는 프로테스탄트 종교개혁은 이런 분위기 속에서 가능했다. 종교 의례에 집착하고 온갖 부정부패를 저지르던 가톨릭교회에 반발하여 일어난 종교개혁은 르네상스와 함께 서양 근대사회의 성립을 촉진한 핵심적인 사건으로 평가된다.

프로테스탄트 종교개혁에 자극받은 가톨릭 세력은 자체적인 종교개혁 활동을 맹렬히 수행하면서 위기에 대처했고, 종교 제도와 교의를 둘러싸고 전개된 갈등은 정치적 대립으로 격화되어 종교전쟁으로까지 비화되었다. 이전부터 세속 군주를 중심으로 중앙집권화를 꾀하고 있던 유럽 각국은 종교전쟁의 혼란 상황을 틈타 국왕을 중심으로 한 절대주의 체제를 확립해 나갔다.

Q 033

왜 잔다르크는 성녀도 되었다 악녀도 되었다 하는가?

★ **시대** : 15세기 중반 ★ **주제어** : 백년전쟁, 마녀사냥, 오를레앙의 처녀

내가 부활한 잔다르크다

백년전쟁 후반기 영국군과 부르고뉴 연합군의 군사 활동으로 위태로운 상황에 있던 프랑스의 동레미라는 변경 마을에서 농부의 딸로 태어난 잔다르크는 프랑스를 위기에서 구한 영웅으로 기억되고 있다. 잔다르크의 노력으로 오를레앙이 해방되고 샤를 7세가 프랑스의 왕으로 등극하자 그녀는 세간의 이목을 한 몸에 받았다. 곱지 않은 시선으로 그녀를 바라본 사람들도 많았는데, 그들은 잔다르크의 낮은 신분과 여성으로서의 약점을 들어 그녀가 실천한 조국애를 폄하하는 데 열중했다. 결국 잔다르크는 1430년 5월 콩피에뉴에서 포로로 잡혀 이듬해인 1431년 5월 30일 신성모독, 악마 및 우상숭배, 유혈선동, 남장 등의 혐의를 받고 화형당하고 만다.

잔다르크 사후 1455~1456년에 걸쳐 그녀의 명예를 회복시켜준 재판이 있었지만 잔다르크의 이미지는 부정적으로 그려지는 경향이 강했다. 잔다르크가 독일 출신의 왕비 이자보와 오를레앙 공작 루이의 간통으로 태어난 사생아라는 소문이 떠돌기도 했고, 잔다르크를 사칭하는 여인이 등장하여 무려 4년 동안이나 잔다르크의 가족 사이에서 부활한 잔다르크로 행세하는 기

묘한 사기 행각이 벌어지기도 했다.

그때그때 변하는 잔다르크

종교개혁 시기에 칼뱅교도들은 잔다르크를 기념하는 오를레앙의 축제를 폐지했던 반면 가톨릭 성향의 신성동맹원들은 잔다르크를 수호성녀로 떠받들기도 했다. 그러나 계몽주의 시기에는 몇몇의 소수 계몽주의자를 제외하고는 잔다르크를 광신과 미신을 행한 몽매의 화신으로 그리는 경우가 많았다.

프랑스 혁명을 거치면서 잔다르크는 혁명정신의 총아인 '마리안느'의 이미지와 대비되며 군주정과 가톨릭교회와 연결된 반혁명적 이미지로 인식되기도 했다. 그러나 실러의 『오를레앙의 처녀』가 프랑스어로 번안되면서부터 잔다르크의 처녀성은 계몽주의자들이 그린 퇴폐적인 처녀성과 달리 배신과 기만으로 점철되어 있던 구체제(앙시앵 레짐)를 깨뜨려 부술 성처녀의 이미지로 격상되었다.

혁명의 여파 속에서 프랑스의 영웅으로 등극한 나폴레옹 보나파르트 집권기에 잔다르크의 이미지는 국민적 단합과 군사적 힘의 상징으로 높이 평가되었다. 이후 잔다르크의 이미지는 7월 왕정과 제2제정기를 거치면서 미슐레와 키슈라 같은 낭만주의 역사가들에 의해 '민중의 딸'이자 '지상으로 내려온 성처녀'라는 이미지로 윤색되었다.

프랑스의 가톨릭교회는 자유주의자들이 채색한 잔다르크의 이미지에 대항하여 잔다르크의 영웅적 활동과 죽음을 예수그리스도의 행위와 죽음에 빗대어 그녀를 성스러운 순교자로 평가하는 작업을 적극적으로 수행했다. 또한 국수주의적 우파의 성향을 지녔던 정치단체들은 유대인과 프리메이슨 집단을 겨냥해 잔다르크의 이미지를 활용하기도 했다. 우파 입장에서 '조국의

성녀'의 이미지로 잔다르크를 추앙하던 분위기는 비시 정권 때까지 영향을 미쳐 반영(反英), 반유대주의, 모성, 다산, 가정의 이미지를 강조하는 흐름으로 이어졌다.

2차 세계대전 시기 프랑스의 레지스탕스 활동가 사이에서는 잔다르크가 보여준 조국애와 희생정신, 민중적 성향이 독일의 나치즘 아래 고통 받는 프랑스와 프랑스 민중을 구원하는 혁명가의 형상으로 탈바꿈하기도 했다. 2차 세계대전 이후 잔다르크의 이미지는 (알제리 식민전쟁의 시기를 제외하고는) 대체로 공화국이 추구하는 민주주의적 가치 속에 용해되어 프랑스 사회의 발전과 국민들의 화합을 도모하는 차원에서 활용되고 있다. 장 마리 르펜과 같은 극우 정치 선동가들의 경우를 예외로 하면 잔다르크의 이미지는 다원성을 통한 프랑스 국민의 합일이라는 정치 관념 및 관용과 평화를 지향하는 가치관과 융합되어 프랑스 사람들에게 인식되고 있다.

A 다양한 사람들이 자신들의 입맛에 맞게 잔다르크의 이미지를 활용했기 때문이다.

마리안느

자유, 평등, 우애의 프랑스 혁명정신과 프랑스공화국을 상징하는 여성상으로, 들라크루아의 1830년 작 〈민중을 이끄는 자유의 여신〉에서 한 손에는 장총, 다른 손에는 삼색기를 들고 혁명의 선봉에 선 여신으로 형상되었다. 1886년 프랑스 국민이 미국에 기증한 '자유의 여신상'도 마리안느의 분신으로 볼 수 있다.

Q 034 장미전쟁은 말처럼 아름다운 전쟁이었나?

★ **시대** : 1455~1485년 ★ **주제어** : 왕위 계승, 튜더스

누가 정통성 있는 왕인가

장미전쟁(1455~1485)이라는 이름은 단지 그 전쟁을 일으켰던 잉글랜드의 두 가문, 랭커스터 가문과 요크 가문이 각각 붉은 장미와 흰 장미를 가문의 상징으로 삼고 있었기 때문에 붙여진 것이다. 그렇다면 이 전쟁은 왜 일어났을까?

당시 영국의 왕은 랭커스터 가문 출신의 헨리 6세(재위 1422~1461, 1470~1471)였다. 영국의 귀족들은 백년전쟁 패배의 책임이 헨리 6세에게 있다고 주장했다. 헨리 6세가 프랑스에 유화 정책을 폈던 것도 그러한 비난의 이유가 되었다. 이러한 와중에 헨리 6세가 일시적인 정신병 증세를 보였고, 이때 요크 공 리처드(1411~1460)가 왕 대신 섭정을 하게 되었다. 헨리 6세는 곧 기력을 회복했지만, 리처드는 헨리 6세의 조상이 이전의 왕이었던 에드워드 3세의 손자 리처드 2세의 자리를 찬탈한 사실을 들어 에드워드 3세의 적법한 후손인 자신이 왕위 계승 서열에서 우위를 점한다고 주장하며 전쟁을 일으켰다.

헨리 6세의 조상인 랭커스터 가문의 시조 헨리 4세는, 에드워드 3세를 뒤

이어 10살에 불과한 나이에 왕이 된 플랜태저넷 가문의 리처드 2세를 폐위시키고 왕위에 올랐으므로 정통성에 문제가 있었다. 반면 요크 공 리처드의 선조는 에드워드 3세의 차남에서 비롯했으므로 랭커스터 가문보다 정통성에서 우월했다.

엎치락뒤치락 하는 전쟁

전쟁 초기에 리처드는 전사했지만, 그의 아들인 에드워드가 나서서 랭커스터 가문을 몰아내는 데 앞장섰다. 전세는 요크 가문에게 유리해졌으며, 헨리 6세는 투옥되고 에드워드가 에드워드 4세라는 이름으로 왕위에 오른다. 그러나 요크 가문의 치세는 또 다시 혼란에 빠진다. 요크 가문을 돕던 가장 강력한 세력이었던 워릭 백작이 에드워드 4세와 갈등을 빚고 반란을 일으켰기 때문이었다. 워릭 백작은 헨리 6세를 구출하고 에드워드 4세를 국외로 추방했다.

하지만 에드워드 4세는 금세 세력을 회복했고, 다시 워릭 백작을 물리치고 잉글랜드를 장악한다. 헨리 6세는 유폐되었다가 처형을 당했다. 그러나 또 한 번의 반전이 일어난다. 1483년 에드워드 4세가 천수를 누린 후 사망하자, 12살밖에 안된 에드워드 5세가 왕위를 잇게 된 것이다. 에드워드 4세의 동생인 글러스터 공 리처드는 이를 틈타 섭정을 시작했다가, 이에 만족하지 못하고 스스로 리처드 3세라 칭하며 왕으로 즉위했다. 에드워드 5세는 어린 나이에 런던탑에 유폐되었다가 살해당하고 만다.

호시탐탐 권력회복을 노리던 요크 가문은 결국 랭커스터의 마지막 후손 헨리 튜더(1457~1509)와 손을 잡는다. 프랑스에 도피해 있던 헨리 튜더는 요크 가문과 프랑스의 도움으로 영국에 상륙하여 세력을 모았다. 결국 1485

년 8월 22일 보즈워스 전투에서 헨리 튜더는 요크 가문과 함께 리처드 3세를 물리쳤고, 이윽고 헨리 7세로서 잉글랜드 왕에 즉위한다. 30여 년에 걸친 지저분한 전쟁을 종결짓고 왕위에 오른 헨리 7세는 에드워드 4세의 딸인 요크 가문의 엘리자베스와 결혼함으로써 요크 가문과 랭커스터 가문의 오랜 갈등을 해소했다.

A 아니다. 왕위 쟁탈전에 불과했다.

보즈워스 전투

약 2시간 동안 진행된 이 전투의 초반은 리처드 3세에게 유리했으나 그의 부대 지휘관인 존 하워드의 사망으로 전세가 헨리 튜더에게 유리하게 돌아갔다. 리처드 3세는 전황을 만회하기 위해 과감한 돌파작전을 감행했으나 오히려 헨리 튜더의 군대에 포위되어 결국 사망하고 만다. 리처드 3세는 잉글랜드 국왕으로 전투에서 사망한 두 번째이자 마지막 왕이 되었고, 장미전쟁에서 승리한 헨리 튜더는 118년 동안 지속된 튜더 왕조를 세웠다.

Q 035

마키아벨리는 어떤 동물에 비유해서 군주의 자격을 말했나?

★ **시대 :** 16세기 ★ **주제어 :** 리바이어던, 군주론, 근대 국가

국가이성 – 군주의 권력은 절대적이다

군주의 절대권력을 정당화하는 '국가이성'이라는 개념은 16세기 이탈리아의 사상가 귀차르디니(1483~1540)가 처음으로 사용했다.

1284년 이탈리아의 제노바와 피사 사이에 전쟁이 있었다. 전쟁이 끝난 후 제노바인들이 후환을 두려워하여 피사 출신 포로를 송환하지 않고 모두 죽이고 말았다. 1520년대에 활동한 이탈리아의 귀차르디니는 「피렌체 정체에 관한 대화편」이라는 글에서 이 사건의 명분을 '국가이성'이라는 용어로 설명하며, 살육과 약탈이 자행되는 전쟁 상황 중 국가의 안위를 위해 포로를 송환하지 않고 사살할 수밖에 없었던 점을 강조했다.

1540년대에 이탈리아 베네벤토의 대주교 델라 카사(1503~1556)도 전쟁과 음모가 난무하는 국내외의 상황에서 국가의 안위를 지키고 국익을 우선하기 위해서는 도덕을 뛰어넘는 현실적인 국가 통치 이념이 필요하다고 생각했다. 그리고 그 이념을 국가이성이라 규정했다.

보테로(1544~1617)는 국가이성이 단순히 국익 추구만을 위한 목적으로 악용되어서는 안 되고 기독교적 대의와 계율을 실현하는 유효한 수단으로

활용되어야 한다고 역설했다. 특별히 그는 마키아벨리의 국가이성을 사악한 이론으로 치부하며 국가의 부강을 위해서는 군주의 권한이 아니라 산업의 진흥이 우선시되어야 한다는 입장을 취했다.

잔혹한 정치가 마키아벨리?

『군주론』을 통해 세속적이고 근대적인 통치이론을 주창했다고 알려진 마키아벨리(1469~1527)는 앞서 언급한 정치사상가들보다 훨씬 더 현실적인 정치관을 소유하고 있었다. 마키아벨리는 종교를 효율적인 국가 통치 수단으로 보았다. 그는 「리비우스 논고」에서 기독교 공인 이전 로마 제국에서 숭상한 이교도적 교의가 국가의 활력을 키우는 데 크게 기여했다는 점을 지적했다. 반면에 기독교적 교의는 인간의 인내심만을 강조할 뿐 현실에서 요구되는 세속적 영광을 하찮게 여겨, 결국 국가의 부강을 해치는 요인으로 작용한다고 주장했다.

마키아벨리는 국가가 위기를 맞았을 때는 도덕적 선악의 관념을 초월하는 현실 대응력이 그 무엇보다도 우선한다고 역설했다. 정쟁과 혼란이 지배하는 현실 정치의 소용돌이 속에서 군주는 종교와 도덕을 초월하면서까지 자신의 정치 역량을 발휘해야 한다는 것이다. 이를 위해 요구되는 사자의 활력과 여우의 간계는 마키아벨리가 강조했던 '덕'과 '필요성'의 관념에 상응하는 덕목이었다.

| 마키아벨리

그렇다고 마키아벨리가 국가이성의 절대성을 주장한 것은 아니다. 단지 그는 현실과 무관

한 관념적 도덕성과 종교적 가르침의 공허함을 지적한 바탕 위에서 부조리한 현실에 대응하는 탄력적인 의지와 활력 넘치는 인간의 덕성을 강조했을 뿐이다. 일반적으로 마키아벨리 하면 냉혹하고 권모술수에 능란한 정치를 강조한 사람으로 알려져 있지만, 실제로 그는 시시각각 변하는 현실에 적절히 대응할 수 있을 정도로만 권력을 제한해서 쓸 것을 역설했을 뿐 모든 상황에 통용되는 절대권력을 강조하지는 않았다. 그는 현실 정치에서 효과적으로 발휘될 수 있는 군주의 통치술을 하나의 가설 수준에서 제시한 것이다.

A 사자(의 활력)와 여우(의 간계)

Q 036

마녀사냥은 왜 일어났나?

★ **시대 :** 15세기 ★ **주제어 :** 마녀사냥, 다이애나

교회가 마녀를 내쫓다

15~17세기에 서양 사회에서 마녀로 지목된 사람들은 빗자루나 막대기를 타고 하늘을 날고 기독교의 교의와 신성을 모독하며 악마와 성교를 벌이는 사악한 존재로 묘사되곤 했다. 하지만 마녀가 처음부터 부정적인 관념으로 인식되었던 것은 아니다. 마녀사냥이 본격화되기 전까지 마녀는 초자연적 능력을 지닌 신비한 존재로 여겨졌다.

1484년에 이르자 로마 가톨릭교회는 마녀를 체계적으로 정의하고 이들에 대한 단속과 처벌을 공식화한다. 이때부터 교회 당국은 가톨릭 신앙을 포기하고 유아 세례 이전의 아동을 악마에게 제물로 바치며 악마와 성관계까지 서슴지 않는 부류를 마녀로 규정했다. 이후 성서 지식과 가톨릭 교의로 무장한 성직 엘리트 집단은 마녀로 의심되는 피의자들을 소환 조사하고 마녀로 판명되는 사람에게 혹독한 형벌을 가했다.

일반적으로 마녀사냥은 르네상스와 종교개혁, 30년전쟁을 거치면서 급증하다가 계몽주의 시기가 도래하면서 급속히 쇠퇴하기 시작했다고 알려져 있다. 그렇다면 왜 폭압적이고 야만적인 마녀사냥 전통이 근대 초기에 성행

이 마녀들아 너희 죄를 모르겠느냐!
샬라 샬라~ 흑마법을 써야겠군!! 푹푹푹—
네 놈이 악마다!

하다가 계몽주의 시기에 와서는 쇠퇴하게 되었을까?

문화의 충돌

마녀와 관련된 일상생활의 전통은 기독교 성립 이전 서양 사회에 남아 있던 다이애나 여신 숭배 전통과 밀접한 관련이 있다. 민중 풍습의 차원에서 이교도적인 잡신 숭배의 전통이 부활하는 과정에서 마녀의 존재는 많은 사람들의 이목을 집중시켰다. 종교개혁을 거치면서 교리와 의례를 새롭게 정비하던 교회 세력은, 종교개혁으로 인한 교회의 분열을 틈타 잡신 숭배의 전통을 이어가던 민중들의 종교생활을 체계적으로 관리할 필요성을 절감했다. 이에 따라 신교와 구교를 막론하고 일반적인 기독교 교리에 위배되는 민중 신앙에 대해 마녀사냥이라는 폭압적인 방식으로 대응했다.

종교개혁과 절대왕정 시기에 활동하던 지배 엘리트들은 새로운 형태의 지배체제를 편성하면서 피지배 계층은 물론 여성과 같은 소수자의 문화를 저속한 것으로 보았다. 이러한 분위기 속에서 지배 엘리트들의 문화 코드에 맞지 않는 사람들을 마녀사냥이라는 방식으로 척결했다. 희생자는 대부분 여성이었고, 이들은 사회에서 철저하게 소외당하며 살아야 했다.

A 지배 엘리트가 기득권을 지키려 했기 때문

Q 037

칼뱅의 종교개혁은 신앙의 자유와 관용 정신을 널리 전파했는가?

★ **시대** : 16세기 ★ **주제어** : 칼뱅, 종교개혁

자유로운 종교의 도시 제네바?

| 칼뱅

막스 베버가 프로테스탄트 윤리와 서유럽 자본주의의 발흥이라는 역사적 현상의 밀접한 상관관계에 대해 주목한 이래 개신교 교의는 청교도 윤리와 동일한 의미로 이해되는 경향이 지배적이었다. 청교도 윤리가 칼뱅의 예정조화설과 연계되면서 칼뱅의 신학이론이 프로테스탄티즘의 본질이자 서유럽 자본주의 정신의 핵심으로 간주되었던 것이다. 그렇다면 칼뱅의 종교개혁은 어떤 모습으로 진행되었을까?

칼뱅이 스위스 제네바에서 진행한 종교개혁은 신정정치(신의 대변자인 사제가 지배권을 가지고 종교 원리에 따라 통치하는 정치 형태) 방식으로 진행되었는데, 매우 엄격한 규율을 강조했다. 가벼운 여가활동과 오락은 물론 식사와 취침마저 교회의 감시를 따라야 했다. 춤, 카드놀이, 극장 구경, 안식일에 일하거나 노는 행위 등은 모두 법으로 금지되었고 간음, 마술, 신성모독, 이단

등은 사형과 같은 중죄로 다스려졌다. 또한 교회에서 지정한 규율을 준수하지 않을 경우 극악한 수준의 고문까지도 빈번하게 가했다. 기록에 의하면 당시 16,000명에 불과한 인구를 보유하고 있던 제네바에서 칼뱅의 신정정치가 실시된 4년 동안 무려 58건의 사형이 집행되었다고 한다.

『세네카의 관용론 주석』에서 인문주의에 입각한 관용론을 바탕으로 종교의 자유를 적극 옹호했던 휴머니스트 칼뱅이 종교개혁 과정에서 독단적이고 폐쇄적인 교조주의자로 변한 것이다. 자신의 종교 이론을 제외한 모든 신학 이론과 종교적 관습을 이단으로 배척했던 칼뱅의 편협성은 삼위일체설을 부정한 세르베투스에 대한 처결에서 확연히 드러났다. 칼뱅은 세르베투스를 샹펠 광장에서 산 채로 화형에 처했고 하느님의 명예를 훼손한 이단과 신성모독자들은 교회가 가차 없이 척결해야 마땅하다고 주장했다.

칼뱅을 정면으로 비판하다

이러한 칼뱅에 대해 온건한 프로테스탄트 신학자들은 맹렬한 비판을 멈추지 않았다. 특히 칼뱅의 『기독교 강요』를 읽고 프로테스탄트로 개종한 인문주의자 카스텔리옹은 칼뱅의 불관용과 비인도주의적 신정정치를 비판하며 교회의 이름으로 이단을 박해하고 죄를 벌하는 행위의 문제점을 지적했다. 카스텔리옹은 유일신의 존재, 천지창조, 예수의 부활 등과 같은 명백한 교리를 제외하면 독자 나름대로 다양하게 성서를 해석할 수 있다는 점을 역설했다. 그는 성서를 자구대로 해석하여 자신의 교의와 상충되는 견해를 피력하는 사람들을 폭압적인 방식을 동원하여 처벌하는 행위는 하느님의 뜻에 어긋나는 죄악이라고 주장했다. 그는 상이한 논리적 잣대로 하느님의 뜻을 해석하는 사람들 사이에서 인간의 율법으로 인간을 벌하는 행위는 기독교 교리에 위배되고 오직 하느님만이 참된 신앙에 대한 판단을 내릴 수 있다고 보았던 것이다.

그러나 칼뱅은 이러한 카스텔리옹의 비판에도 아랑곳하지 않고 1563년 그를 교황주의자이자, 재세례파, 회의론자, 간통자와 범죄자들의 옹호자로 지목하여 이단으로 고발해 버렸다. 다행히 같은 해 12월 29일 카스텔리옹이 48세로 사망하고 이듬해인 1564년 칼뱅이 세상을 등지면서 카스텔리옹은 화형대의 이슬로 사라지는 불운한 최후를 피할 수 있었다.

A 신앙의 자유와 관용 정신을 실현하는 것과는 거리가 멀었다.

Q 038

갈릴레오가 종교재판에 회부된 까닭은?

★ **시대 :** 17세기 초 ★ **주제어 :** 지동설과 천동설, 금서 목록, 코페르니쿠스, 갈릴레오

교황과 갈릴레오의 동상이몽

갈릴레오는 평소 성서의 진리와 과학의 진리가 양립 가능하다고 생각하고 있었다. 신이 성서와 자연이라는 두 권의 책을 저술했기 때문에 성서에 표현된 내용뿐만 아니라 자연 세계에서 나타나는 현상을 탐구하는 과학 또한 진리를 말할 수 있다고 본 것이다. 그는 이성과 실험으로 검증된 과학의 진리는 성서의 내용과 상관없이 분명한 진리로 받아들여져야 한다고 주장했다.

우리가 익히 아는 갈릴레오의 종교재판은 갈릴레오가 1625년부터 집필하기 시작한 『두 주요 우주 체계에 관한 대화』의 출판 허가와 관련되어 있었다. 그런데 새롭게 교황으로 등극한 우르바노 8세와 갈릴레오는 친구 사이였다. 실제로 갈릴레오는 우르바노 8세로부터 지구 중심설과 태양 중심설의 이론적 장단점을 논하는 글을 쓰도록 이미 허락까지 받아 놓은 상태였다.

그럼에도 갈릴레오는 왜 재판장에 서야만 했을까? 교황과 갈릴레오는 지동설이 일종의 가설에 불과하다는 점에서는 의견이 같았지만 세부 사안에서는 견해를 달리했다. 교황이 지동설은 잘못된 근거에 입각하고 있다는 신념 아래 갈릴레오의 작업을 학술적인 차원에서 허용했다면, 갈릴레오는 지동설

이 천동설에 비해 훨씬 더 설득력 있는 가설이라고 생각했던 것이다.

꼬이고 꼬인 인간관계가 부른 화

『두 주요 우주 체계에 관한 대화』는 내용 외적으로도 분란을 일으키고 있었다. 갈릴레오의 원고는 리카르디를 거쳐 비스콘티에게 넘겨졌는데, 비스콘티는 점성술을 근거로 교황의 서거를 예언했던 모란디의 친구였다. 이로 인해 모란디와 비스콘티는 징계를 받았고 이들에게 원고를 송부했던 갈릴레오마저 교황의 미움을 샀다. 또한 출판 허가에 적극 개입했던 교황의 친구 참폴리가 교황의 지위에 대해 이의를 제기했던 스페인의 주교 보르자와 친분이 있다는 이유로 추방된 사건도 갈릴레오의 입지를 좁혀 놓았다. 결국 교황이 추방한 참폴리가 책의 출판을 최종 인가했다는 소문을 사실로 판단한 교회 당국은 『두 주요 우주 체계에 관한 대화』를 판금하도록 명령했다.

애초에 책의 출판 허가와 관련된 사안을 중심으로 문제가 발생했지만 정작 갈릴레오가 출두한 곳은 종교재판소였다. 그는 교회에서 이미 잘못된 것으로 정의한 코페르니쿠스의 지동설을 가르치거나 옹호하지 말아야 한다는 교회 당국의 명령을 위반했다는 이유로 종교재판에 회부된 것이다.

1632년 12월에 종교재판소에 소환된 갈릴레오는 처음에는 출두를 거부하다가 1633년 2월에는 교황청에 출두하고, 4월 13일에는 심문을 받게 된다. 그는 변호사가 입회하지 않은 상황에서 자기변론을 통해 자신의 무고함을 주장했지만, 이후 6월 16일에 태양중심설을 부정하고 자신의 과오를 참회한다는 발언을 한 끝에 피렌체의 집에서 가택연금을 당하는 처벌을 받았다. 종교재판 이후 갈릴레오는 역학연구에 관한 책을 집필했고 실명한 상태에서 말년을 보내다 1642년 피렌체 근처 아르체트리에서 사망했다. 그 후 『두 주요 우주 체계에 관한 대화』는 1823년에 이르러 금서목록에서 삭제되었고, 1992년 서거 350년 만에 갈릴레오의 천문학 이론을 이단으로 규정한 결정이 오류였다는 결론을 가톨릭교회가 내리게 된다.

A 교황의 눈 밖에 난 출판업자들과의 관계 때문에

Q 039

구약성서에 나오는 거대한 동물 이름이기도 한, 홉스의 책 제목은?

★ **시대** : 500만년 전 ★ **주제어** : 오스트랄로피테쿠스, 네안데르탈인, 직립보행

7달 만에 태어난 위대한 철학자

토마스 홉스(1588~1679)는 스페인의 무적함대가 잉글랜드를 침공한다는 소문이 만연하던 1588년 4월 5일 잉글랜드의 맘스베리에서 태어났다. 그의 어머니는 전쟁이 일어났다는 소문을 듣고 두려움과 불안에 떨다가 출산 예정일보다 훨씬 이른 임신 7개월째 홉스를 낳았다고 한다. 그래서 홉스는 태어날 때부터 공포를 안고 태어났다는 말도 있다.

성인이 되어 홉스가 경험한 잉글랜드의 정치 상황은 너무나도 혼란스러웠다. 왕당파와 의회파 사이의 갈등은 잉글랜드를 심각한 내란으로 몰고 갔고, 홉스는 신변의 안전을 위해 프랑스로 도피하여 망명생활을 하기도 했다. 망명 이전에 여행차 프랑스를 방문했을 때 이미 갈릴레오와 케플러가 제기한 새로운 천문학 이론을 접했고 데카르트 같은 신진 철학자들과 교류한 바 있던 홉스에게 망명 생활은 이들의 사상을 한층 더 깊이 이해할 수 있는 토대를 제공했다. 그는 파리 망명 시기 동안 『시민론』을 집필하고 『리바이어던』의 근간이 될 여러 철학적 시론들을 잇달아 발표했다.

만인의 만인에 대한 투쟁

홉스는 『리바이어던』에서 인간의 본질을 이성이 아니라 자기를 보존하고 개인의 이익을 추구하는 생에 대한 투쟁의지에서 찾았다. 따라서 홉스가 설정한 자연 상태에서, 특정 개인은 자신의 존재와 생명을 보존하고 저마다 무한한 이익을 획득하기 위해 자신과 동일한 입장에 있는 타인과 끊임없는 갈등을 빚을 수밖에 없다. 자연 상태에서 인간은 저마다 늑대의 속성을 보유한 채 '만인의 만인에 대한 투쟁'을 감행하는 것이다. 그리고 인간은 생존을 유지하고 저마다의 무한정한 이익을 추구할 수 있는 권리(자연권)를 소유한다.

하지만 사회의 질서가 유지되고 개인의 이익이 안정적으로 보장되기 위해서는 어느 시점에선가 인간이 투쟁을 멈추어야만 한다. 홉스가 보기에 만인의 만인에 대한 투쟁 속에서 생성되는 죽음에 대한 공포는, 서로간의 투쟁을 끝내고 평화로운 관계를 만들겠다고 서로 계약을 맺음으로써 해소할 수 있었다. 또한 이러한 계약 상태를 지속하기 위해서는 언제 발생할지 모르는 투쟁 상황을 중재할 수 있는 커다란 권한을 지닌 무엇인가가 필요했다. 홉스는 이러한 맥락에서 사회계약론과, '리바이어던'으로 표상되는 절대 주권자의 관념을 생각해 낸다.

이러한 홉스의 이론은 군주의 절대적 권한을 옹호하는 정치 이데올로기로 이해되곤 한다. 하지만 그는 서양 역사상 최초로 개인의 삶을 우선시하는 정치철학을 주창하여 근대 정치사상의 기초를 마련한 것으로 평가받는다.

A 리바이어던

Q 040

수염까지 자르면서 러시아의 근대화를 주도한 왕은?

★ **시대** : 18세기 ★ **주제어** : 표트르 대제의 개혁

잠에서 깨어나지 않은 제국

러시아 제국은 18세기 초까지도 매우 낙후된 농업국가에 불과했다. 당시 러시아 제국은 세계에서 가장 넓은 영토를 지니고 있었지만, 부유한 국가와는 거리가 멀었다. 러시아 토지의 대부분은 경작물이 잘 자라지 않는 척박한 지대였으며, 효과적인 농경기술을 통한 경작보다는 농노를 억압하고 착취하는 구시대의 생산 방식이 여전했다.

표트르 대제의 개혁

표트르 대제(1672~1725)는 러시아 제국의 권력을 장악하자마자 러시아를 완전히 개조하고자 했다. 서유럽의 다양한 국가들을 여행하면서 발전된 모습을 눈여겨보았던 표트르 대제는 러시아가 서유럽 선진국들의 문물을 적극 받아들여야만 발전할 수 있다고 생각했다. 표트르 대제는 귀족들의 수염과 복장을 서유럽처럼 바꿀 것을 명했으며, 서유럽적인 에티켓을 소개하는 책을 출판하기도 했다. 게다가 서유럽과의 문물교류 창구를 만들기 위해 제국의 수도를 모스크바에서 상트페테르부르크로 옮겼다. 발트 해와 접한

| 표트르 대제

상트페테르부르크에는 베르사유 궁전을 모방한 거대한 궁전이 세워졌다.

표트르 대제가 서유럽에서 배운 것 중 가장 중요한 것은 군대 제도였다. 표트르 대제는 용병제를 폐지하고 귀족들의 사병을 해체했으며, 국민 전체를 대상으로 하는 징병제를 실시했다. 거대한 군대를 유지하기 위해서는 세금을 더 많이 거둘 수밖에 없었는데, 이러한 모습들은 서유럽의 다른 군주들이 실시한 절대왕정 체제와 동일한 형태를 띠는 것이었다.

이어서 표트르 대제는 러시아 제국의 행정 체제를 합리적으로 정비하고, 국가에 맞서는 존재였던 교회를 국가 기관의 형태로 만들어 버렸다. 이러한 개혁들은 러시아를 효율적인 중앙집권 국가로 탈바꿈시키는 것이었으며, 서유럽처럼 급속한 국가발전을 이루기 위한 시도였다.

표트르 대제는 러시아를 서유럽으로 편입시키고자 노력했던 군주였다. 비록 미개하고 야만적인 형태였던 농노제를 완전히 극복하지 못했고 창출된 부는 지주나 소수의 상인 계층에게만 집중되었지만, 표트르 대제의 개혁으로 러시아가 유럽의 강대국 중 하나로 발돋움할 수 있는 발판을 마련했다고 평가할 수 있다.

A 표트르 대제

차르(tsar)

슬라브계에 속하는 여러 국가들이 자신들의 군주를 칭할 때 차르라고 불렀으며, 러시아 역시 이 경우에 속한다. 차르의 어원은 라틴어 '카이사르'에서 온 것이다.

Q 041

중세 말에서 근대 초기의 축제(카니발)가 폭력적이었던 까닭은?

★ **시대** : 13~17세기 ★ **주제어** : 카니발, 혁명, 대리만족

먹고 마시고 부수고 비웃는 카니발

중세시대 사람들은 오늘날 우리처럼 꽉 짜인 시간에 얽매여 살지 않았다. 비록 도시 상인들은 시간을 금전적 이익과 관련지어 받아들였지만, 대부분의 사람들에게는 지나가면 다시 오는 계절처럼 별다른 단절 없이 진행되는 평탄한 흐름일 뿐이었다. 이렇게 무미건조한 흐름을 가끔씩 깨뜨리는 게 있었으니, 바로 축제였다.

중세시대 사람들이 가장 즐겨 행했던 축제는 카니발이었다. 카니발은 만성절인 11월 1일부터 사순절이 시작되기 직전의 기간 동안에 펼쳐졌는데, 주로 사순절 직전의 육식일인 일요일과 월요일, 화요일 3일 동안에 절정을 이루었다. 카니발 기간 중에는 성 니콜라스 축일(12월 6일), 성탄절(12월 25일), 유아학살제(12월 28일), 예수공현절(1월 6일)이 끼어 있어 축제의 분위기가 한층 더 고조되었다. 만성절에는 목이 매달린 거위와 돼지 따위의 가금류에게 끝이 뾰족한 몽둥이를 던지는 유희가 주로 행해졌다. 한편 유아학살제 때는 기존의 사회질서와 가치관을 전복하고 다산과 풍요를 기원하는 다양한 축제들이 동시다발적으로 행해졌다.

고대의 디오니소스 제전과 바쿠스 축제, 사투르누스 축제 등 풍요와 수확을 상징하는 이교 축제에서 기원한 카니발은, 가톨릭교회가 공식 인정한 축제였지만 고대부터 민중문화의 전통을 형성하며 면면히 이어져 오던 이교적 요소들을 다수 간직하고 있었다. 카니발이 벌어지는 기간 동안에는 제한 없이 고기와 술을 먹고 마실 수 있었고, 기괴한 가면과 복장으로 변장한 채 기성 사회의 위계질서를 조롱하는 해학적이고 풍자적인 행위들이 마을과 도시의 광장이나 간선도로에서 스스럼없이 행해졌다. 민중들은 이를 통해 인간의 본원적 욕망과 자유를 감독하고 통제하는 각종 규제와 위계질서 등을 일거에 날려 버렸다. 또한 왕이나 비웃음의 대상이 될 만한 여러 유력자들을 희화화하고 그들에게 구타를 가하거나 욕설을 퍼붓는 연극 행위를 수행함으로써 기존의 사회질서를 타파하고 대안적 삶의 질서를 새롭게 탄생시키려는 의도를 표현했다.

중세의 억눌린 카니발, 근대의 혁명적 카니발

그러나 카니발은 혁명적인 전복성과 잔인한 폭력성에도 불구하고 가시적인 사회 변혁의 움직임으로까지는 이어지지 않았다. 오히려 카니발은 민중들의 불만과 사회의 갈등을 해소하는 기능을 했다. 중세의 위정자들과 교회당국은 모든 것이 거꾸로 뒤집어지고 그 어떤 사회적 규제도 효력을 발휘할 수 없는 상황을 의도적으로 설정하여 민중들의 사회개혁적 열망을 대리만족할 수 있도록 한 것이다.

카니발의 혁명성이 정치적인 수준으로까지 발전하게 된 것은 종교개혁이 본격화되고 절대왕정이 주된 정치체제로 등장하기 시작하는 16~17세기부터였다. 이때부터 카니발은 반정부적이고 종교비판적인 양상으로 변모되어

정치적인 색채를 강하게 띠었다. 종교개혁은 신교와 구교 세력 간의 극심한 종교적 갈등을 양산했고, 각 종교 세력에 소속된 일군의 집단들은 상대 교파를 힐난하고 그들의 존재성을 폄하하는 데 카니발의 연극 효과를 적극 활용했다. 또한 도시 상류층과 정부의 가혹한 세금 징수에 반발했던 각 지역의 농민들은 카니발적 요소를 동원하여 반사회적이고 반정부적인 투쟁을 전개해 나갔다. 근대 초기 서양 사회에서 펼쳐진 카니발은 사회의 안정성을 도모하기 위한 수단이 아니라 혁신적인 사회개혁을 열망하는 민중들의 의지를 표상하는 상징체로서 기능한 것이다.

A 카니발이 사회의 불만을 폭력적으로 해소하는 장이었기 때문이다.

Q 042

이탈리아 르네상스기에 흑사병을 소재로 한 대표적인 문학 작품은?

★ **시대 :** 14세기 ★ **주제어 :** 보카치오, 사랑, 성, 흑사병

흑사병으로 초토화된 이탈리아

1348년 이탈리아의 피렌체에서 흑사병이 만연하여 많은 사람들이 죽어갔다. 이러한 미증유의 재앙 앞에서 당대의 의술은 무력하기 짝이 없었고, 전염병의 급속한 확산으로 피해가 속출하자 기존의 도덕 관념은 아무런 쓸모가 없게 되었다. 흑사병으로 죽은 사람들의 시체는 산더미처럼 쌓여 갔고, 피렌체 거리는 시체더미가 뿜어내는 악취로 가득 찼다. 지극히 짧은 시간 동안에 시신들이 너무나 급속히 불어난 나머지 장례는 별다른 예식 없이 치러졌고, 한 구덩이에 여러 구의 시신을 함께 묻는 경우가 허다했다.

보카치오(1313~1375)의 『데카메론』은 이러한 시대에 탄생한 문학 작품이다. 그는 서문에서 마음이 여린 여성들이 사랑의 상처로 인한 괴로움에 처해 있을 때 위로가 되고 도움이 되고자 백 편의 이야기를 마련했노라고 밝혔다.

이 책은 7명의 귀부인과 3명의 남자들이 갖은 악덕으로 점철되어 있는 피렌체를 떠나 조용한 시골의 농장에서 나눈 백 편의 이야기로 이뤄져 있다. 잘 알려져 있듯이 『데카메론』에는 위선적인 성직자의 언행을 신랄히 풍자하는 대목이 자주 등장한다. 이는 당시 피렌체 사회에 만연해 있던 도덕적 타

락의 주요한 징후들 중의 하나로 해석될 수 있는 요소이다.

개성적인 사랑은 세상을 구원한다

『데카메론』에서 중요한 또 하나의 요소는 사랑 이야기다. 사랑의 감정과 이별의 정한은 그것을 경험하는 사람에 따라 제각기 다른 색조를 나타낸다. 보카치오는 이 책에서 스스로 경험했던 사랑의 아픔을 암시적으로 드러내고 있으며, 백 편의 이야기 속에서도 애정과 관련하여 빚어진 예화들을 윤리적인 틀에 구애됨이 없이 담담히 묘사하여 인간이 저마다 지니는 감성의 다양한 스펙트럼을 그대로 드러내고자 애를 썼다. 특히 사랑하는 연인들 사이에서 벌어지는 비극적인 연애담을 주로 다룬 넷째 날의 이야기들에서 이러한 특징이 잘 드러난다.

이러한 사랑 이야기는 인간의 개별적 감성의 발현을 지극히 자연스런 현상이라고 옹호하는 보카치오의 견해를 반영하고 있다. 그는 흑사병의 창궐로 더욱 더 극심해진 당대 피렌체 사회의 모순들을 극복하려는 의지를 인간 개개인의 건전한 개성 발현을 통해 실현시킬 수 있다는 희망을 품고 있었던 것이다. 사람들의 개성을 옹호했다는 점에서 보카치오가 품고 있었던 인간상이 다분히 근대적이라고 볼 수 있다.

이렇게 흑사병이라는 재앙에 맞서 보카치오는 동시대의 문제점을 진단하는 데 그치지 않고, 다음 시대를 준비하고 다가올 시대에 통용될 수 있을 대안적 삶의 모습을 그려 냈다. 『데카메론』은 바로 흑사병의 창궐에 대응해 보카치오가 내놓은 야심찬 처방전이었던 것이다.

A 보카치오의 『데카메론』

Q 043

메디치 가문은 왜 예술가들을 후원했나?

★ **시대** : 15~17세기 ★ **주제어** : 메디치 가문, 르네상스의 후원자

문화를 지배한 자가 세상을 지배한다

두 차례의 짧은 공백기(1494~1512, 1527~1530)를 제외하고 1434~1737년에 걸쳐 피렌체와 토스카나 지방을 지배한 메디치 가문은 이탈리아 르네상스를 주도한 핵심 세력으로 평가받는다. 여기서 질문 하나. 이들은 왜 예술을 후원했을까?

상업을 통해 부를 획득한 메디치 가문은 점차 세력을 확장해 이름뿐인 공화제를 유지하고 있던 피렌체에서 전제적인 권력을 획득했다. 메디치 가문이 시뇨리아(독재권을 갖고 있는 실질적인 지배자) 자리를 독차지했던 것이다. 주로 은행업을 통해 막대한 부를 축적한 메디치 가문 사람들은 은행업에 대한 종교계와 사회의 적개심을 누그러뜨리기 위해 일찍부터 교회 건축과 자선사업, 인문학자들에 대한 후원에 심혈을 기울이고 있었다. 명목상이기는 하나 공화제의 유습이 잔존해 있던 피렌체였기에 중산층과 극빈층의 비위를 맞추지 않으면 권력의 기반이 흔들릴 수도 있었기 때문이다.

코지모 디 메디치 시기부터 본격화된 이들의 후원 활동은 부의 사회적 환원을 통해 궁극적으로는 가문의 위상을 한껏 높이는 데 목적이 있었다. 산

|〈동방박사의 행렬〉
좌측 하단에 말을
타고 있는 인물을 주목

로렌초 성당 내부에 위치한 코지모의 묘에 '조국의 아버지'라는 명문이 남아 있을 정도로, 이들은 피렌체의 최고 권력자로 군림하고 싶어 하는 욕구를 숨기지 않았다.

그림 속 레오 3세 얼굴의 주인공은 누구?

코지모의 아들 피에로는 베노초 고촐리에게 〈동방박사의 행렬〉을 그리게 했는데, 이 그림은 1439년 비잔티움과 서로마의 종교적 통합을 시도한 피렌체 종교회의를 소재로 하고 있다. 그림에 등장하는 세 명의 동방박사는 비잔티움 황제 조반니 8세, 그리스 정교의 총주교 주세페, 메디치 가문의 어린 로렌초의 초상으로 그려져 있다. 피렌체 종교회의에는 메디치 가문뿐 아니라 이탈리아 도시국가의 대표로 밀라노와 리미니, 만토바의 인사들도 참석했지만 고촐리의 그림에는 메디치 가문의 사람들을 주인공으로 하고 있는 것이다.

권력 획득에 대한 메디치 가문의 열정은 대 로렌초에게서 더욱 더 두드러

절대 권력
후원이 순수한 의도는 아니었군.
정치적인 계산이 있었어.
나, 배고파서 알바 하는 거요.

지게 나타났다. 그는 파치 가문의 저항을 잠재우고 메디치 가문을 피렌체의 명실상부한 최고 가문으로 격상시키는 데 이바지 했고 음악과 문학 방면에서도 뛰어난 재능을 선보였다. 대 로렌초의 둘째 아들 조반니(후일 레오 10세)는 〈샤를마뉴 대관식〉이라는 그림에서 화가에게 레오 3세를 자신의 형상으로, 샤를마뉴의 얼굴을 프랑스의 프랑수아 1세로 묘사하게끔 주문함으로써 자신과 프랑수아 1세가 가진 볼로냐 회담을 기념하도록 했다.

단순히 보면, 메디치 가문과 이탈리아 르네상스는 불가분의 관계를 맺고 있는 것처럼 보인다. 그러나 깊이 들여다보면 르네상스 시기에 메디치 가문이 드러낸 행적은 단순히 학문과 예술에 대한 사심 없는 열정에서 비롯했다기보다는 가문의 위신을 올리고 정치적인 선전을 통해 자신들의 세력 기반을 확고히 해 나가려 했던 정치적 의도에 출발했다는 결론을 도출해 낼 수 있다.

A 가문의 위신을 높이고 자신들의 세력을 확고히 하기 위해서

Q 044
서양에서 '나'의 홀로서기가 가능해진 것은 언제부터였나?

★ **시대** : 16~18세기 ★ **주제어** : 개인의 탄생, 묵독, 개인적 종교생활

궁정 예법이 사회를 장악하다

중세시대에 서양인들은 공동체적인 집단에 소속되어 잡다한 봉건적 의무들을 수행하는 존재였다. 도식적인 수준에서 단언할 수는 없지만, 대체적으로 중세 사람들은 저마다의 개성을 마음껏 과시하고 독립된 가정 내에서 사적이고도 은밀한 부부간의 사랑을 향유하지 못했다. 또한 이들은 부모로서의 자애심도 자식들에게 사사로이 드러낼 수 없었다.

16세기부터 서서히 외양을 갖추기 시작하던 절대왕정 체제가 확고한 정치체제로 확립되자 국왕을 정점으로 하여 구축된 근대적인 사회체제가 체계화되기에 이르렀다. 이러한 특징은 프랑스에서 전형적으로 드러났다. 치열한 종교전쟁의 결과로 위세와 경제력을 상실한 귀족들은 명실상부한 최고의 권력자로 부상한 국왕의 곁으로 모여 들어 궁정사회의 문화를 받아들여야 했다. 이에 따라 귀족들은 이전의 예법들을 버리고 국왕을 중심으로 한 엄격하고 체계적인 궁정 예법에 맞춰 생활하기 시작했다. 사사로운 의리나 종교적 명분들이 새롭게 규정된 규범에 자리를 내준 것이다.

궁정 예법이 사회 전반에 널리 퍼지자 공과 사의 구분이라는 관념이 확고

하게 정착되었다. 궁정사회의 규범이 적용되는 곳은 공적인 영역으로, 그 바깥은 사적인 영역으로 나누어 인식하기 시작한 것이다.

소리 내지 않는 책읽기가 유행하다!

이 시기에는 소리 내지 않고 책을 읽는 묵독(默讀)이 유행하여 일반적인 독서법으로 자리 잡았다. 묵독을 하면 여러 사람들 앞에서 소리 내어 책을 읽는 낭독과 달리 혼자만의 책읽기가 가능하다. 이는 책읽기가 개인 차원에서 지식을 수용하고 지혜를 함양하는 행위로 변화했음을 의미한다. 이러한 책읽기는 인쇄술의 발달에 따른 책의 대중화와 종교개혁의 영향으로 확산된 개인들의 성서 읽기 유행과 맞물려 괄목할 만한 수준으로 확산되어 갔다.

종교는 개인적인 행위

종교개혁은 공동체의 신앙 활동보다 개인의 신앙 활동을 강조하는 분위기를 확산시켰다. 성서의 권위를 절대시하고 개별 신자의 독실한 신앙을 중요시한 개신교도들은 개인의 성서 읽기와 종교 활동을 장려했다. 물론 개신교도들도 정비되고 체계화된 규율로 신도들의 신앙 활동을 관리해 전도의 효율성을 추구했지만, 양심과 내면의 신앙에 대한 강조가 사적 영역의 확장을 가능케 하는 요인으로 작용했음은 틀림없는 사실이다.

이러한 분위기는 가톨릭교회 내부에서도 확산되었다. 부활절에 주로 행해지던 공동 고해의 관행이 서서히 자취를 감추고 대신 개인 고해의 관행이 새롭게 도입되었으며, 영성체도 빈번해져 미사 의례가 이전에 비해 훨씬 더 내실 있게 변모했다.

절대왕정 체제의 출현에 따른 사적 영역의 확립, 묵독의 관행과 인쇄술의 발달에 따른 개인 차원의 지적 내면세계 형성, 여기에 개별적 영성의 관념이 강조되는 분위기가 더해짐으로써 '나'라는 개인으로서의 인간이라는 관념이 비로소 사회적으로 용인되기에 이르렀다.

A 16~18세기 절대왕정체제가 확고해지고 종교개혁의 여파가 확산되기 시작할 무렵부터

Q 045

어린이는 언제부터 '귀염둥이'가 되었을까?

★ 시대 : 17세기 ★ 주제어 : 17세기 아동 탄생설

아기 그 다음은 어른

서양 사회에서 어린이들이 사회와 부모의 환대와 보살핌을 받으며 성장했던 풍속은 근대 시기에 이르러서야 비로소 정착되었다. 물론 자식에 대한 부모의 사랑이라는 감정은 동서고금을 막론하고 장려된 것이 사실이지만, 이 감정이 사회적으로 통용된 건 17세기 무렵부터였다.

17세기 이전 서양 사회에서는 유아기를 지나자마자 어린이를 성인 취급했다. 어린이들은 유아기나 영아기 때 부모와 사회로부터 각별한 관심과 보호의 대상으로 인식되지 못했고 일찍부터 어른들의 세계에 편입되었다. 그러나 17세기를 기점으로 어린이들은 독립적인 개체로 인식되기 시작했다. 어린이의 의복에 관심을 집중하는 풍습이나 어린이의 첫 영성체를 강조하는 습속이 점차적으로 유럽 사회에 확산되기 시작했던 것이다.

이 시기부터 프랑스를 필두로 한 서유럽의 주요 나라들에서는 어린이와 청소년의 교육을 담당하는 전문교육기관들이 속속들이 설립되기 시작한다. 데카르트가 다녔던 라 플레슈는 이 시기의 대표적인 교육기관이었다. 학교는 단순히 아동들에게 교과 지식만을 가르쳤던 것이 아니라 당대 사회의 종교적 전통과 문화적 가치를 주입하는 역할도 담당했다. 학교는 규율을 매개로 교과 지식과 문화적 코드를 어린이들에게 각인시킴으로써 어린이를 사회의 독립한 일원으로 육성했다.

귀염둥이는 17세기에 탄생했다

또한 이 시기는 개인의 사생활이 중요한 사회적 의미를 획득한 때이기도 했다. 절대주의 국가의 출현에 수반하여 사회의 공적 영역이 확장되는 것과 맞물려 개인의 일상이 주를 이루는 사적 영역이 이전에 비해 괄목할 만한 수준으로 확장되었다. 이에 따라 가정의 존재와 가족의 의미가 새로운 주목을 받게 되었고 어린이들은 가정이라는 울타리 안에서 '귀여운 존재'로 격상되기에 이르렀다. 아이를 안고 있는 성 요셉을 표현한 도상과 조형물들이 다수 나타났고 어린이들을 즐겁게 해 주기 위한 행사의 일환으로 성 니콜라스 축제가 이 시기에 등장하기 시작했다.

하지만 이러한 입장과 달리 가족의 의미와 가정의 기능은 12세기부터 강조되기 시작했다거나, 아동교육은 16세기에도 중요한 사회적 현안으로 인식되고 있었다는 사례를 통해 '17세기 아동 탄생설'을 비판하는 논의들도 존재한다. 그러나 어린이, 가정, 사적 영역 등과 같은 주제와 관련해서 17세기가 서양인들의 집단 심성 변화에 결정적인 분기점이었다는 견해는 여타의 논의들에 비해 훨씬 더

| 얀 스텐, 〈성 니콜라스 축제〉

설득력이 있어 보인다.

절대왕정의 출현으로 인해 야기된 중앙집권적 정치력의 확장은 사회 제도와 예절, 도덕 규범을 이전 시기에 비해 한층 더 체계화했다. 이러한 변화는 개인과 사회의 영역이 확연히 구분되는 분위기를 마련했고, 이에 따라 사적 영역의 차원에서 다양한 풍속의 변화들이 나타나기 시작했다고 볼 수 있다. 환대와 보호의 대상으로서 어린이의 존재성을 부각시키고 사회적 규율을 매개로 한 어린이 교육을 강조한 측면은 바로 근대 초기 서양인들의 심성적 경향을 대변하는 주된 요소였던 것이다.

A 17세기 무렵

Q 046

'즐거운 나의 집'은 언제 생겨났을까?

★ **시대** : 17세기 중엽 ★ **주제어** : 핵가족

영국에서 먼저 일반화

요즘 우리 사회에서 일반적으로 볼 수 있는 가족 형태는 서양의 가족 형태와 같은 핵가족이다. 그러면 서양에서는 언제부터 핵가족이 일반적인 가족 형태로 자리 잡았을까?

대체적으로 서양 사회에서 핵가족 형태가 확고해진 시기를 17세기 중엽 이후로 잡는다. 이러한 가족 형태의 변화가 전형적으로 나타난 지역은 영국이 먼저였지만, 지역 사이의 지엽적인 차이를 무시한다면 서유럽을 중심으로 한 서양 사회에서 핵가족이 일반화된 시기를 17세기로 잡는 것에 무리가 없어 보인다.

절대왕정 시기, 공적 영역이 확대되자 개인들의 사적인 영역도 따라서 확대되었다. 이러한 분위기 속에서 동일한 가치관과 유사한 취미를 가진 지식 엘리트들은 17세기를 전후해 동아리 형태의 모임을 조성하여 자신들의 관심사를 공유하고 교류하기 시작했다. 그러나 가족의 기능이 곧바로 강조된 것은 아니었다. 가족과 가정이 갖는 중대한 의미는 이후 사적 영역이 확장되는 과정 속에서 역사적으로 조성되었다.

가족 중심 시대의 개막

15세기부터 17세기 전반기 사이 서양 사회에서는 우리나라의 대가족 제도와 유사하게 친척들에게 상대적으로 개방적인 가족 형태가 주류를 이루었다. 여기에는 부모와 자식으로 이루어진 기본 가족 구성원 외에 이들과 가까운 친척들도 포함되었다. 그러던 것이 16세기 중반부터는 아내와 자식이 아버지의 권위에 절대 복종하는 형태의 가부장적 핵가족으로 변하다가, 17세기 중엽부터 본격적으로 가족 구성원 사이의 애정 교류를 중시하는 핵가족 형태가 정착되었다.

가부장적 핵가족에서 가족 구성원 사이의 애정 교류를 중시하는 핵가족 체제로 전환된 것은 폐쇄적인 형태의 핵가족 체제가 확립됨으로써 가정 내부에서 남편과 아내, 부모와 자식 사이의 감성적인 교류가 확대될 수 있는 분위기가 마련되었기 때문인 것으로 보인다. 이후 가정은 사적 영역의 핵심으로 인식되면서 개별 인간의 개인성을 담보해 주는 효과적인 장치로 기능했던 것이다.

A 17세기 중엽 이후

Q 047

서양 사회에서 집시들이 '왕따'를 당하기 시작한 때는?

★ **시대 :** 16세기 ★ **주제어 :** 집시, 차별, 홀로코스트

집시의 역사

집시는 인도 북부에서 기원한 코카서스 인종의 한 집단으로 알려져 있다. 이들은 수 세기에 걸쳐 유럽 전역은 물론 오세아니아, 미주 대륙으로까지 이주해 갔던 관계로 명확한 인종적 정체성을 파악하기가 쉽지 않다. 다만 집시들이 사용하는 로마니어가 고대 인도어와 유사한 특성을 공유하고 있었던 것으로 보아 집시들은 인도 대륙에서 기원한 것으로 보인다.

집시는 적어도 5세기 이전에는 페르시아로 이주했고 7세기경에는 시리아, 아르메니아, 이집트로 건너갔으며 11세기 중엽 이후에는 비잔티움 제국이나 발칸 반도까지 건너가 정착한 것으로 보인다.

발칸 반도에 정착한 집시들은 14세기 말까지 이 지역에 넓게 퍼져 살고 있었다. 이들은 이곳에서 정치 지배자나 수도원에 소속된 노예로 생활했다. 한 곳에 정착하지 않고 여러 지역을 떠돌아다니는 집시들이 발칸 지역의 위정자나 교회 입장에서는 노동력 감소의 주된 요인으로 받아들여져, 집시들은 국가의 재산으로 인식되면서 노예 생활을 감내해야만 했던 것이다.

집시들은 15세기 초엽을 기점으로 중부 유럽을 거쳐 서유럽으로까지 진

출했다. 이 시기에 집시들은 소 이집트에서 이단 혐의를 받고 회개를 위해 각지를 방랑하는 기독교 순례객으로 간주되어 가는 곳마다 성대한 환영을 받았다.

사회의 골칫거리로 전락하다

그러나 중세에서 근대로의 이행기에 나타난 사회적 격변으로 인해 이들은 서서히 천덕꾸러기 신세로 전락하게 되었다. 특히 인클로저와 수도원 해체, 농업 체제의 변화로 인해 인구가 증가하고 실업자가 급증하던 16세기 초 잉글랜드에서는 유랑자들의 존재가 엄청난 골칫거리로 인식되고 있었다. 실업자와 부랑자가 는다는 것은 사회 불안은 물론 생산력 저하와 직결되는 문제였기 때문이다. 이 시기 잉글랜드 지역의 집시들은 새로이 제정된 반방랑자법으로 인해 노예로까지 전락하는 위기에 직면했다.

이후 16세기에서 18세기 후반까지 이르는 200년 이상의 기간 동안 유럽 국가의 대부분은 한결같이 집시들을 범죄자 취급하여 탄압했다. 이 시기 동안 집시들은 이단 행위와 마술을 일삼으며 사회 혼란을 부추기고 산업 생산력을 저하시키는 존재로 인식되었다. 1550년부터 1640년 사이의 잉글랜드에서는 집시를 국내로 유입시키는 행위가 벌금형에 처해졌고 집시들은 아무런 법적 권리를 보장받지 못하는 처지에 놓이게 되었다. 부랑자법에서 집시를 특별히 언급했던 조항은 1824년의 법률에서부터 사라졌지만, 집시에 대한 사회적 압박은 정도를 달리하면서 지속되었다.

프랑스에서는 집시들이 앙리 4세의 궁정에 초대되어 춤을 추기도 했지만, 루이 14세가 주도하는 절대왕정 출현 이후 해군 확보를 위한 명목으로 남자 집시들을 사슬에 묶어 갤리선으로 보내고 갤리선에 보낼 수 없는 소년들은 수용소에 구금하며, 여성과 아이들에게 삭발을 강요하여 방랑 생활을 금지하는 법률을 명문화했다.

집시는 영원한 이방인?

집시들은 2차 세계대전 시기에 인종 중심적 민족주의에 입각해 있던 나치 당국에 의해 대량으로 학살당한다. 홀로코스트(인종 대청소)에서 살아남은 집시들은 주로 동유럽으로 이주했다. 주로 공산주의 체제를 채택하고 있던 동유럽의 여러 나라들은 마르크스-레닌주의에 입각해 교육과 직업의 기회를 부여하는 등 다양한 소수민족 집단에게도 일정한 권리를 부여하는 정책을 폈다. 그러나 정착생활에 익숙하지 않던 집시들은 끊임없이 잡다한 사회문제를 일으켰고, 이에 대응해 국가 당국은 집시들을 엄하게 단속하는 조치를 취해 나갔다.

이후 동유럽 사회주의 국가들이 붕괴되고 유럽 통합의 기운이 가속화되면서 서유럽으로 이주하는 집시의 수가 늘어나기 시작했다. 하지만 이들의 존재에 대해 유럽 여러 나라들은 여전히 경계심을 늦추지 않고 있으며 집시와 유랑자들의 안전한 삶을 위해 마련한 몇몇 법적 조치들 또한 제한적으로만 시행되고 있는 실정이다.

A 중세에서 근대로 넘어오던 16세기 전후

인클로저

15~16세기에는 양모를 생산하기 위해, 18~19세기에는 산업혁명 이후 급증하는 농산물 수요를 감당하기 위해 주로 영국에서 있었던 토지 사유화 방식이다. 미개간지나 공동지 등 공동으로 이용하던 땅을 담이나 울타리로 둘러싸서 사유지로 만들었다. 공동지 축소는 농민의 실업과 이농 현상 등을 낳았다.

▌연표로 보는 중세 말 근대 초 5대 사건 ▌

14~16세기

이탈리아 르네상스. 14세기경 이탈리아의 여러 도시를 중심으로 일어나 16세기에는 알프스 이북의 서유럽 여러 나라에 전파되었다. '재생'이라는 뜻의 르네상스는 그리스, 로마의 고전 문화를 부활시켜 인간의 개성과 과학적인 자연인식, 세속적 삶의 가치를 중시하는 이념을 핵심으로 하고 있었다.

1337년

백년전쟁 발발(~1453).

1517년

마르틴 루터가 가톨릭교회의 면벌부 판매를 비난하는 95개조의 반박문을 발표했다. 그는 교회의 의식이나 개인의 선행이 아닌 오직 신앙으로써만 인간이 구제될 수 있고 신앙의 근거는 성서에 있다고 주장하며 종교개혁 운동을 펼쳤다.

1525~1530년

코페르니쿠스, 『천체의 회전에 관하여』 저술. 코페르니쿠스가 지동설을 발표하여 프톨레마이오스의 천동설을 반박했다. 비록 가설 수준에 머물러 있었고 행성의 궤도를 원운동의 관점에서 설명했다는 한계는 있으나 근대 자연관의 성립에 결정적인 영향을 주었다.

1540년

로마 가톨릭교회, 예수회 공인

1541년

칼뱅, 스위스 주네브에서 신정정치 시작

1616년

코페르니쿠스의 지동설이 오류로 공포되고 그의 책이 금서 목록에 오름

1642년

청교도 혁명(~1949)

1651년

홉스, 『리바이어던』 출간

1687년

뉴턴, 『프린키피아』 출간

1688년

명예혁명으로 영국은 입헌군주정의 기틀을 마련함

1713년

러시아, 상트페테르부르크로 천도

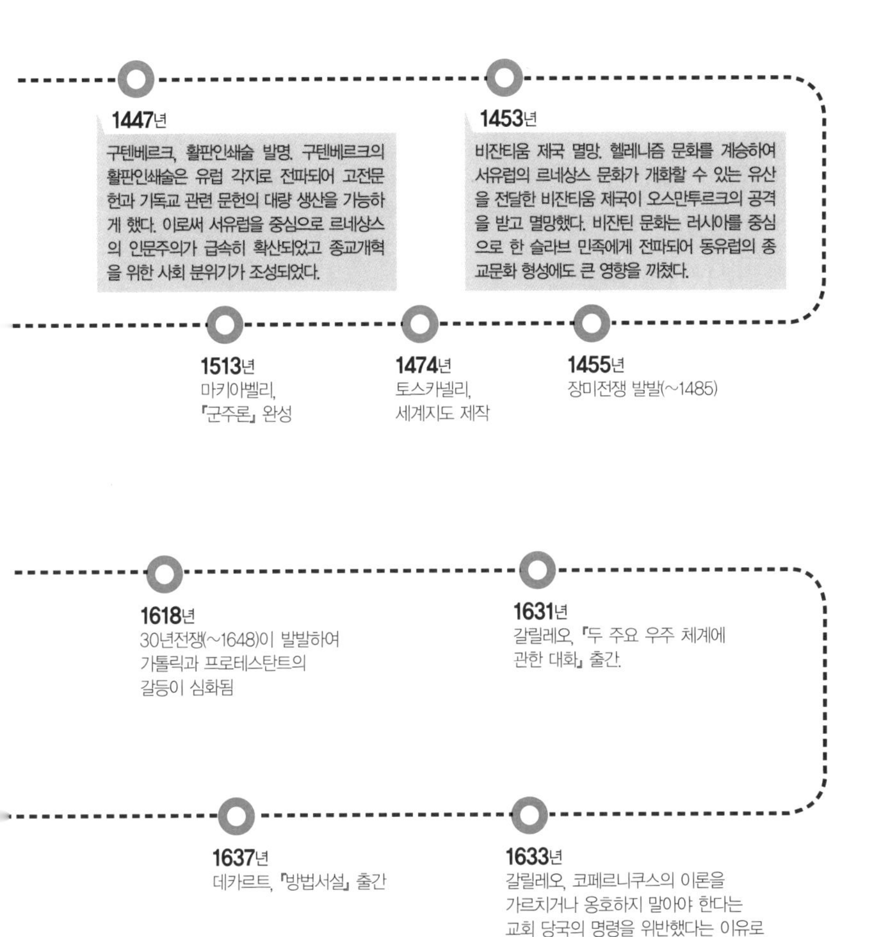

1447년
구텐베르크, 활판인쇄술 발명. 구텐베르크의 활판인쇄술은 유럽 각지로 전파되어 고전문헌과 기독교 관련 문헌의 대량 생산을 가능하게 했다. 이로써 서유럽을 중심으로 르네상스의 인문주의가 급속히 확산되었고 종교개혁을 위한 사회 분위기가 조성되었다.
1453년
비잔티움 제국 멸망. 헬레니즘 문화를 계승하여 서유럽의 르네상스 문화가 개화할 수 있는 유산을 전달한 비잔티움 제국이 오스만투르크의 공격을 받고 멸망했다. 비잔틴 문화는 러시아를 중심으로 한 슬라브 민족에게 전파되어 동유럽의 종교문화 형성에도 큰 영향을 끼쳤다.
1513년
마키아벨리,
『군주론』 완성
1474년
토스카넬리,
세계지도 제작
1455년
장미전쟁 발발(~1485)
1618년
30년전쟁(~1648)이 발발하여
가톨릭과 프로테스탄트의
갈등이 심화됨
1631년
갈릴레오, 『두 주요 우주 체계에
관한 대화』 출간.
1637년
데카르트, 『방법서설』 출간
1633년
갈릴레오, 코페르니쿠스의 이론을
가르치거나 옹호하지 말아야 한다는
교회 당국의 명령을 위반했다는 이유로
종교재판에 회부되어 유죄판결을 받음

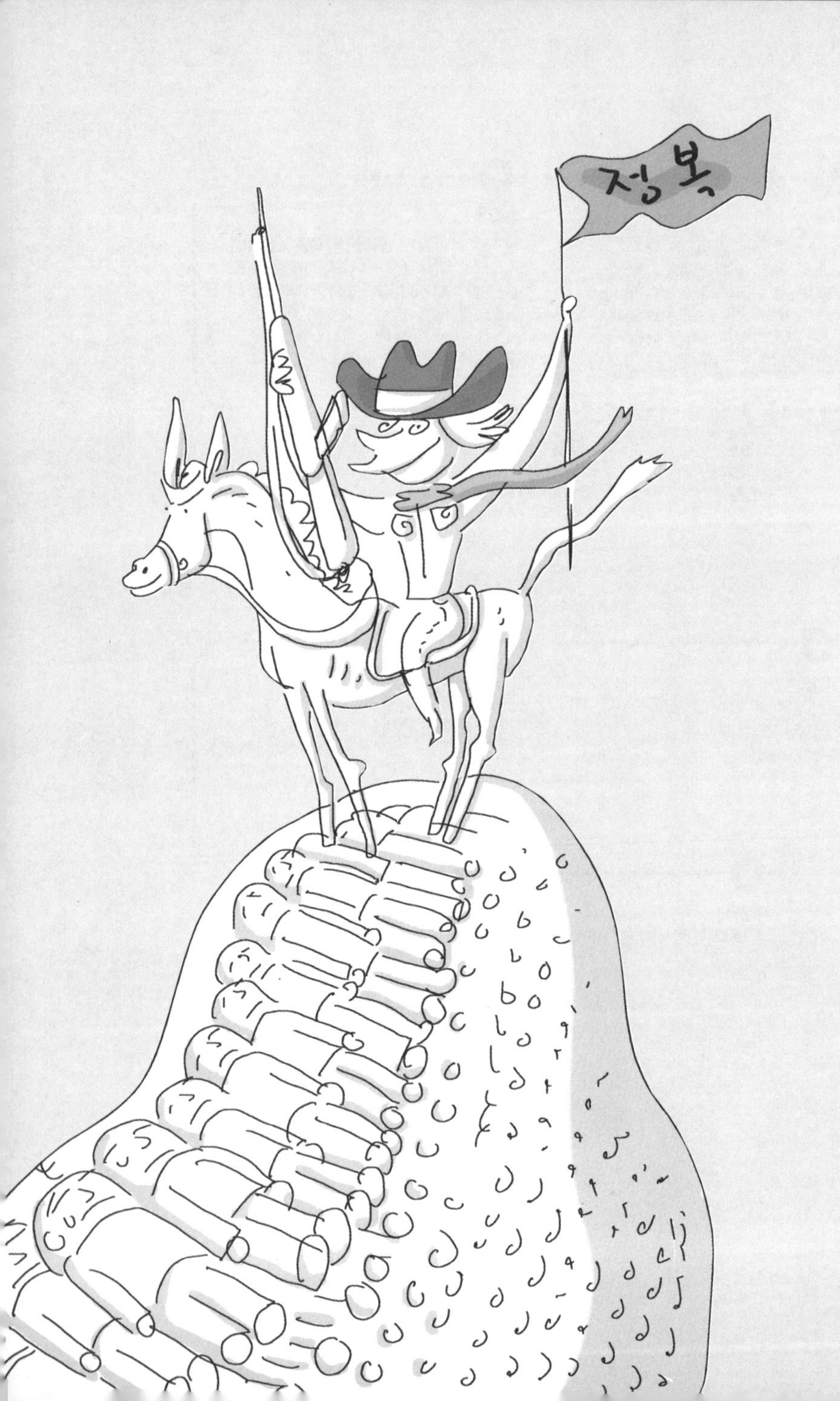
정복

6장

팽창하는 유럽 세계

대항해시대

시대 설명

13세기까지 유럽과 비유럽 사회는 간헐적으로 교류했던 것으로 보이나 그 형태가 역동적이지 않았고 교류의 기간 또한 연속적이지 못했다. 그러다가 13세기 말 중국 원나라의 조정까지 방문했다 귀환한 마르코 폴로의 『동방견문록』이 유럽 사회에 알려진 이후 유럽에서는 비유럽 사회에 대한 관심과 환상이 증폭되기 시작했다.

유럽은 15세기부터 포르투갈과 스페인을 중심으로 본격적인 항로 개척에 나서 아프리카와 아메리카, 아시아 사람들과 직접 접촉했다. 유럽인들은 향료와 섬유, 금과 은 등의 귀중품 수요를 충당하기 위해 위험을 무릅쓰고 유럽 세계 바깥으로 진출했다. 이들은 그동안 축적한 항해기술과 발달된 선박을 활용하여 대서양을 통해 비유럽 세계의 사람들과 교류했다. 동방 어딘가에 기독교 왕국을 건설했을 사제 왕 요한을 찾아 연합하여 이슬람 세력을 격퇴하겠다는 다소 과장된 희망도 유럽인들의 해외진출 욕구를 자극했다. 또한 오스만 제국과 이탈리아 도시국가들의 방해를 피해 보다 안정된 동방무역 항로를 개척해야 한다는 절박함도 신항로 개척을 재촉한 요인이었다. 여기에 포르투갈과 스페인의 국력이 괄목할 만하게 신장함으로써 이러한 욕망은 이상의 수준을 넘어 현실로 실현되었다. 바야흐로 대항해시대가 열리게 된 것이다.

1498년 아프리카의 희망봉을 돌아 인도의 캘리컷까지 진출한 포르투갈은 말라카 정복으로 후추산업을 장악해 태평양과 인도양의 무역을 좌지우지했다. 포르투갈과 함께 신항로 개척의 선두주자로 나섰던 스페인은 콜럼버스의 아메리카 대륙 진출을 시작으로 아메리카 대륙과 필리핀을 거점으로 식민활동과 선교활동을 적극 수행했다. 스페인이 수적 열세에도 불구하고 아메리카 대륙을 쉽게 정복할 수 있었던 이유에 대해서는 여러 가지 추측이 있으나, 유럽에만 있던 병균들이 아메리카 원주민의 생명을 앗아갔기 때문이라는 설이 가장 유력하다.

포르투갈과 스페인에 이어 영국과 프랑스, 네덜란드 등의 열강들도 앞다투어 아프리카와 아시아, 아메리카, 오세아니아 등지로 진출하면서 유럽 국가들은 전대미문의 수준으로 세력을 확장할 수 있었다. 대항해 시대의 개막으로 세계무역 체제가 형성되고 유럽 세계는 급속한 자본주의화를 경험하며 근대사회의 도래를 앞당겼지만, 비유럽 세계는 서유럽이 주도하는 근대 세계 체제의 주변부로 전락하고 말았다.

Q 048

유럽인들이 도래하기 전 아메리카 대륙에는 누가 살고 있었을까?

★ **시대 :** 5~16세기 ★ **주제어 :** 마야, 잉카, 아스텍

아메리카 대륙 원주민의 문명

1492년 콜럼버스가 지금의 카리브 해안 지역에 도착한 이후, 스페인 정복자들은 아메리카 대륙으로 물밀듯이 몰려들어왔다. 황금을 찾아 길고 긴 항해를 마다하지 않고 도착한 스페인 정복자들은 놀랄 수밖에 없었다. 그곳에는 유럽 세계와는 확연하게 다른, 그렇지만 화려하고 아름다운 예술작품과 건축물로 가득 찬 세계가 이미 존재하고 있었기 때문이다. 스페인 정복자들은 아메리카 대륙을 정복한 후 그들의 정복을 정당화하기 위해서 그곳에 살고 있던 원주민들의 미개함과 잔인함을 과장해서 설명했지만, 사실 아메리카 대륙의 원주민들은 그들 나름의 합리성을 바탕으로 유럽에 못지않은 문명사회를 유지하고 있었다.

마야 문명

카리브 해를 오른쪽에 끼고 있는 중부 아메리카 지역은 오랫동안 마야인의 것이었다. 마야인은 서기 원년 경, 지금의 과테말라 북부에 소규모의 도시국가들을 세웠다. 5세기 초에는 일부 마야인이 유카탄 반도 북부로 이동

하여 치첸이트사라는 거대한 도시국가를 세웠다.

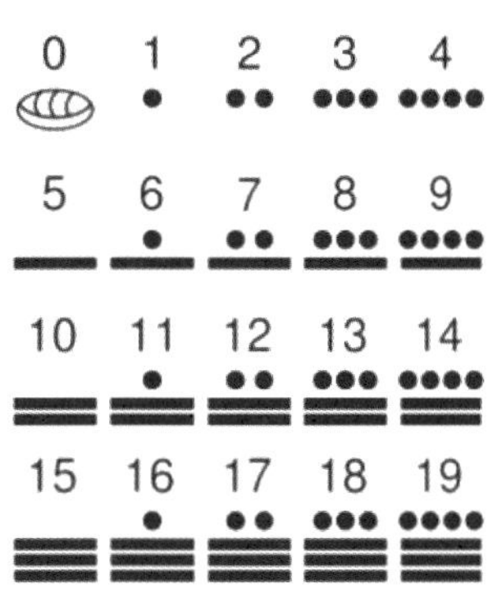

| 마야인들이 사용한 숫자

아메리카 대륙 문명의 원천이었던 마야인은 특유의 상형문자를 통해 많은 기록들을 남겼으며, 20진법과 '0'의 사용 등 수학 분야에서도 놀라운 진보를 이룩했다. 특히 천문학이 발달하여 행성들의 주기를 정확하게 계산할 줄 알았으며, 일식이 언제 일어날 것인지를 예측할 수 있었다.

잉카 문명

남아메리카의 중앙에는 잉카 문명이 번성했다. 이미 이 지역은 기원전 2000년경부터 종교생활을 영위한 여러 부족 국가들이 존재했었는데, 잉카인은 농경문화를 꽃피웠던 케추아 족의 후예이다. 이들이 급성장한 것은 12세기경 쿠스코 지역에 자리를 잡으면서부터였다. 강한 전사들이었던 잉카인은 안데스 지역을 평정하고 쿠스코를 수도로 하는 광대한 제국을 건설했다. 이들은 15세기 말까지 영토를 끊임없이 확장하여 지금의 콜롬비아에서 칠레, 아마존 강 열대우림에 이르는 넓은 지역을 지배했다.

| 잉카인들이 남긴 마추픽추 유적

태양신을 숭배한 잉카 제국은 현대인도 놀랄 문화 수준을 자랑했다.

여기까지
오느라 수고했소.
내가 천문으로
당신의 미래를
예측하겠소.
생년월일이?
허걱~
대단한 놈들
이다!
두통이
심하지
않소?
두 개골을 갈라
수술을
합시다.
잉
카
나는 용감한
아스텍 전사!
여기는
무슨일로?
~Help me

잉카인은 특히 의학 분야에서 뛰어났는데, 해부와 마취에 통달한 의사들이 많았으며 심지어는 두개골 수술을 행했다는 기록도 남아 있다. 또한 경작지 부족을 극복하기 위하여 안데스 산맥의 지형에 맞는 계단식 농법을 발전시켰다. 잉카인의 밭에서는 옥수수와 감자, 고구마, 토마토, 땅콩 등이 자라났는데, 이 작물들은 후일 유럽에 전파되어 세계인의 식탁을 혁신적으로 바꾸어 놓았다.

아스텍 문명

마지막으로 살펴볼 것은 아스텍 문명이다. 아스텍 문명은 현재 멕시코의 서부 혹은 미국 캘리포니아 지역에서 거주하던 부족들이 11세기 중엽 멕시코 분지로 이동하여 형성한 문명이다. 이들은 1325년 테노치티틀란이라는 거대한 호수도시를 세웠는데, 이곳은 현재의 멕시코시티와 동일한 곳에 있었다.

| 살아 있는 사람의 심장과 피를 바치는 의식

아스텍인은 용맹한 전사들이었다. 대담함과 용기를 최우선의 가치로 삼았던 이들은 전쟁 신을 숭배하고 전쟁에서 공을 세우는 것을 최고의 명예로 여기는 호전적인 부족이었다. 아스텍인은 15세기 즈음에 이르러 중남미 아메리카의 대부분의 부족들을 누르고 광대한 영토를 지배하는 대제국을 세웠다. 이들은 많은 부족들을 힘으로 억압하며 공물과 부역을 착취했는데, 이 사실은 후일 스페인 정복자 코르테스가 아스텍 제국을 침공했을 때 제국에 불만을 품고 있던 다수의 부족들이 스페인 편을 들어 아스텍 황제에게 대항

한 이유가 되었다.

아스텍인은 살아 있는 사람을 제물로 바치는 의식으로 악명이 높다. 이들은 우주가 멸망하지 않고 유지되기 위해서는 살아 있는 사람의 심장과 피가 필요하다고 여겼기 때문에, 고도로 정교하게 꾸며진 제의를 통해 정기적으로 산 사람을 제물로 바쳤다. 더욱 놀라운 사실은 제물로 바쳐진 사람이 아무런 저항 없이 자신의 몸을 제사장에게 맡겼다는 것이다. 이러한 사실에 대해 어떤 연구자들은 몸을 가누지 못하게 하는 최면제를 먹였다는 설명을 곁들이기도 하지만, 아직 명확하게 밝혀진 바가 없다.

A 잉카인, 마야인, 아스텍인

Q 049

유럽인 중에서 아메리카 대륙을 맨 먼저 '발견'한 사람은 콜럼버스가 아니다?

★ 시대 : 15세기 ★ 주제어 : 콜럼버스, 바이킹, 정화

미국인이 꼽은 가장 위대한 인물

| 콜럼버스

미국인을 대상으로 역사상 가장 위대한 인물을 꼽는 설문조사에서 매년 1, 2위를 다투는 인물은 바로 크리스토퍼 콜럼버스(1451~1506)이다. 그가 1492년에 신대륙(아메리카)을 '발견'한 이후 스페인과 영국, 포르투갈 등 유럽의 여러 나라들이 아메리카 대륙과 소통하게 되며, 이에 따라 지중해 중심의 중세에서 대서양 중심의 근대로 나아갔다는 것이 콜럼버스의 '발견'을 칭송하는 사람들의 이야기이다.

역사상 최초를 의심하는 이유

신대륙을 발견했다는 말은 이제까지 사람들이 찾지 못했던 것이나 세상에 알려지지 않았던 새로운 대륙을 처음으로 찾아냈다는 것을 뜻한다. 그러나 콜럼버스가 닻을 내리고 아메리카 대륙에 발을 디뎠을 때 이미 그곳에는 원주민이 살고 있었다. 따라서 말 그대로의 발견은 아니고 '유럽인들 사이에

서만 발견'이었다.

그런데 사실을 좀 더 추적해 보면 유럽인에게도 신대륙은 신대륙이 아니었다. 유럽인의 일부인 바이킹들이 이미 고기를 잡으러 북해를 지나 아메리카 대륙에까지 도달한 사실이 있었다. 아메리카 대륙 북부에서 다량 발견된 바이킹의 유물이 이 사실을 증명한다. 이와는 다른 흥미로운 학설도 있는데, 중국 명나라의 환관이었던 정화(1371~1434)가 1421년경 아메리카 대륙에 도달했을지도 모른다는 내용이다. 아직 정확하게 밝혀진 것은 아니지만 인도양과 아라비아 해 곳곳의 항로를 개척하며 서아프리카까지 도달했던 정화의 원정대 중 일부가 아메리카 대륙에 도달했을 가능성도 배제할 수는 없다.

아무튼 콜럼버스가 아메리카 대륙을 발견했다는 것은 사실과는 다르다. 이는 유럽인들이 자신들의 세계만을 인간들이 사는 세계로 오해하고 만들어 낸 편견에 불과하다. 오히려 아메리카 대륙의 원주민 입장에서는 콜럼버스의 '발견'이 콜럼버스의 '침입'으로 이해되었을 것이라고 판단할 수 있다. 더 나아가 신대륙이라는 용어도 다시 한 번 생각해 보아야 한다. 왜냐하면 위에서 지적했듯이 아메리카 대륙은 사람이 살지 않는 완전히 새로운 곳이 아니었기 때문이다.

역사 용어 다시 쓰기

콜럼버스는 자신이 도달한 땅을 죽을 때까지 인도라고 믿었다. 이러한 이유로 그는 그곳에서 만난 사람들을 인도인을 일컫는 '인디언'과 '인디오'라고 칭했다. 우리가 아무렇지도 않게 아메리칸 인디언이라고 부르는 것은 사실 한국인들 보고 이집트인 혹은 프랑스인이라고 부르는 것과 마찬가지다.

대수롭지 않아 보일지라도 이런 말들에는 유럽인의 편견이 담겨 있고, 우리는 그들의 편견을 의심 없이 받아들이는 행동을 반복하고 있다. 적절한 역사 용어를 새로 만드는 일이 필요한 이유이다.

A 아메리카 원주민이 이미 있었고, 유럽인 중에도 바이킹이 있으며, 정화가 콜럼버스보다 앞섰다는 설도 있다.

정화(鄭和)

중국 명나라 시대의 장군이자 환관. 영락제(永樂帝)의 명령에 따라 일곱 차례의 대원정을 떠났다. 동남아시아와 인도를 거쳐 아라비아 반도, 아프리카까지 항해한 이 대원정은 유럽의 대항해시대보다 70년이나 앞선 것으로 평가받는다. 정화의 함대는 말라카 왕국을 인도양 항해의 거점으로 여겨 보호했는데, 이 시기에 말라카 왕국은 동서교역의 중계항으로 발전하는 기틀을 마련하여 이후 번영을 누릴 수 있었다.

Q 050

어떻게 유럽인들은 아메리카를 그렇게 쉽게 정복할 수 있었을까?

★시대 : 16세기 ★주제어 : 케찰코아틀, 홍역, 천연두

적은 군사로 제국을 무너뜨리다

아스텍 제국이 지금의 멕시코 지역을 비롯한 중앙아메리카에서 영향력을 미치고 있던 1529년, 스페인의 귀족 에르난 코르테스는 500명 정도의 부하만을 거느린 채 그곳에 발을 내디뎠다. 거대한 제국에 대항하기에 턱없이 부족한 인원임이 분명한 코르테스의 군대는 약 2년 만에 아스텍 제국을 무너뜨리고, 5~6년 만에 중앙아메리카 전역을 정복하게 된다. 또 다른 스페인 사람 프란시스코 피사로는 1533년 잉카 제국에 도착하여, 180여 명에 불과한 군인으로 대제국을 멸망시켰다. 이 놀라운 일들이 어떻게 이렇게 짧은 기간 안에 이루어질 수 있었을까?

신화를 조작한 정복자들

이 질문에 대해 어떤 학자는 말을 타고 침략해 들어온 스페인 정복자들의 모습을 보고 아스텍과 잉카의 사람들은 마치 신이 온 것과 같이 놀라 두려움에 떨었을 것이라고 답한다. 당시 아메리카에는 말이 없었기 때문이다. 다른 학자는 청동기 수준의 무기 제작 기술을 갖고 있던 아메리카 원주민이 총소

리만 들어도 천둥이 친 것 같이 놀라 옴짝달싹하지 못했을 것이라 말하기도 한다.

아스텍의 고대 신화를 바탕으로 한 매우 설득력 있는 가설도 있다. 신화에 따르면 새의 깃털을 가진 뱀의 형상을 한 케찰코아틀이라는 신이 있었다. 이 신은 다른 신들의 모략에 빠져서 자신의 여동생을 범하는 실수를 저질렀는데, 이에 충격 받은 케찰코아틀은 다시 돌아오겠다는 말을 남긴 채 신비한 동쪽 나라로 떠났다. 신화를 믿고 있던 아스텍인들은 하얀 피부에 수염을 기른 코르테스를 다시 돌아온다는 약속을 지킨 케찰코아틀로 받아들였다. 아스텍의 왕 몬테수마 2세는 코르테스를 기쁘게 영접하고 방심하다가 결국 코르테스의 손에 죽고 말았다고 한다.

| 케찰코아틀의 형상

그러나 이 가설에 반론을 펴는 학자들도 있다. 그들은 이 신화는 코르테스가 아스텍 제국을 분열시키기 위해 조작한 것이며, 이를 통해 목테수마 왕의 입지를 흔들고자 했다는 주장을 한다. 책략이 뛰어난 스페인 정복자들이 조작된 신화를 통해 아스텍 제국과 잉카 제국 내의 여러 부족들을 분열시켜 자신들에게 유리한 상황을 유도했다는 것이다.

눈에 보이지 않는 적의 습격

당시 아메리카 대륙의 원주민 인구를 조사하던 학자들은 충격적인 사실

화학무기가 따로 필요 없어요.
정복
천연두만 아니었어도.
콜록 콜록
America는 정복됐다.

을 발견했다. 콜럼버스가 들어왔던 지금의 산토도밍고 섬의 원주민은 원래 20만~30만 명이었으나, 1508년에는 6만 명으로 줄었고, 1510년에는 4만 6천 명, 1512년에는 2만 명이었다가, 1548년에는 500명 정도만 남을 정도로 급격하게 줄었다는 것이다. 학자들은 이러한 인구 감소의 원인을 총과 칼이 아닌 병균에서 찾았다. 실제로 여러 문헌에서 스페인 사람과 눈을 마주치거나 옷깃만 스쳐도 원주민들이 죽어나갔다는 기록을 볼 수 있는데, 이는 유럽 대륙에서 건너온 병균들이 인구 감소라는 결과를 낳았다는 주장을 설득력 있게 뒷받침한다. 홍역이나 천연두가 유럽인에게는 흔한 질병이었지만, 이를 처음 접하는 아메리카 원주민은 아직 면역이 생겨나지 않아 십중팔구 생명을 잃었던 것이다.

아프리카의 예를 들며 이 가설에 반론을 펴는 학자도 있다. 아프리카 역시 유럽에 정복되었지만 급격한 인구 감소 현상이 나타나지 않았다는 것이다. 이에 대해 병균설을 주장하는 학자들은 지리적으로 가까운 유럽과 아프리카는 오랜 기간에 걸쳐 교류를 해왔고, 이 과정에서 질병의 교류도 이뤄져 사람들에게 이미 면역이 생겨났을 것이라며 방어한다. 가끔은 눈에 보이지 않는 것이 눈에 보이는 것보다도 더 큰 영향을 줄 수도 있는 것 같다.

A 전염병으로 인한 인구 급감 때문이다.

Q 051

초콜릿이 환각제로도 쓰였다는 게 사실일까?

★시대 : 16~19세기 ★주제어 : 카카오, 초콜릿, 카페인

구슬도 꿰어야 보배

초콜릿의 원료인 카카오를 처음 발견한 유럽인은 콜럼버스이다. 1509년 아메리카 대륙을 탐사 중이던 콜럼버스는 마야인들이 교역을 하는 장면을 목격한다. 마야의 교역상들은 물자를 가득 실은 카누에서 어떤 열매를 조심스럽게 운반하고 있었는데, 그것이 바로 카카오 열매였다. 콜럼버스는 무언지는 모르지만 매우 귀해 보였던 이 열매를 스페인 왕에게 바쳤지만, 스페인 왕은 별 관심을 기울이지 않았던 것 같다. 쓴 맛만 나는 카카오를 도대체 어떻게 먹어야 할지 몰랐기 때문이다.

밥 없이는 살아도 카카오 없이는 못 산다

아메리카 대륙에서는 올메크 시대에 이미 카카오를 먹었다는 기록이 있다. 이 문화를 물려받은 마야인에게 카카오는 무척 귀한 열매이자 비싼 가격으로 팔 수 있는 상품이기도 했는데, 그 이유는 카카오가 지니고 있는 독특한 특성 때문이었다.

카카오는 카페인을 다량 함유하고 있는 열매이기 때문에 흥분제, 마취제,

귀한
음식이니
한개씩 먹어요!
엄마~ 나
저것 먹고
싶어.
안된다.
우린 먹을 수
없어.
우아아
힘이
넘친다!

최음제 등으로 사용될 수 있었다. 마야인은 종교행사가 있을 때 제사장이나 제물들에게 카카오를 섭취하게 하여 환각을 경험하도록 했으며, 왕과 귀족은 여성과 잠자리를 같이 하기 전에 카카오를 섭취함으로써 일종의 최음제 효과를 얻으려 했다. 특히 카카오는 전쟁에 나가는 전사들에게 용기를 불어넣는 음료의 재료이기도 했다. 따라서 카카오는 라틴아메리카의 각종 부족들에게 없어서는 안 되는 열매였으며, 카카오가 직접 생산되지 않는 아스텍 제국은 원거리 무역을 통해 마야 제국에서 수입하기도 했다. 아스텍 제국에서는 카카오를 화폐로도 사용했다는 기록이 있다.

유럽의 입맛을 사로잡은 카카오

아스텍 제국을 침략한 스페인의 에르난 코르테스는 아스텍인이 전쟁을 위해 먹는 각성열매에 관심을 갖게 되었고, 1540년 본토로 다량의 열매를 운반해 갔다. 이때 스페인 사람들은 물과 설탕, 계피, 바닐라 등을 섞어서 카카오의 쓴 맛을 줄여 마셨다. '신대륙'에서 들어온 이국적인 카카오 음료는 삽시간에 유럽 귀족들의 입맛을 사로잡았고, 17세기가 되면 귀족들의 여흥을 위해 빠질 수 없는 인기 음료로 자리 잡는다.

이윽고 1828년에는 한 네덜란드인이 카카오 열매즙의 고형화에 성공하여 지금의 초콜릿과 비슷한 형태로 만드는 데 성공했으며, 1876년에는 스위스에서 밀크초콜릿을 만듦으로써 초콜릿 산업의 근간을 마련했다. 이때부터 초콜릿에는 카카오 열매보다는 달콤한 우유와 설탕의 비율이 상대적으로 높아졌고, 초콜릿은 단맛의 대명사로 불리게 되었다. 이런 역사를 거쳐 카카오는 전사의 음료였다가 어린이와 여성의 기호식품으로 탈바꿈했다.

A 사실이다.

Q 052

16~18세기 동안 세계에서 가장 번성했던 무역항은 어디였을까?

★ **시대** : 16~18세기 ★ **주제어** : 중계무역, 후추, 동남아시아, 제국주의

지중해가 해상무역의 중심이라는 착각

해상무역 하면 우리는 베네치아나 제노바 등의 지중해 항구를 떠올리곤 한다. 그렇지만 최근 연구에 따르면 18세기까지 세계에서 가장 부강하고 상업적으로 중요했던 곳은 바로 동남아시아였다고 한다. 말레이 반도와 인도네시아 군도는 단거리 무역뿐 아니라 인도, 중국, 일본의 무역이 중계되던 장소였다. 16세기 무렵부터 중국과 인도, 인도네시아의 특산품을 사기 위해 아메리카 대륙의 은과 금이 유럽을 통해 들어오면서 동남아시아의 지리적 가치는 더욱 중요해졌다.

그중에서도 말라카가 단연 으뜸이었다. 1403년에 건설된 말라카는 동남아시아의 해상수송 요충지로서 태평양과 인도양을 잇는 중간지점이었다. 이곳을 중심으로 유럽과 아프리카와 아시아가 하나의 세계시장으로 연결되었다. 특히 말라카는 세계 최대의 후추시장이었다. 중국으로 들어가는 후추의 대부분은 이곳을 거쳐야 했고, 인도산 섬유 제품은 말라카로 모여 마닐라를 통해 아메리카 대륙으로 건너갔다. 말 그대로 전 세계 무역의 허브 역할을 톡톡히 했던 말라카의 운명은 1511년 큰 전환점을 맞이한다.

군침을 흘리는 유럽의 늑대들

스페인이 동방 무역로를 개척하기 위해 서쪽 항로를 택한 반면, 경쟁 상대였던 포르투갈은 아프리카를 돌아 인도양을 통해 동방 무역로를 개척하고자 했다. 아퐁수 알부케르크(1453~1515)는 동방 무역로 개척을 위해 파견된 포르투갈의 유능한 군 지휘관이었다. 포르투갈의 왕 주앙 2세의 밑에서 복무하면서 아프리카 지역에서 경력을 쌓던 그는 동양의 모든 주요 해상교역로를 장악하라는 명을 받고 뱃머리를 동쪽으로 돌렸다. 그는 우선 인도 남서부의 코친 지역의 힌두교도들과 손을 잡고 그 지역의 무역을 독점하다시피 했던 무슬림들을 몰아내고 요새를 건설했다. 포르투갈령 인도 총독이 된 알부케르크의 다음 목표는 후추의 집산지인 말라카였다. 당시 세계 최대의 무역 상품이었던 후추를 독점할 수만 있다면 포르투갈이 서유럽 세계의 최강자로 군림하는 것은 시간문제라고 여겼던 것이다.

| 아퐁수 알부케르크

1511년 알부케르크는 대규모 군대를 상륙시켜 말라카 왕궁을 공격했다. 말라카의 국왕은 도피를 선택했고 결국 주인을 잃은 말라카는 포르투갈의 손에 넘어가고 말았다. 이후 말라카는 서유럽 강국들이 서로 군침을 흘리는 분쟁지역이 되었다. 1641년에는 포르투갈보다 더 강력한 힘을 갖고 있던 네덜란드가 말라카의 새로운 주인이 되었다. 네덜란드는 곧 자바와 몰루카 등에도 요새를 건설하고 군대를 파견하여 동남아시아의 향신료 생산과 무역을 독점하려고 애썼다. 1795년에는 영국이 네덜란

드를 물리치고 말라카를 빼앗았다.

이렇게 동남아시아는 전 세계의 생산물들이 자유롭게 거래되며 번성했던 화려한 역사의 문을 닫고 유럽 열강들의 입김에 좌우되는 불행한 역사를 맞게 되었다.

A 말라카

후추 무역

유럽에서 후추는 각광받는 향신료로서 오랫동안 귀중한 무역품이었다. 값도 상당해서 13세기에는 후추 1파운드(450그램)에 10페니였다고 한다. 당시 남성 성인 노동자의 일당이 0.6페니 정도였음을 감안하면 후추의 가치가 어느 정도였는지 짐작할 수 있을 것이다. 그러나 육상 무역로의 개발과 후추를 대신할 향신료의 유입, 육류 보관법의 발달 등으로 후추는 주요 무역품으로서의 자리를 점점 잃게 되었다.

Q 053

'필리핀'이라는 나라 이름의 유래는?

★ **시대** : 16세기 ★ **주제어** : 스페인 침공, 펠리페 2세

필리핀 or 펠리페

필리핀은 언제부터 '필리핀'으로 불렸을까? 세계일주로 유명한 마젤란이 '필리핀'이라는 이름을 붙였다는 설이 있는데, 이는 사실과 다르다. '필리핀'은 스페인 군대가 16세기에 이들 섬에 침입하면서 붙여진 이름으로, 이때 동행했던 스페인 탐험가 비야로보스(1500~1544)가 나중에 펠리페 2세가 될 스페인 황태자의 이름을 따서 '펠리페의 섬들'이라고 한 데서 유래했다고 한다.

사실 우리가 '필리핀'이라고 부르는 나라는 스페인이 침입하기 전까지는 존재하지 않았다. 필리핀은 7,000개가 넘는 섬들로 되어 있는데, 애초에 이 섬들은 하나로 통일되지 않고 몇 개의 왕국과 소규모의 촌락들로 나뉘어 있었다. 필리핀을 구성하는 섬들 중 중부의 비사얀 제도와 북부의 루손 섬에는 왕국도 존재하지 않았고, 기껏해야 인구가 수백 명 정도에 불과한 '바랑가이'라는 이름의 촌락밖에 없었다.

| 펠리페 2세

스페인의 상대가 될 수 있었던 것은 남부의 술루 제도와 민다나오 섬에 건설되었던 소규모 이슬람 왕국이었다. 무슬림들이 스페인의 침입에 대항해 용맹하게 저항했기 때문에, 스페인이 필리핀 전체를 지배할 수 있게 된 것은 술루의 술탄이 항복한 1878년경이 되어서였다.

필리핀의 탄생

그렇지만 스페인은 이슬람 세력권이었던 남부를 제외한 나머지 지역들은 수월하게 정복했다. 정복과 함께 스페인의 가톨릭교가 빠르게 전파되었는데, 지금도 필리핀이 동남아시아 지역의 유일한 기독교 국가인 것은 이 때문이다. 또 한 가지 언급해야 할 것은 스페인이 수 천 개의 섬을 필리핀이라는 이름으로 묶으면서 이전에는 없었던 필리핀의 문화와 국민 정체성이 생겨났다는 점이다.

필리핀에서는 토착 언어인 타갈로그어와 영어를 공용으로 사용하고 있다. 스페인어가 아니라 영어가 공용어로 사용되는 이유는 스페인과의 전쟁에서 이긴 미국이 1898년부터 필리핀을 점령했기 때문이다. 1946년 실질적인 독립국가가 될 때까지 필리핀은 스페인과 미국의 식민 지배를 받았고, 독립한 이후에도 장기 독재정권이 등장하여 성장과 발전이 늦어졌다.

그러나 자신의 목숨도 아까워하지 않았던 수없이 많은 독립운동가와 민주투사들의 의지와 열정으로 필리핀은 독립과 민주화를 이루어냈다.

A 스페인이 침략하여 펠리페 2세의 왕자 시절 이름을 따 지었다.

Q 054

엘리자베스 여왕이 해적에게 기사 작위를 내린 이유는?

★ **시대 :** 16세기 ★ **주제어 :** 대항해시대, 무적함대, 엘리자베스

스페인 천적 탄생

'대항해시대'로 불리는 16세기에는 유럽 각국이 해상권을 놓고 각축을 벌였다. 최강국은 '무적함대'로 빛나던 스페인이었다. 일찍이 라틴아메리카를 손에 넣은 스페인은 그곳에서 나는 금과 은을 비롯한 다양한 상품을 유럽에 팔아 막대한 부를 획득했다. 유럽의 여러 나라들도 라틴아메리카를 보고 군침을 삼켰지만 스페인은 결코 빈틈을 보이지 않았다. 훗날 '태양이 지지 않는 나라'로 등극한 영국도 당시에는 후발주자에 지나지 않았다.

| 프랜시스 드레이크 경

영국의 프랜시스 드레이크(1545?~1596)는 바로 이 시기에 태어났다. 그는 우연한 기회에 아메리카 대륙과 무역을 하던 유력 가문 호킨스가(家)와 관계를 맺어 아메리카 대륙과 영국, 아프리카를 잇는 삼각무역에 종사하게 된다.

1566년 드레이크는 아메리카 대륙으로 향하는 노예무역에 부선장으로 참가한다. 2년 뒤 노예무역을 성공적으로 마치고 영국으로 귀환

드레이크경
빨리 와요.
당신을 위한
상이 준비
되어
있어요!
난, 스페인
놈들이 제일
싫어!!

하던 드레이크는 스페인 선단의 갑작스런 공격을 받아 선원과 돈뿐 아니라 엘리자베스 여왕에게 빌린 배까지 빼앗기고 만다. 구사일생으로 영국으로 귀환한 드레이크의 머릿속에는 스페인에 복수하겠다는 일념으로 가득했다.

몇 년 뒤 드레이크는 소형 선박을 이용하여 여러 차례 아메리카 원정을 다녀왔는데, 이는 스페인 선박을 공격하여 복수를 하려는 목적 때문이었다. 수많은 정보를 습득한 드레이크는 본격적인 해적질에 들어가기 시작했다. 스페인 상선이 나타났다는 소문만 들려오면 쫓아가 배를 공격하여 금은보화를 탈취했으며, 스페인 무역로에 위치한 아메리카 식민지의 요충지들을 공략함으로써 스페인 무역에 막대한 타격을 입혔다. 1572년에는 스페인의 금과 은이 집결되는 항구였던 파나마의 포르토벨로를 공격하여 평생 먹고살고도 남을 만한 금은보화를 손에 넣기도 했다. 이로 인해 스페인의 무역항로는 완전히 막혀버렸다.

해적, 기사가 되다

드레이크는 여기서 멈추지 않았다. 선단을 이끌고 아메리카 대륙 서부로 건너가 캐나다, 샌프란시스코 등지에 도달했으며, 태평양을 건너 필리핀, 몰루카를 통해 인도양을 지나 아프리카 희망봉을 돈 후 다시 남대서양을 통해 세계일주를 완성했다. 이 여정에서 길목마다 만나는 스페인 배들을 공략하여 평생 쓰고도 남을 막대한 양의 재물을 손에 넣었다. 엄청난 부자가 되어 플리머스 항으로 돌아온 드레이크에게, 엘리자베스 여왕은 손수 배에 올라 기사 작위를 내려주었다.

그렇다면 왜 엘리자베스 여왕은 해적에 불과한 드레이크에게 기사 작위를 내렸던 것일까? 이유는 다음 세 가지다. 첫째, 그가 강탈해온 재물이 영국의 국부에 큰 도움이 되었다. 둘째, 바다 위에서 경쟁을 벌이던 스페인을 공격하여 막대한 타격을 입혔다는 것은 한마디로 애국 행위였다. 셋째, 프로테스탄트 국가 영국에 계속 간섭하던 가톨릭 국가 스페인의 코를 납작하게 만들었다. 상황이 이렇다 보니, 엘리자베스 여왕이 해적 드레이크에게 기사 작위를 내리지 않을 수 없었던 것이다.

A 경쟁국 스페인의 코를 납작하게 하고 재물을 강탈해 와 영국을 부유하게 했기 때문에

Q 055

추수감사절은 언제 시작되었는가?

★ **시대** : 17세기 초 ★ **주제어** : 메이플라워호, 인디언, 마사소이트 추장

메이플라워호 사람들에게 구세주가 나타나다

미국에서 부활절, 크리스마스와 함께 가장 중요한 휴일인 추수감사절의 유래는 무엇일까? 일반적으로는 17세기 초 아메리카 대륙에 도착한 메이플라워호의 선객들이 정착하여 첫 수확물을 거둔 후 하느님께 감사하는 예배를 드린 것에서 추수감사절이 유래했다고 알려져 있다. 대부분이 청교도였던 정착자들은 매우 관대했던 까닭에 인근의 원주민, 즉 인디언들을 손님으로 초대하여 성대한 잔치를 베풀었다고 한다. 제니 브라운스컴(1850~1936)의 그림은 바로 이러한 첫 번째 추수감사절의 모습을 낭만적인 분위기로 그려내고 있는 유명한 작품이다. 그렇지만 이러한 이야기는 반쯤은 맞고 반쯤은 틀리다.

메이플라워호를 타고 대서양을 건너온 102명의 이주민은 1620년 10월 16일 지금의 플리머스 항구 지역에 도착했다. 이들이 도착한 시기는 어떠한 경작물도 잘 자라기 힘든 때였다. 물론 이들이 갖고 있던 씨앗들도 아메리카 대륙의 토양과 기후에 적합하지 않았다. 그해 겨울이 지나고 살아남은 이주민은 처음의 반도 안 되는 50명에 불과했다.

이때 등장한 구세주가 있었으니, 바로 인디언이었다. 인디언 중에는 영어를

| 첫 번째 추수감사절을 그린 브라운스컴의 그림

할 줄 아는 사람도 있었는데, 이들은 불쌍한 정착자들에게 옷가지와 식량을 공급해 주었고 환경에 알맞은 곡물의 씨앗과 재배 방법도 가르쳐 주었다. 이들은 메이플라워호가 도착하기 전에 버지니아 지역에 정착했던 영국인들과 교류했던 것으로 여겨지는데, 영어도 이때 배운 것으로 추정된다. 이들이 돕지 않았다면 버지니아의 초기 정착민들은 더욱 참혹한 운명을 맞았을지도 모른다.

브라운스컴의 그림 속 왜곡

플리머스에 자리를 잡은 이주민들은 '마사소이트'라는 그 지역 인디언 추장의 보호 아래 정착에 성공할 수 있었다. 이주민들은 첫 수확에 성공한 것을 기념하기 위해, 또 인디언에게 감사하는 의미로 10월의 잔치를 벌였다. 1621년 10월에 열린 바로 이 잔치가 훗날 링컨 대통령에 의해 공식 기념일이 되었고, 프랭클린 D. 루즈벨트 대통령 시절에 11월로 날짜를 옮겨 지금의 추수감사절이 된 것이다.

브라운스컴의 그림에도 인디언들의 모습은 눈에 띄지만, 중앙에 보이는 잔

칫상 구석에 몇몇이 있고 대부분 저 멀리 바닥에 앉아서 이주민들이 음식을 나눠주기만을 기다리고 있는 것처럼 보인다. 그러나 추수감사절의 의미가 본래의 사실과 더욱 가까운 것이 되려면, 인디언들이 좀 더 그림의 중앙에 있거나 인디언들이 이주민들을 손님으로 맞이하는 분위기로 묘사해야 하지 않을까?

A 1621년 10월

메이플라워호

1620년 뉴잉글랜드 최초의 이민자인 청교도 102명을 수송한 배로, 미국인들은 이때 아메리카 대륙에 도착한 청교도들을 '필그림 파더스'라고 부르며 기린다. '필그림 파더스'는 한국어로 '순례를 떠난 선구자들' 정도로 번역할 수 있는데, 미국인들은 이들이 영국에서의 박해를 피해 종교의 자유를 찾아 대서양을 건넜다고 믿는다. 미국인들에게 이들은 미국의 정신적 가치인 자유의 상징으로 여겨진다.

Q 056

19세기 유럽에서 악마의 음식으로 불렸으나 점차 유럽인의 입맛을 사로잡은 작물은?

★ **시대** : 19세기 ★ **주제어** : 아일랜드 대기근, 악마의 음식, 프로이센 '철의 군대'

신이 내린 먹을거리

먹을거리 하나가 역사를 송두리 채 바꿀 수 있을까? 감자가 그랬다. 옥수수와 함께 18세기경 아메리카 대륙에서 대서양을 건너 유럽에 전래된 감자는, 다소 건조한 기후에서 잘 자라 유럽의 일부에서만 재배된 옥수수와 달리 유럽 기후에 빠르게 적응하여 유럽 전역에서 재배되었다.

감자는 모래땅이나 습지 같은 척박한 땅에서도 잘 자라, 밀이나 보리가 잘 자라지 않는 북유럽에서는 신이 내린 먹을거리로 환영받았다. 또 같은 면적에서 경작할 경우 밀이나 보리보다 몇 십 배에 달하는 소출량을 낼 수 있었다. 여기에 칼로리도 높고 다양한 비타민과 미네랄을 함유하고 있을 뿐 아니라 조리하기도 간편했다. 탈곡을 하고 깨끗이 씻은 뒤 빻아서 반죽하고 빵으로 구워야 하는 다른 곡식들과는 달리, 감자는 뽑아서 물로 씻은 뒤 찌거나 굽기만 하면 되기 때문이다.

이러한 감자의 이점에도 불구하고 유럽인의 식습관은 쉽게 바뀌지 않았다. 사람들은 생전 처음 보는 이 식물을 두려워했다. 흙 밑에서 뿌리로 자라는 감자는 자신들이 즐겨먹던 곡식과는 전혀 다른 형태의 것이었다. 혹자는 감자를 통해 나병이 전염된다는 소문을 내기도 했고, 『성경』에 나오지 않는다는 이유로 악마의 음식이라는 근거 없는 비난을 퍼붓기도 했다.

그렇지만 점차 사람들은 이 편리하고 영양가 높은 먹을거리에 익숙해지기 시작했다. 19세기 초에 감자는 유럽인의 밥상에 하루에 한 끼 이상은 오르는 음식이 될 정도였다. 감자의 놀라운 힘을 깨달은 유럽의 국가들은 여전히 굶주림에 허덕이고 있는 국민들을 먹여 살리기 위해 앞다퉈 감자를 심었다. 프로이센과 아일랜드는 감자를 주식으로 삼은 대표적인 나라이다. 심지어 어떤 학자는 프로이센이 강력한 '철의 군대'를 양성할 수 있었던 건 바로 감자를 통해 식량을 확보할 수 있었기 때문이라고 주장하기도 한다.

아일랜드 감자 대기근

반면 아일랜드는 감자 때문에 비극을 겪은 나라이다. 아일랜드는 오랜 세월 잉글랜드의 간섭과 침략으로 몸서리를 치고 있었다. 잉글랜드는 1652년부터는 아예 아일랜드 식민법을 만들어 아일랜드를 식민지로 삼으려 했다. 아일랜드인들은 강력하게 저항했지만 거대한 잉글랜드의 힘을 물리치기엔 역부족이었다. 아일랜드의 알짜배기 토지는 잉글랜드 지주들의 손에 넘어갔고, 아일랜드인에게는 척박한 토지밖에 남지 않았다.

하지만 감자가 있었다. 아일랜드인들은 남은 토지에 감자를 심었고, 이를 통해 굶주린 배를 채울 수 있었다. 점차 아일랜드 전역은 감자로 뒤덮였고, 곧 감자가 아일랜드의 주식이 되었다.

그러나 감자에 너무 기댄 아일랜드인에게 지옥 같은 일이 벌어지고 말았다. 1846년경 감자역병이 불어닥친 것이다. 아일랜드의 감자는 모두 까맣게 타버렸고, 하루아침에 먹을 것을 잃은 아일랜드인들은 망연자실했다. 이 시기 배고픔을 견디지 못하고 죽은 인구가 150~200만 명인데, 이는 당시 아일랜드 인구의 절반에 해당했다(아일랜드 대기근).

이렇게 작은 감자 하나가 한 나라의 운명과도 직결될 수 있다니 놀라울 따름이다.

A 감자

Q 057

오스트레일리아는 영국 범죄자들이 만든 나라인가?

★ **시대 :** 18~19세기 ★ **주제어 :** 미국 독립, 정치 혁명, 이민

미국 대신 오스트레일리아

광활한 대지와 무한한 천연자원, 그리고 아름다운 자연으로 유명한 오스트레일리아. 그런데 세계 최고의 관광지로 유명한 이 나라가 끔찍한 범죄자들의 손으로 세워졌다는 말이 있는데, 과연 사실일까?

1770년 4월 잉글랜드의 탐험가 제임스 쿡은 지금의 오스트레일리아에 도착했다. 이후 오랜 기간 동안 잉글랜드는 이 땅에 관심이 없었지만, 프랑스가 눈독을 들이자 경쟁심에 자극되어 1787년 쿡이 도달한 지역을 뉴사우스웨일스라 이름 붙이고 영국의 영토임을 공표했다.

1776년에 미국이 독립을 선언하고, 1783년 파리조약으로 영국이 미국의 독립을 인정한 이후 영국에서는 국내의 반역자나 범법자를 쫓아낼 다른 식민지를 필요로 했다. 오스트레일리아는 미국을 대신할 땅으로 떠올랐다.

희망의 땅 오스트레일리아로

오스트레일리아로 추방된 범법자 중에는 살인이나 강도 등 흉악한 범죄를 저지른 자들도 없지 않았지만, 숫자가 미미했다. 추방된 사람들은 대부분

빈곤의 희생자였다. 19세기 영국에서는 실업이 만연했으며, 직업이 있는 노동자들도 생계유지에도 버거운 임금에 만족할 수밖에 없는 고질적인 노동 착취를 당하고 있었다. 배고픔을 이기지 못해 감자 몇 개, 빵 몇 개를 훔친 사람들이 오스트레일리아로 추방된 것이다. 그중에는 심지어 추위를 이기기 위해 땔감으로 쓸 나무를 조금 베어냈다고 체포된 사람들도 있었다.

정치적인 이유로 추방된 사람도 많았다. 영국은 스코틀랜드나 아일랜드를 자신의 영토로 편입하기 위해 애를 썼는데, 이때 영국에 대항한 독립운동가나 의회반대파 중 대부분이 오스트레일리아로의 추방형에 처해지곤 했던 것이다.

게다가 1820년대부터는 중죄인들이 영국 내에서 형벌을 받았기 때문에 오스트레일리아로 올 일이 없었다. 오히려 오스트레일리아로 오는 사람들 중에는 이민을 선택해서 온 이들이 많았다. 일자리도 없고 생활환경도 좋지 않은 영국을 떠나 '밑져야 본전'이라는 생각으로 오스트레일리아행 배에 올랐던 것이다.

오스트레일리아의 인구가 급격하게 증가한 것은 1851년 금광이 발견된 사건 덕택이었다. 금맥이 있다는 소문이 퍼지자 오스트레일리아로 유입되는 인구는 이전의 수백 배에 달하였으며, 영국의 백인들만이 아니라 중국을 비롯한 세계 각국의 사람들이 모여들었던 것이다.

A 사실이나 꼭 그렇다고만은 볼 수 없다.

▌연표로 보는 대항해시대 4대 사건 ▌

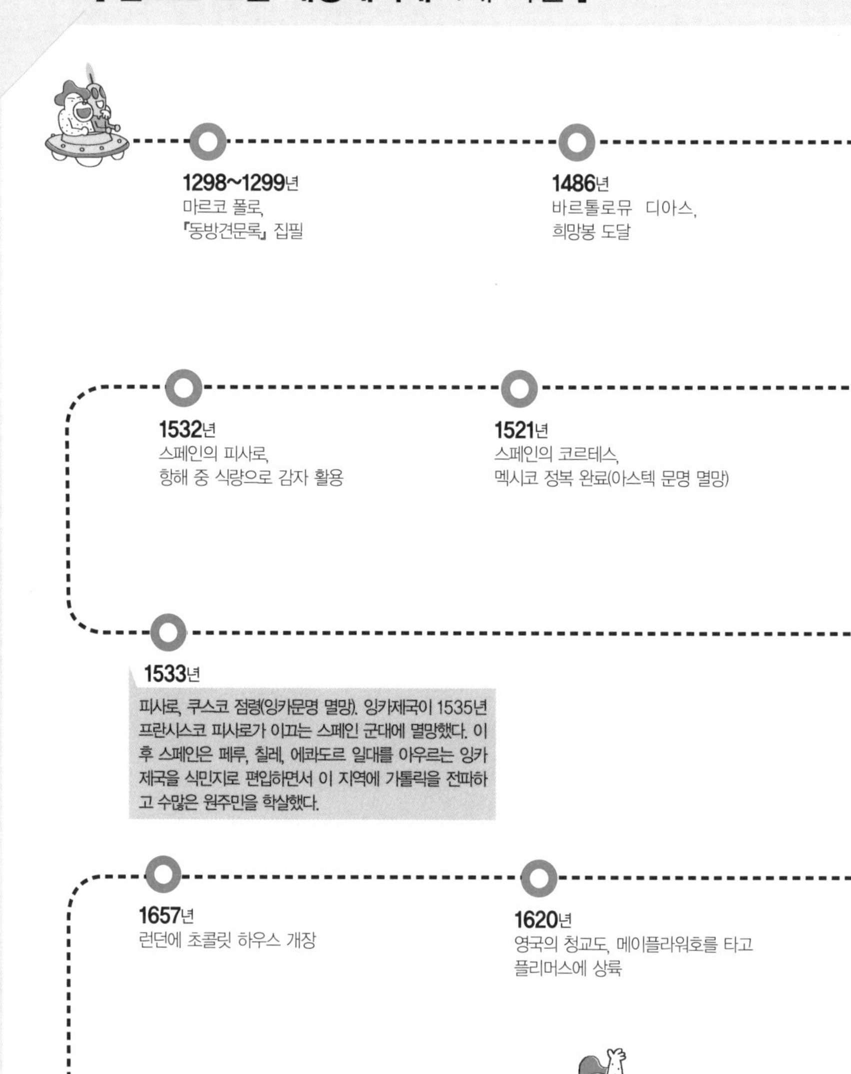

1777년
제임스 쿡, 뉴질랜드를 거쳐
오스트레일리아 남동해안에
도달한 후 대륙 동부의 영유권 선언

1492년

콜럼버스, 아메리카 대륙 도착. 1492년 스페인의 여왕 이사벨의 후원을 얻어 인도로 진출할 계획을 세웠다. 그는 수학자였던 토스카넬리의 지도를 구해 연구한 끝에 서쪽으로 항진하면 인도에 도달할 수 있을 것이라 확신했다. 1492년 8월 3일에 출항한 콜럼버스는 약 3개월 후인 10월 12일에 바하마 제도에 도달했다.

1498년

바스코 다 가마, 희망봉을 거쳐 인도의 캘리컷에 당도

1519~1522년

마젤란 세계일주 항해. 스페인의 국왕 카를로스 1세의 후원을 받고 1519년 세비야 항을 출발, 리우데자네이루와 라플라타 강, 마젤란 해협을 거쳐 태평양에 도달했다. 이후 그는 필리핀까지 진출했으나 막탄 섬을 토벌하다 부하 12명과 함께 전사하였다. 그러나 마젤란의 부하들은 항해를 계속하여 총 18명이 1522년 세비야로 귀환, 최초의 세계일주를 완수하였다.

1540년

코르테스, 다량의 카카오 열매를 스페인으로 운송

1545년

페루의 포토시 은광이 개발되어 유럽에 다량의 은이 유입됨

1571년

스페인이 마닐라 건설하고, 레가즈비가 초대 필리핀 총독에 취임

1588년

에스파냐 무적함대 무너지다. 영국의 프랜시스 드레이크가 스페인의 카리브 해 무역에 큰 타격을 입히자 스페인의 국왕 펠리페 2세는 함대를 결성하여 영국과 일전을 벌인다. 그러나 예상과 달리 스페인의 무적함대는 1588년에 대패하고 만다. 이로써 영국이 유럽의 새로운 강자로 부상했다.

AMERICA

7장

비 갠 후의 햇살

시민혁명과 근대국가의 탄생

058 청교도혁명은 왜 '청교도혁명'으로 불릴까?

059 명예혁명은 왜 영국 민주주의의 상징적인 사건인가?

060 산업혁명이 영국에서 가장 먼저 일어난 이유는?

061 영국에서 축구가 인기 스포츠로 정착될 수 있었던 이유는 무엇인가?

062 나폴레옹이 황제가 될 수 있었던 까닭은?

063 프랑스 혁명의 표제어는 처음부터 자유, 평등, 형제애였는가?

064 1830년의 프랑스 7월 혁명으로 '시민의 왕'이 된 인물은 누구인가?

065 1848년 프랑스 2월 혁명은 왜 일어났을까?

066 가리발디가 이탈리아의 통일을 위해 접은 꿈은?

067 독일은 언제 탄생했는가?

068 아담 스미스는 '보이지 않는 손'을 사회 문제의 만병통치약으로 보았는가?

069 아메리카 대륙에서 두 번째로 독립공화국을 선포한 나라는?

070 18세기 라틴아메리카 독립을 위해 백인들이 깃발을 든 이유는?

071 보스턴차사건에서 차를 바다에 버린 사람들이 입고 있던 옷은?

072 독립선언문의 기초를 마련한 미국의 제3대 대통령은 누구?

073 남북전쟁은 노예제 문제 때문에 일어났을까?

074 스필버그의 1997년 작품으로 아미스타드호의 반란을 소재로 한 영화는?

시대 설명

장원제와 봉건제, 가톨릭적 교의에 입각해 있던 중세적 사회질서가 르네상스와 종교개혁, 신항로의 개척, 절대왕정 체제의 성립으로 소멸하게 되자 서양사회는 근대사회로의 이행을 훨씬 더 가속화하였다.

정치적 측면에서 근대 시민사회의 형성을 촉진한 것은 절대왕정을 이끌던 독단적 군주권에 대한 전사회적 수준의 항쟁이었다. 기존 정치 체제에 대한 전면적인 도전이 최초로 일어난 곳은 영국이었다. 청교도혁명과 명예혁명을 통해 입헌군주정을 도입한 영국에서는 절대왕정이 사실상 무너지고 입헌군주정에 입각한 근대적 민족국가가 형성되어 갔다.

영국의 식민지로 출발한 미국은 독립전쟁을 성공적으로 이끌며 세계 최초로 민주 공화정에 입각한 정부 체제를 발족시켰다. 미국 사회는 민주 공화정의 대의에도 불구하고 악명 높은 인종차별 정책을 오랫동안 유지했지만 남북전쟁을 거치면서 국가의 결속을 다지고 사회 안정을 유지하며 대국으로 발전해 나갔다.

미국혁명의 영향으로 프랑스에서는 봉건적 구체제를 타파한 가장 전형적인 시민혁명이 발생했다. 자유, 평등, 형제애의 관념으로 표상되는 프랑스 혁명은 이후 나폴레옹의 제정과 왕정복고, 7월 혁명, 2월 혁명, 제2제정의 혼란을 거치면서 종국에는 공화정으로 귀결되었다. 프랑스 혁명의 여파로 유럽 사회에는 자유주의와 민족주의가 발흥하여 그리스, 벨기에, 독일, 이탈리아가 독립하고 사회주의와 공산주의 사상이 대두했다.

한편 영국에서 시작된 산업혁명으로 기술이 빠른 속도로 진보하고 상품 생산량이 비약적으로 증가함에 따라 경제 체제 전반에 걸쳐 거대한 변화가 일어났다. 공장이 있는 산업도시로 막대한 인구가 유입되었고 물자 수송을 위한 운송수단 역시 괄목할 만한 진보를 이룩했다. 공장제 기계공업을 중심으로 한 대량생산 체제가 새로운 생산양식으로 정착되자 계급분화가 가속화되어 본격적으로 자본가와 노동자가 대립하기 시작했다. 이로 인해 마르크스가 제기한 공산주의 이념이 노동자들을 중심으로 전 사회적인 주목을 받게 되었고, 축구와 같은 노동자 문화가 형성되었다.

이와 같은 유럽의 변화는 유럽과 교류하고 있던 비유럽 세계에도 큰 영향을 끼쳤다. 유럽의 식민지로 전락했던 아메리카 지역에서는 19세기 초엽부터 독립의 기운이 무르익기 시작했다. 프랑스 혁명의 영향으로 1804년 미주 대륙 최초의 흑인 공화국 아이티가 출범했으며, 스페인의 지배에서 벗어나고자 하는 독립운동이 라틴아메리카에서 전개되었다. 라틴아메리카 국가들은 스페인과 경쟁관계에 있던 유럽 열강의 도움을 받아 독립을 이루었지만, 종속상태에서 완전히 벗어나지는 못했다. 이러한 상황은 미국이 먼로선언으로 라틴아메리카에 대한 유럽의 영향력을 제거한 이후에도 마찬가지 방식으로 반복되었다. 유럽의 빈자리에 미국이 들어앉은 것이나 다름없었기 때문이다. 라틴아메리카는 아직도 근대 초의 뒤엉킨 역사적 실타래에서 헤어 나오지 못하고 있는 모습을 보이고 있다.

Q 058

청교도혁명은 왜 '청교도혁명'으로 불릴까?

★**시대** : 17세기 중반 ★**주제어** : 왕권신수설, 크롬웰, 호국경, 의회정치

왕은 영국의 걸림돌이다

아메리카 대륙의 발견과 함께 유럽의 주요 무역로와 상업 중심지는 지중해에서 대서양으로 옮겨갔다. 이러한 변화 속에서 대서양의 해상무역을 장악하다시피 한 영국의 신흥귀족과 시민계급들은 점차 부를 축적하며 자본주의적 발전을 이룩할 만반의 태세를 갖추고 있었다. 그러나 이들에게는 가장 큰 걸림돌이 있었으니, 바로 영국의 왕이었다.

당시 영국을 통치한 것은 스튜어트 왕조였다. 스튜어트 가문의 제임스 1세(1566~1625)와 찰스 1세(1600~1649)는 유럽의 다른 군주들과 마찬가지로 '왕권신수설'을 신봉하며, 신이 부여한 절대 왕권을 주장했다. 이들은 세금을 마구잡이로 걷어서 영국 경제를 황폐화시켰을 뿐만 아니라, 여러 정치적 사안을 두고 의회와 사사건건 대립했으며 결국에는 의회를 해산시키기까지 했다.

| 올리버 크롬웰

청교도혁명과 크롬웰의 독재

그러나 악화된 여론으로 궁지에 몰리고 스코틀랜드와의 전쟁을 수행하기 위해 전비 마련에 골몰하던 찰스 1세는 결국 1640년에 의회를 소집했다. 이때 구성된 의회 의원의 대다수는 새로운 사회를 꿈꾸던 신흥귀족과 시민계급이었다. 결국 이들은 잉글랜드 평민들과 함께 군대를 구성하여, 왕의 편을 지지하는 보수적인 귀족들과 평민들이 합세한 왕당파 군대에 대항했다.

1642년 찰스 1세가 불을 붙인 영국내전은 초기에 왕당파가 조금 우세했으나, 크롬웰의 등장으로 전세가 역전되었다. 1645년 의회가 '신형군(New Model Army)'의 설립을 인정함으로써 의회파의 주력군 지휘를 맡게 된 크롬웰은 결국 네이즈비 전투에서 왕당파를 크게 물리쳐 내전을 끝낸다. 이를 '영국 내란' 혹은 '청교도혁명'이라고도 부르는데, 후자의 경우는 의회파의 다수가 청교도였기 때문에 붙여진 이름이다.

1649년 찰스 1세가 단두대에서 사형에 처해지고 영국에는 공화국이 선포되었다. 그렇지만 사실 왕정이 폐지된 것은 아니었다. 모든 권력을 한 손에 쥐게 된 크롬웰이 스스로 '호국경'의 자리에 올라 의회와 행정을 모두 장악한 채 독재를 펼쳤기 때문이다. 호국경 체제에 불만을 품고 있던 시민계급과 신흥귀족들은 크롬웰이 병으로 숨을 거두고 나자 왕정으로 돌아가는 발걸음을 내딛게 된다.

A 혁명으로 의회를 장악한 사람들 다수가 청교도였기 때문

Q 059

명예혁명은 왜 영국 민주주의의 상징적인 사건인가?

★**시대** : 17세기 후반 ★**주제어** : 오렌지 공 윌리엄, 권리장전, 입헌군주제

꼭두각시 왕을 세워라

청교도혁명 이후 시민계급과 신흥귀족들은 부단히 지속되던 평민들의 봉기를 제압하기 위해서는 안정된 정부가 필요하다고 생각했고, 결국 1660년 5월 찰스 1세의 아들인 찰스 2세(1630~1685)를 왕에 앉힘으로써 스튜어트 왕조를 부활시켰다. 그러나 찰스 2세와 그 뒤를 이어 왕이 된 제임스 2세(1633~1701)는 찰스 1세 못지않은 전횡을 일삼았다. 그는 가톨릭을 부활시키려고 했으며, 독단적인 통치를 위해 의회를 소집하지도 않았다. 이에 의회의 주도세력이었던 시민계급과 신흥귀족들은 새로운 결단을 하기에 이른다.

이들은 이미 호국경 제도를 통해 공화국의 폐해를 경험했기 때문에 다시 평민들의 힘에 기대어 왕권을 물리칠 엄두가 나질 않았다. 그래서 자신들의 입맛에 맞는 통치를 펼 수 있는 왕을 내세우는 것이 최선이라고 생각했다. 이것이 바로 제임스 2세의 딸 메리와 결혼한 네덜란드 총독 오렌지 공 윌리엄이 선택된 이유였다.

양쪽 모두 이득을 본 기이한 혁명

1688년 11월 윌리엄과 메리는 의회의 청을 받아들여 1만 5천 명의 군대를 이끌고 영국 남서부에 상륙하여 런던으로 향했고, 제임스 2세는 프랑스로의 망명을 택할 수밖에 없었다. 이를 '명예혁명'이라고 하는데, 그 이유는 피를 하나도 흘리지 않은 채 혁명을 완수했기 때문이다. 의회는 1689년 권리장전을 통과시키고, 메리와 윌리엄 공동왕에게 승인을 요구함으로써 더 이상 전제정치로 빠져들지 않도록 방어막을 쳤다. 가만히 앉아서 영국을 얻게 된 공동왕은 군소리 없이 권리장전을 받아들였다.

권리장전에는 의회의 동의 없이는 왕이 법률을 만들거나 집행, 과세할 수 없고 평화 시에 상비군을 징집하고 유지할 수 없다는 등 의회의 권리를 강화하는 내용이 담겨 있었다. 왕이 의회가 정한 법에 따라 통치해야 한다는 점에서 이러한 통치형태를 '입헌군주제'라고 부른다. 이러한 체제의 탄생은 이후 영국의 민주주의 정치제도의 발전과 함께, 자본주의 발전에 유리한 경제제도가 수립될 수 있는 여건을 마련했다.

A 피를 흘리지 않고 혁명을 이뤄냈을 뿐 아니라 입헌군주제를 도입할 수 있었기 때문에

Q 060

산업혁명이 영국에서 가장 먼저 일어난 이유는?

★시대 : 18세기 ★주제어 : 인클로저, 섬나라, 식민지

부자가 대접받는 영국

영국은 유럽 대륙에 위치한 다른 나라들과는 사회적 상황이 조금 달랐다. 우선 영국은 다른 나라들보다 경제적으로 풍요로운 편에 속했다. 물론 영국에도 절대 빈곤층이 존재했지만 다른 나라들에 비해서는 그 수가 적었다. 또 인클로저가 합법화되어 소수의 지주가 경작지와 목초지, 황무지를 하나의 거대한 토지로 병합하여 운영할 수 있었다. 이는 자급자족이 아닌 시장에서 내다 팔고자 하는 농업을 가능하게 만듦으로써, 지주들의 이윤을 늘리는 결과를 가져왔다. 이윤이 쌓이면 다른 산업에 재투자할 수 있는 기반이 마련된다는 점에서 인클로저 합법화가 산업 발전에 기여했다는 분석이 가능하다.

다른 유럽 국가들에서는 부를 추구하는 것이 멸시를 받는 일이었지만, 영국에서는 일찌감치 경제적 성공을 중시하는 문화가 형성되어 있었다. 유럽 대륙보다 한정된 토지를 가지고 있는 작은 섬나라였기 때문인지는 몰라도, 영국인들은 누군가가 눈에 보이지 않는 경제적 부를 갖고 있다면 토지가 없더라도 존경의 시선을 보냈다. 이러한 문화적 배경이 있었기에 영국에서 신흥 상공업자들이 많이 성장할 수 있었던 것이다.

산업혁명

섬나라이기에 가능했다

섬나라의 이점은 또 다른 이유에서도 중요했는데, 영국은 영토가 일찌감치 한정되어 있었기 때문에 유럽의 다른 어떤 국가보다도 먼저 전국적으로 통합된 시장이 형성될 수 있었다. 유럽 대륙에서는 국경이나 지방을 넘나들 때마다 통행세나 관세 제도 때문에 시장 거래에 제약이 많았지만, 영국에서는 국가가 일찌감치 영국 전체의 통치권을 장악함으로써 자유로운 시장 거래가 활발하게 이뤄질 수 있었다. 영국인들은 국내의 통합된 시장으로도 모자라 적극적으로 식민지를 개척하여 시장을 확대했는데, 이러한 점도 영국에서 산업혁명이 먼저 일어난 중요한 이유이다.

마지막으로 영국은 유럽 대륙과 바다를 사이에 두고 있었기 때문에 유럽 전역에서 벌어진 일련의 전쟁들로부터 어느 정도 거리를 둘 수 있었다. 특히 18세기 말부터 19세기 초에 걸친 나폴레옹 전쟁은 유럽 대륙 전체를 전쟁터로 삼아 막대한 피해를 입혔지만, 영국은 그 피해로부터 벗어날 수 있었다.

이러한 이유들로 말미암아 조그마한 나라 영국은 유럽의 다른 나라들보다 한 발 앞서 산업 발전의 길로 뛰어들 수 있었던 것이다.

A 인클로저 합법화, 경제적 성공을 중시하는 문화, 섬나라의 이점

'산업혁명' 대신 '산업화'

어떤 학자들은 산업혁명이 단기간에 일어난 것이 아니라 수십 년에 걸쳐서 변화가 축적된 것이며, 이 기간 동안 특별한 과학기술의 발전이 없었다는 점을 들어 '산업혁명' 대신 '산업화'라는 표현을 쓰는 게 적절하다고 주장한다. 대체로 '혁명'은 급격한 변화를 낳은 사건을 일컫기 때문이다.

Q 061

영국에서 축구가 인기 스포츠로 정착될 수 있었던 이유는 무엇인가?

★ **시대 :** 19세기 중반 ★ **주제어 :** 노동자 문화, 지역 대항전, 국가 통합

축구를 빼앗긴 사람들

잉글랜드에서 축구는 로마군이 퇴각했던 역사적 사건을 상징하고 데인족의 침입을 격퇴한 것을 기념하여 행해졌다고 전해진다. 전근대 시기에 축구는 농민들이 한 해 동안의 수확을 기념하는 축제적 성격의 놀이문화로 자리 잡는다. 이 시기 민중들이 향유하던 놀이문화는 단순한 유희나 오락의 차원을 넘어서서 민중들의 일상과 가치관을 대변하는 핵심적인 문화양식이었다.

그러나 근대로 넘어오면서 중간계급 출신의 사회개혁가들이 생산성과 효율성을 강조하며 노동자들에게 여가를 합리적으로 활용할 것을 권했다. 또한 도시 확장과 인클로저로 공동지가 축소되어 민중들이 놀이문화를 즐길 공간마저 사라져버렸다. 그리고 강화된 노동규율과 살인적인 노동시간은 노동자들의 여가활동을 원천적으로 봉쇄했다.

이런 분위기 속에서 축구는 중간계급의 전유물로 변해 갔다. 18세기 후반부터 축구는 이튼이나 윈체스터, 채터하우스 등 기숙형 명문 사립학교 학생들이 즐기는 스포츠로 자리 잡았다. 그러나 축구 경기의 규칙은 각 학교별로 제각각이어서 축구 대항전은 몇몇 기숙형 사립학교 사이에서만 치러질 수

있었다. 대학에 입학한 학생들이 중등학교 동문들과만 축구를 할 수밖에 없을 정도로 경기 규칙이 달랐다.

1843년 캠브리지 대학을 중심으로 축구 경기 규칙을 명문화하려는 시도가 이루어지면서 1863년에는 축구협회가 발족되어 통일성과 보편성을 갖춘 경기 규칙이 제정되었다. 그러나 축구협회가 제정한 룰이 전국적으로 수용되기까지는 상당한 시일이 걸렸다. 각 지역에 산재한 클럽들 간에는 규칙의 적용과 프로선수의 기용을 두고 논란이 끊이지 않았다.

국민스포츠로 재탄생

근대적 스포츠로 변모한 축구는 이후 노동계급의 여가활동 수단으로 활용되면서 대표적 민중문화로 다시 태어난다. 1847년에는 하루 12시간 노동에서 10시간 노동으로 노동시간이 줄어들었고, 1850년대부터 진행된 노동조합운동은 노동자들의 권익과 생활 향상에 초점을 두었다. 숙련공을 중심으로 한 노조 운동가들은 자조와 체통의 정신에 입각하여 노동자들의 건전한 여가문화를 조성하는 데 관심을 기울였다. 축구는 이들에게 더할 나위 없는 여가활용 수단으로 인식되었다.

축구는 또한 지방 분권적 성향이 강했던 영국의 각 지역들의 사회 통합에도 활용되었다. 1872년부터 시행된 잉글랜드와 스코틀랜드 간의 대항전과 1879년부터 시작된 잉글랜드와 웨일스 간의 대항전은 각 지역의 내부 결속을 단단하게 했을 뿐 아니라, 영국 국기 아래 세 지역의 주민들이 단일한 영국 국민이라는 국민 정체성을 공유하는 데도 기여했다. 잉글랜드와 스코틀랜드, 웨일스의 주민들은 지역 대항전이 열릴 때마다 자기 지역 팀의 승리를 기원하며 열띤 응원전을 벌였지만, 모두 영국 국기를 들고 하나의 영국 국민으로서의 정체성을 확인하며 경기를 관람했던 것이다.

A 노동시간 단축에 따른 여가 확대로 노동자들이 축구를 즐기게 되었고, 영국 사회 통합의 매개로 축구가 활용되었기 때문

Q 062

나폴레옹이 황제가 될 수 있었던 까닭은?

★ **시대** : 18세기 말~19세기 초 ★ **주제어** : 삼부회, 바스티유 습격, 단두대, 나폴레옹

변화의 기운이 꿈틀대다

18세기 프랑스는 유럽의 전형적인 절대주의 국가였다. 왕은 자신의 사치스러운 생활을 위해 끊임없이 세금을 올렸으며, 오랜 기간 왕에게 빌붙어 살던 무능력한 관리들은 부정부패로 일관하고 있었다. 당시 유럽은 자본주의가 싹을 틔우던 시기였는데, 프랑스의 중산층이 보기에 프랑스의 왕과 귀족은 자본주의의 걸림돌에 불과했다.

프랑스는 3개의 신분으로 나뉘어 있었다. 1신분은 성직자였고, 2신분은 귀족이었으며, 3신분은 이들을 제외한 프랑스의 국민들, 즉 노동자와 농민, 도시빈민들로 이루어져 있었다. 특권층인 1신분과 2신분은 프랑스 토지의 대부분을 차지하고 있으면서도 세금은 한 푼도 내지 않았으며, 3신분을 착취하고 억압하여 부와 명예를 누리고 있었다. 3신분은 오랜 세월 동안 현실을 '운명'으로 여겨 참고 살아왔지만, 루소나 볼테르, 몽테스키외 등의 계몽사상가들이 외친 '자유'와 '평등'은 3신분에게 현실 개혁의 희망을 불어넣었다.

| 바스티유 감옥 습격

바스티유 감옥 습격 사건

당시 국왕이던 루이 16세(1754~1793)는 유럽 최강국으로서의 면모를 과시하기 위해 무모한 전쟁에 참여하고 사치스러운 궁정생활을 만끽했다. 이는 궁정의 재정 상황을 악화시켰고 루이 16세는 프랑스의 세 신분 대표들의 회의인 삼부회(전국신분회)를 소집해 세금을 더 거두어들여 재정을 보충하고자 했다.

그렇지만 삼부회에 모인 3신분의 대표들은 이미 개혁의 의지에 불타 있었다. 이들은 3신분이야말로 진정한 프랑스인의 대표라고 주장하며 국가의 개혁을 요구했으며, 삼부회가 제헌의회가 되어야 한다고 주장했다. 이에 놀란 루이 16세는 이들의 요구를 묵살하고 강제진압을 통해 삼부회를 탄압했다.

삼부회 탄압 소식을 들은 파리 시민들은 가만 있지 않았다. 이들은 무기를 탈취하여 반란을 일으켰고, 7월 14일에는 절대왕정의 상징인 바스티유 감옥을 함락하는 데 성공했다. 시민들의 성공적인 반란에 힘입어 제헌의회로 탈바꿈한 삼부회는 프랑스 전체를 개혁하고자 했으며, '인권선언'을 통해 인류의 보편적인 자유와 평등의 관념을 공표했다.

혁명의 상징, 단두대

어느 정도 진정 국면에 들어섰던 프랑스 대혁명은 루이 16세의 어리석은 판단 때문에 더욱 급진적으로 전개되었다. 1791년 루이 16세는 외국의 귀족 세력과 결탁하고, 프랑스 밖으로 파견되어 있는 군대를 소집하기 위한 목적으로 국외 탈출을 시도했는데 이것이 발각된 것이다(바렌 도주사건). 국왕 도주사건에 대한 소문을 들은 대중들은 분노에 휩싸였다. 한 나라의 국왕이 백성을 적으로 삼고 외국과 결탁하려 했기 때문이다. 외국 군대가 금세라도 몰려올 것이라는 공포는 전국을 휩쓸었고, '프랑스에 필요한 건 혁명'이라는 분위기가 가득 찼다. 프랑스인들은 혁명군을 조성하여 외국 군대의 침입을 막아냈으며, 결국 1793년 루이 16세를 단두대에서 처형하고 프랑스 공화국을 선포했다.

공화국이 된 프랑스는 여전히 보수적인 왕정국가를 유지했던 유럽 여러 나라들의 위협을 받았으며, 이들과 결탁한 왕당파의 반란 및 수많은 봉기로 인해 물가상승과 식량부족을 동반한 경제위기를 경험했다. 1793년, 통제력을 상실한 프랑스에 엄격한 도덕정신으로 무장한 로베스피에르의 자코뱅당이 등장한다. 자코뱅당은 강력한 중앙집권체제를 통해 프랑스를 통치했고, 혁명정신에 위배된다고 생각하는 이들은 과감하게 숙청하는 방식으로 프랑스의 안정을 꾀했다. 그러나 이러한 공포정치는 너무 많은 적을 만들어냈고, 결국 로베스피에르와 자코뱅당의 급진파 의원들은 정적에 의해 단두대로 보내졌다(테르미도르 반동).

나폴레옹의 등장

정국은 더욱 혼란스러워졌고, 프랑스 국민들은 하루 빨리 안정을 되찾기를 소망했다. 이때 나폴레옹이 등장했다. 그가 1799년 11월 브뤼메르 정변을 통해 일종의 군사독재 체제를 수립하고, 1804년 황제로 즉위함으로써 공화국 프랑스는 제정으로 변모하게 되었다. 그는 강력한 군대를 통해 외국의 반혁명 세력들을 하나하나 격파해 나가기 시작했으며, 국내의 정치와 행정에 있어서도 재빠른 대처를 통해 개혁을 실시했다. 프랑스는 급속도로 안정을 되찾기 시작했다. 급격한 혁명의 소용돌이에 너무나 지쳤던 탓일까? 프랑스 국민들은 왕정의 무능력함을 잘 알고 있었음에도 불구하고, 나폴레옹의 제정은 너그럽게 인정했다.

A **프랑스 혁명기의 사회혼란에 적절히 편승했기 때문에**

테르미도르 반동

1794년 7월 로베스피에르의 공포정치에 대항하여 일어난 쿠데타. 로베스피에르와 생쥐스트 등이 처형되었다. 혁명력 11월을 '테르미도르'라 불렀기 때문에 테르미도르 반동이라 한다.

Q 063

프랑스 혁명의 표제어는 처음부터 자유, 평등, 형제애였나?

★ **시대 :** 18세기 말~19세기 말 ★ **주제어 :** 프랑스 혁명, 로베스피에르의 공포정치, 제3공화국

자유와 평등 그리고 …

프랑스 혁명 초기 혁명을 상징하는 표어는 자유와 평등이었다. 특히 자유는 봉건적 구체제로부터의 해방을 염원하던 프랑스 인민들에게 가장 중요한 가치로 인식되었다. 자유와 평등은 서로 부딪히는 가치였기 때문에 양자를 어떻게 조율하느냐를 두고 혁명 기간 내내 논의가 끊이지 않았다. 반면 프랑스 혁명의 또 다른 표제어인 형제애는 1789년의 인권선언과 1793년의 권리선언에도 포함되지 않았을 정도로 별다른 주목을 받지 않던 가치였다.

형제애는 1791년 5월 코르들리에 클럽에서 행해진 연설에서 최초로 등장한다. 급진적 공화주의 성향의 코르들리에 클럽에서 지라르댕 후작은 "프랑스 인민들은 혁명 헌법의 기본 이념으로 정의와 보편적 형제애를 요구한다"는 내용의 연설을 했고, 이 자리에 참석했던 열정적인 청중들은 모든 프랑스 병사들이 저마다의 가슴 속에 자유, 평등, 형제애의 문구가 새겨진 배지를 품어야 한다고 주장하며 연설에 화답했다. 그러나 형제애 관념은 한동안 혁명 전면에 드러나지 않았다.

죽음의 형제애와 사랑의 형제애

루이 16세가 처형되고 공화정이 선포되었다. 실권을 장악한 로베스피에르의 자코뱅파는 민중의 지지를 기반으로 공포정치를 펼치며 혁명정신 수호에 미온적인 온건주의자들을 숙청했다. 민중의 성장은 혁명의 이념 중에서 평등과 형제애를 강화하는 결과로 이어졌다. 그런데 혁명정신의 수호를 명목으로 형제애를 강조했던 생쥐스트의 공포정치로 인해 '형제애'는 죽음을 떠올리는 단어가 되고 말았다.

테르미도르 반동 직후 들어선 총재정부와 나폴레옹의 제정은 평등과 형제애를 공포정치의 유산으로 평가하고 대신 자유와 사회질서를 강조했다. 그래도 평등은 자유의 관념과 짝을 이루어 혁명정신의 이념으로서 지위를 유지했지만 형제애의 관념은 사회주의자의 전유물이 되었다. 사회주의자들은 자유와 평등에 담겨 있는 배타성과 폭력성을 형제애로 치유할 수 있으리라 기대했다.

형제애는 1848년 2월 혁명을 앞두고 당대의 저명한 문필가들의 주목을 받게 된다. 라마르틴, 미슐레, 루이 블랑 등은 평화와 화합을 실현하는 가치로 형제애를 이해하며 혁명정신의 주요 이념으로 숭상했다. 2월 혁명을 거치면서 형제애는 자유, 평등과 함께 혁명의 표제어에 당당히 합류했다. 그러나 나폴레옹 3세가 주도하는 제정이 부활하자 자유, 평등, 형제애로 그려지던 혁명의 표어는 내전과 사회 불안을 대변하는 것이라 하여 각종 공공장소와 건물에서 철거되기에 이른다.

이후 형제애는 프랑스 제3공화정이 출범하면서 되살아난다. 공화국의 지도자들은 형제애에 드리운 공포정치 시대의 어두운 이미지를 걷어낸 후 자유와 평등에 묻어 있는 개인주의적 이미지를 덜어내는 역할을 사랑을 중심에 둔 형제애에 부여했다. 또한 형제애에서 기독교 성향의 이미지를 뽑아내고 그 자리에 연대의식의 의미를 새롭게 주입하여 공화국의 이상에 부응하는 형태로 조정했다. 1875년 공화국 헌법은 자유, 평등, 형제애를 프랑스의 정체성을 상징하는 표어로 공식 채택했다.

A 아니다. 프랑스 제3공화국이 출현한 이후에야 자유, 평등, 형제애가 혁명정신의 표제어로 공식 채택되었다.

Q 064

1830년의 프랑스 7월 혁명으로 '시민의 왕'이 된 인물은 누구인가?

★ **시대 :** 19세기 초 ★ **주제어 :** 빈체제, 7월 혁명, 네덜란드 독립

빈체제, 역사의 시간을 거꾸로 돌리다

프랑스 대혁명은 절대왕권도 무너질 수 있다는 사실을 보여주었다. 시민들이 모여 왕을 몰아내고 국가의 주인으로 나섰기 때문이다. 혁명의 주체인 자유주의자들은 이 힘을 잘 알고 있었다. 이들은 사회를 혁명 이전으로 돌리려는 보수 반동주의자들에게 저항하여 자유의 가치를 지키고자 했다. 나폴레옹 실각 후 빈체제가 출범하여 왕정이 되살아났지만 멈추지 않는 산업화와 경제력을 바탕으로 성장한 중간계급은 되살아난 구체제가 오래가지 않을 것임을 예견하고 있었다.

1830년 7월 혁명은 자유주의자들의 승리를 상징적으로 보여주는 사건이다. 나폴레옹 실각 이후 프랑스는 부르봉 왕정으로 복귀했다. 왕이 된 루이 18세(1755~1824)는 명민한 인물이었기 때문에 시민들에게 어느 정도의 자율성을 허용함으로써 혁명의 소요가 반복되는 것을 막을 수 있었지만, 뒤를 이어 왕이 된 샤를 10세(1757~1836)는 현명하지 못했다. 그는 프랑스 대혁명 시절 해외로 망명한 귀족들의 복귀를 돕고 이들의 재산을 회복시켜주는 등 어리석은 정치 행보를 이어나갔다. 이에 분노한 시민들이 1830년 선거에

| 프랑스인의 왕, 루이 필립

서 시민 측에 속한 의원들을 대거 당선시켜주자, 샤를 10세는 '7월 칙령'을 통해 의회를 해산했고 참정권의 제한과 출판, 언론 금지 등의 조처를 취했다.

7월 혁명이 유럽에 새로운 기운을 불어넣다

프랑스 국민들은 샤를 10세에 대항하여 봉기했다. 시민, 학생, 노동자를 중심으로 봉기한 이들은 거리에 바리케이드를 설치하고 가두시위에 들어갔다. 여기에 왕의 명령에 불복종한 군대까지 국민 저항에 합세하면서 전세는 봉기 세력에게 유리하게 돌아갔다. 결국 샤를 10세는 폐위되었고, 대신 시민의 편에 섰던 진보적인 오를레앙 공작 루이 필립(1773~1850)이 '프랑스인들의 왕' 혹은 '시민의 왕'이라는 이름으로 왕위에 올랐다. 이러한 일련의 사건을 일컬어 7월 혁명이라 한다.

프랑스 대혁명이 전 유럽에 영향을 주었던 것처럼, 1830년의 7월 혁명도 전 유럽의 자유주의자들을 자극했다. 벨기에는 나폴레옹 전쟁 이후 프랑스를 견제하기 위한 방편으로 네덜란드에 병합되어 있었는데, 7월 혁명에 자극을 받은 자유주의자들이 성공적으로 저항운동을 전개하여 독립을 쟁취했다. 폴란드나 이탈리아에서도 자유주의자들과 민족주의자들이 결합하여 열렬한 독립운동을 전개했는데, 이 역시 7월 혁명의 간접적인 영향이라 할 수 있다.

A 루이 필립

Q 065

1848년 프랑스 2월 혁명은 왜 일어났을까?

★ **시대 :** 19세기 초 ★ **주제어 :** 2월 혁명, 바리케이드, 혁명의 진실

소외된 하층계급이 반기를 들다

1830년의 7월 혁명으로 성립된 루이 필립의 입헌왕정과 자유주의 내각은 피를 흘려 혁명을 완수한 프랑스의 하층계급을 실망시켰다. 정부는 중간계급에 유리한 정책들을 쏟아냈고, 산업계 또한 여기에 탄력을 받아 발전 속도를 가속화했다. 그러나 산업 발전 속도에 비례해 빈부 격차가 커져서 하층계급은 더 깊은 빈곤의 나락으로 빠지고 말았다. 게다가 여전히 일정한 재산이 있어야만 정치에 참여할 수 있어서, 참정권 또한 이들에게 '빛 좋은 개살구'에 불과했다.

이에 점차 정부를 비판하는 시위들이 곳곳에서 일어났다. 정부는 무력으로 시위를 잠재우려 했지만, 노동자와 학생이 주축인 저항 세력은 쉽게 물러서지 않았다. 결국 노동자와 학생, 그리고 하층계급이 포함된 저항 세력은 파리 시가에 바리케이드를 만들고 무력으로 대항할 것을 표명했다. 루이 필립은 여러 가지 방법으로 이들을 회유하려 했지만 소용없는 일이었다.

진압 과정에서 군대가 우발적으로 총을 발사하자 시위는 더욱 드세졌다. 과격한 무력충돌로 다수의 사상자가 발생하면서 분노한 시위 세력은 더욱

| 프랑스 2월 혁명을 그린 삽화

거세게 저항했고, 결국 루이 필립이 왕위에서 물러나고 두 번째 공화정부가 들어선다. 이러한 일련의 과정이 바로 1848년의 2월 혁명이다.

프랑스 대혁명의 이념에서 한 발 후퇴하다

그러나 이렇게 성립된 공화정부도 자유주의자의 입맛에 맞는 정책만을 펼치며 하층계급에게 등을 돌렸다. 비록 귀족의 특권들을 폐지하기는 했지만 대부분의 재산권은 인정하는 불완전한 개혁을 펼쳤으며, 궁핍하게 살던 하층계급을 사회주의 세력으로 몰아가는 데 급급했다. 결국 7월 혁명과 2월 혁명에서 피를 흘렸던 하층계급은 얻어낸 것이 하나도 없었다. 물론 참정권을 넓히고 국영작업장을 설치하여 실업을 해결하려는 움직임도 있었지만, 참정권은 여전히 제한적이었고 국영작업장은 사회주의 사상을 담고 있다는 이유로 폐쇄되었다.

6월이 되자 노동자들은 다시 거리에 바리케이드를 쳤다. 최소한의 인간적인 권리를 누리고자 했던 노동자들은 무력투쟁에 돌입했지만, 공권력은 이들을 사흘 만에 분쇄하는 데 성공했다.

1830년 7월 혁명 시기에 자유주의자들은 급진적이고 진보적인 사회의식을 갖고 있었다. 그러나 1848년에는 달랐다. 이미 7월 혁명으로 많은 것을 얻어낸 자유주의자들은 더 이상의 급진적인 개혁은 위험하다고 생각했다. 이들은 노동자를 비롯한 프랑스 사회의 하층계급에게 너무 많은 권리를 주면 프랑스가 사회주의 국가가 될 것으로 보았다. 자유주의자들은 더 이상 사회개혁을 바라지 않고 안정만 희구하는 보수주의자로 변했다.

1848년은 노동자들의 끔찍한 패배로 끝이 났다. 이로써 프랑스 사회는 인간의 자유와 평등에 관한 보편성을 주장한 프랑스 대혁명의 이념에서 한 발 후퇴하고 말았다.

A 혁명 정부가 혁명의 주체인 하층계급에게서 등을 돌렸기 때문

Q 066

가리발디가 이탈리아의 통일을 위해 접은 꿈은?

★ **시대** : 19세기 ★ **주제어** : 가리발디, 이탈리아 통일

가리발디와 붉은 셔츠 연대

1860년 5월 10일 배 두 척이 이탈리아 남부의 시칠리아 섬에 상륙했다. 붉은 셔츠를 입은 1천 명의 사나이들이 총과 칼을 들고 뛰어내렸다. "시칠리아 섬의 해방과 이탈리아의 통일을 위하여!"라고 외치는 함성 속에 이들의 우두머리 주세페 가리발디(1807~1882)가 등장했다. 가리발디와 '붉은 셔츠' 연대는 시칠리아 주민들의 열렬한 환호 속에 섬에 상륙했다.

이윽고 가리발디는 시칠리아 섬의 수도였던 팔레르모 공략에 성공했다. 이것으로 프랑스 부르봉 가문의 지배에서 시칠리아를 해방시킨 가리발디는 여세를 몰아 이탈리아 반도 남부의 나폴리 왕국을 공격했다. 부르봉 가문의 지배 아래 있던 나폴리 왕국 사람들은 가리발디의 등장에 열렬히 환호했고, 너도나도 붉은 셔츠 연대에 자원했다. 삽시간에 4만 명까지 불어난 붉은 셔츠 연대의 활약으로 나폴리 왕국은 결국 해방되었다.

통일을 위해 공화주의를 뒤로 미루다

가리발디는 모든 예속된 민족들의 독립을 꿈꿨으며, 노동자들의 집회와

결사의 자유 보장, 인종 간의 평등을 바탕으로 한 다민족 연합의 세계 등에 대한 거대한 꿈을 갖고 있었다. 그는 이탈리아 민족의 통일과 독립, 그리고 공화제의 수립이 바로 이러한 꿈을 실현하는 첫 번째 단계라고 생각했다.

그러나 이탈리아를 통일하기 위해서는 먼저 복잡한 국제 관계를 풀어야 했다. 당시 이탈리아는 이탈리아계 사보이 왕조가 통치하던 사르데냐 섬의 왕국, 프랑스의 부르봉 가문이 통치하던 시칠리아와 나폴리 왕국, 교황의 독자적인 영지인 이탈리아 중부의 교황령, 오스트리아의 합스부르크 가문이 세력을 구축하고 있던 북부의 롬바르디아 지역 등으로 나뉘어 있었다. 비록 가리발디가 시칠리아와 나폴리를 해방하는 데 성공했지만, 중부의 교황령과 북부의 롬바르디아 지역은 여전히 강력한 군주들의 손아귀에 있었던 것이다. 게다가 이탈리아 중부에는 당시 유럽에서 가장 강력한 군주 중의 하나였던 프랑스의 나폴레옹 3세가 교황령을 수호한다는 명목으로 군대를 주둔시키고 있었다.

이 상황에서 가리발디는 통일을 위해 나폴리와 시칠리아를 사르데냐의 왕 비토리오 에마누엘레 2세에게 바쳤다. 이로써 이탈리아는 통일되었다. 이미 사르데냐가 북부의 오스트리아 세력을 물리친 상태였고, 가리발디가 공화주의에서 한 발 물러서서 왕정과 타협했다는 점이 나폴레옹 3세를 안심시켜 교황령을 다시 이탈리아의 영토에 편입할 수 있는 계기를 마련했기 때문이다. 결국 1861년, 교황이 있는 로마와 오스트리아가 지배하는 이탈리아 북동부의 일부를 제외한 모든 이탈리아 반도가 이탈리아 왕국의 통치권에 들어오게 됨으로써 가리발디의 꿈이었던 통일이 이루어졌다.

A 공화주의

Q 067

독일은 언제 탄생했는가?

★ **시대** : 17세기 ★ **주제어** : 30년전쟁, 신성로마 제국

30년전쟁

루터의 종교개혁으로 말미암아 16세기 독일 지역은 수많은 국가들이 가톨릭과 보수적인 루터파 프로테스탄트로 나뉘어 대립하는 상황을 연출했다. 여기에 개혁적 성향의 칼뱅파 프로테스탄트가 상공업자들의 지지를 기반으로 점차 세력을 넓혀오면서 이들 사이의 갈등이 점차 첨예해졌다.

이러한 현실은 보헤미아에서 유독 심하게 나타났다. 1618년 훗날 신성로마 제국의 황제로 등극하게 될 페르디난트 2세(1578~1637)는 보헤미아의 왕이기도 했다. 페르디난트 2세는 보헤미아 왕의 자격으로 자신의 종교인 가톨릭을 보헤미아인에게 강요했는데, 이를 거부한 보헤미아의 귀족들은 의회를 장악하고 반란을 일으켰다.

보헤미아의 왕과 의회의 대립은 삽시간에 국제전쟁으로 확대되었다. 각자의 종교적 성향에 따라 스페인은 가톨릭을, 덴마크와 스웨덴은 프로테스탄트를 지지했다. 하지만 프랑스는 가톨릭을 신봉했음에도 신성로마 제국의 황제를 누르고 오스트리아 지역의 영지를 차지할 속셈으로 프로테스탄트의 편을 들고 나섰다.

승부는 쉽게 가려지지 않았다. 30년 동안 간헐적으로 이루어졌던 전쟁은 누구 하나 특별한 승자 없이 종결되었고, 결국 프로테스탄트의 종교적 자유를 허락한다는 내용의 베스트팔렌 조약이 1648년 체결됨으로써 30년전쟁(1618~1648)은 그 막을 내리게 되었다.

이빨 빠진 신성로마 제국과 독일의 탄생

문제는 30년전쟁의 전쟁터가 대부분 독일 지역에 있었다는 점이다. 독일의 수많은 자유도시들과 공국들은 전쟁으로 황폐화되었다. 게다가 전쟁에 참여한 용병들이 장기화된 전쟁으로 적절한 임금을 받지 못하자 각지의 도시와 마을 들을 약탈함으로써 황폐화된 독일의 상황을 더욱 어렵게 만들었다.

베스트팔렌 조약으로 신성로마 제국의 황제는 사실상 유명무실한 존재가 되어버렸다. 신성로마 제국은 정신적으로는 가톨릭 교황이 중심에 자리 잡는 한편 세속적으로는 황제가 지배하는 체제의 국가 형태였는데, 베스트팔렌 조약이 프로테스탄트 국가를 비롯한 여러 주권국가들의 독립을 허용함으로써 이러한 관계가 붕괴되고 말았던 것이다.

결국 절대적인 권력이 등장하지 못한 독일은 1871년이 되어서야 프로이센에 의한 통일을 성취할 수 있었다.

A 1871년

Q 068

아담 스미스는 '보이지 않는 손'을 사회 문제의 만병통치약으로 보았는가?

★ **시대 :** 18세기 ★ **주제어 :** 아담 스미스, 보이지 않는 손

자유경제 체제를 강조한 아담 스미스

21세기 전 세계를 휩쓴 신자유주의는 18세기 스코틀랜드를 중심으로 활동한 계몽주의자들의 사상에서 이론적 기원을 찾는다. 당시 스코틀랜드에서는 개인의 이익 추구와 자유로운 상업 활동을 강조하는 부르주아 세력이 사회의 새로운 지도층으로 부상하고 있었다. 이에 따라 개인의 이익 추구와 공공의 이익 확보 사이의 관계를 어떻게 조정할 것인가가 중대한 사회 현안으로 인식되고 있었다.

'보이지 않는 손'이라는 문구로 유명한 『국부론』의 저자 아담 스미스(1723~1790)도 스코틀랜드 출신이다. 그는 시장의 자율 기능을 강조하며 시장에서 벌어지는 개인들의 사적 이익 추구가 필연적으로 국가의 경제발전으로 이어진다고 주장했다. 잘 알려진 바와 같이 그는 상업 자본주의 체제와 자유주의 경제 질서를 옹호하는 사회이론을 주창했다.

'보이지 않는 손'만으로는 부족하다

그러나 스미스는 분업 체제의 정착으로 노동자 빈민들이 아무런 사회적

교양을 갖추지 못한 채 자신에게 할당된 단순 업무에만 시달린 나머지 정신적으로 피폐해지는 상황을 매우 안타깝게 생각했다. 그는 이러한 문제를 해결하기 위해 노동 빈민 청소년들에게 기하학과 역학을 교육하고 군사훈련을 시행해야 한다는 주장을 펼쳤다. 스미스는 기하학과 역학이 노동 빈민 청소년들을 정신적 불구 상태로부터 벗어날 수 있게 해 주고, 군사훈련은 이들에게 시민의 자유와 평등의 관념을 사회적으로 실현할 수 있는 계기를 마련해 준다고 생각했다.

시민군 이론을 제창했던 아담 스미스의 입장은 사회 구성원 개인이 개별적 무장을 통해 개인의 자유와 평등의 가치를 수호하고 시민간의 연대의식을 발휘하여 사회 번영에 이바지한다는 입장을 견지하던 공화주의적 시민의식과 상당한 유사성을 공유한다. 그는 '보이지 않는 손'이 빈부 격차로 인해 빚어지는 사회혼란을 극복하고 노동 빈민들의 고통스러운 삶을 개선하는 유일한 수단이 아니라는 점을 충분히 자각하고 있었던 것이다.

A 아니다.

『도덕감정론』

아담 스미스의 또 하나의 대표작. 1759년에 초판이 출판되었다. 이 책에서 스미스는 이타심뿐 아니라 이기심도 도덕감정이 될 수 있다는 견해를 펼친다. 여기서 중요한 것은 공감하는 능력인데, 이익의 관점에서 남의 처지를 공감할 수 있다면 이기심을 조절할 수 있다고 보았기 때문이다.

Q 069

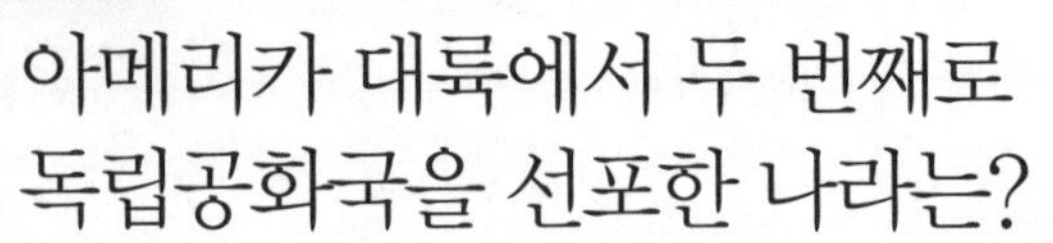

아메리카 대륙에서 두 번째로 독립공화국을 선포한 나라는?

★ **시대 :** 17~18세기 ★ **주제어 :** 사탕수수 농장, 설탕 플렌테이션, 흑인 공화국

설탕 전쟁

아메리카 대륙에서 첫 번째로 독립공화국을 선포한 나라는 미국(1776)이다. 그렇다면 두 번째로 독립공화국을 선포한 나라 어디일까? 정답은 1804년 흑인 노예들이 세운 '반란의 공화국' 아이티다. 히스파니올라 섬의 반쪽을 차지하고 있는 이 작은 나라는 어떻게 독립을 이뤘을까?

히스파니올라 섬의 원주민은 1492년 콜럼버스가 침입한 이후 거의 절멸했다. 금도 은도 발견하지 못한 스페인 사람들은 곧 이 섬의 기후와 토양이 사탕수수가 자라기에 적합하다는 사실을 깨달았다. 설탕은 당시 유럽에서 매우 귀한 고가의 상품이어서 만들기만 하면 돈이 되었다. 17세기에는 스페인뿐 아니라 프랑스와 영국도 설탕 생산에 돌입했고, 이에 따라 카리브 해의 섬들과 남아메리카의 넓은 지역은 유럽인의 설탕 플랜테이션 농장으로 뒤덮이게 되었다. 설탕 농장을 뺏기 위한 전투도 수없이 벌어졌으니, 그 와중에 히스파니올라 섬의 좌측 반은 프랑스령의 생도밍그(후일 아이티가 됨)가 되었고, 우측 반은 스페인령의 산토도밍고가 되었다.

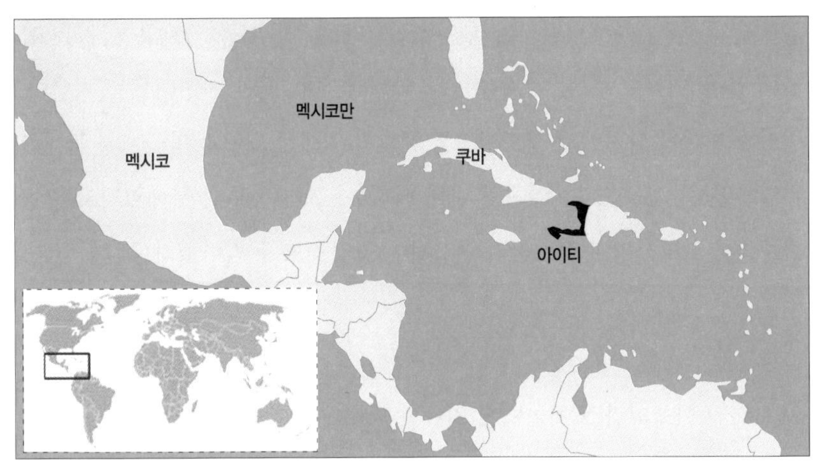

| 아이티의 위치

프랑스 대혁명의 바람이 불다

설탕 플랜테이션 농장에서 노동은 아프리카 출신 노예들이 담당했다. 농장주들은 아프리카 노예가 인디오보다 일을 4배나 더 할 수 있다는 말로 노예무역을 부추겼고, 경쟁에서 뒤처지지 않으려는 각 나라의 왕들은 이를 허락했다. 아프리카 노예의 수는 점점 늘어, 18세기 생도밍그에서는 95% 이상의 유색인과 5%에도 미치지 못하는 백인이 살게 되었다.

사탕수수 농장에서의 노동 상황은 끔찍했다. 사람보다 훨씬 크고 껍질이 갑옷처럼 단단한 사탕수수를 칼로 베는 것은 무척 고된 일이었다. 설탕 공장에서는 사탕수수를 끓이기 위해 쉬지 않고 불을 땠고, 제분기에 사탕수수를 밀어 넣는 노예들은 혹시 손이 기계 안으로 말려 들어갈 경우 신속하게 팔을 절단하기 위해 도끼를 항상 옆에 두고 있었다.

1789년 프랑스 대혁명의 기운은 생도밍그에도 불어왔다. 생도밍그의 지배층이었던 백인들의 갈등을 틈타 아프리카 노예들은 1791년 8월 봉기를 일으켰다. 투생 루베르튀르(1743?~1803)라는 지도자를 앞세운 이들은 농장에 불을 지르고, 노예 소유주들을 살해했으며, 백인 민병대를 격파했다. 이러한 혼란의 와중에서 생도밍그를 빼앗기 위해 스페인과 영국에서 군대를 투입하면서 생도밍그는 일대 혼란에 빠졌다. 그러나 투생 루베르튀르는 공화주의를 표방하며 프랑스군과 연합하여 침입을 모두 막아냈다.

독립은 했지만…

하지만 아프리카 노예들에게 자유는 너무 멀리 있었다. 프랑스가 테르미도르 반동 이후 다시 보수화되었고, 나폴레옹이 등장하면서 다시 적으로 돌아섰던 것이다. 이제는 유럽에서 가장 강력하다는 나폴레옹의 군대를 막을 차례였다. 투생 루베르튀르도 프랑스를 너무 쉽게 믿은 나머지 계략에 빠져 프랑스의 외딴 성에서 죽음을 맞이하고 말았다. 그러나 투생의 부관이었던 장-자크 데살린(1758~1806)은 끝까지 전투를 수행하여, 결국 나폴레옹의 군대를 몰아내고 1804년 아이티 공화국을 선포했다.

독립을 선언하기는 했지만, 아이티는 그 후로도 스페인, 미국 등의 외침으로 바람 잘 날이 없었다. 이러한 이유로 아이티는 여전히 가난을 벗어나지 못하고 있으며 정치적으로도 항상 불안정한 상태이다. 이러한 아이티의 가난은 곧잘 아이티 지도자들의 탐욕과 무능력에 원인이 있는 것으로 이야기되곤 한다. 그렇지만 아이티의 불행의 근본 원인은 콜럼버스의 침입으로 시작된 식민 시대의 상처에 있지 않을까.

A 아이티

Q 070

18세기 라틴아메리카 독립을 위해 백인들이 깃발을 든 이유는?

★ **시대** : 18~20세기 ★ **주제어** : 시몬 볼리바르, 먼로선언

백인들 내부에서의 차별

북아메리카가 유럽인들로 채워져 미국과 캐나다가 성립된 것처럼, 라틴아메리카(남아메리카)에도 스페인과 포르투갈, 이탈리아 등지의 유럽인들이 건너왔다. 라틴아메리카로 넘어온 유럽인들은 인구의 대부분을 차지하는 원주민과 메스티소(아메리카 원주민과 백인의 혼혈)를 자신들의 지배 아래 두고 통치했다. 그런데 19세기가 되어서 백인들 사이에 갈등의 골이 깊어졌다.

라틴아메리카의 백인은 크게 스페인에서 태어난 백인(페닌술라)과 라틴아메리카에서 태어난 백인(크리오요)으로 나뉘었다. 그런데 페닌술라는 크리오요를 무시했고, 더 높은 관직과 대우를 받았다. 같은 백인임에도 불구하고 무시당하면서 합당한 대우를 받지 못하던 크리오요들은 점차 불만이 쌓여갔고, 결국 본국인 스페인이 혼란한 틈을 타 독립 국가를 수립하고자 했다. 이러한 배경 속에서 라틴아메리카의 독립혁명이 일어났던 것이다.

독립은 했지만 여전히 문화 종속국

시몬 볼리바르(1783~1830)와 호세 데 산마틴(1778~1850)과 같은 크리

| 라틴아메리카의 해방자 시몬 볼리바르

오요 지도자들은 스페인의 통치를 벗어날 것을 주장하며 원주민과 메스티소를 규합했고, 결국 19세기 초 라틴아메리카 대륙은 독립을 달성하게 되었다. 이로 인해 스페인의 영향력은 카리브 해 주변으로 밀려나게 되었다. 그러나 이들이 독립을 이룰 수 있었던 것은 스페인과 경쟁관계에 있던 영국과 프랑스의 원조가 있었기 때문이기도 했다. 따라서 독립이 달성되자 영국과 프랑스는 라틴아메리카 각국의 교역과 경제에 크게 개입했으며, 특히 문화 면에서 많은 영향을 주었다. 부에노스아이레스, 산티아고 등 남미의 대도시들은 파리 등의 유럽 도시를 모델로 건설되었으며, 라틴아메리카 상층 계급의 자녀들에게 유럽 유학은 필수 코스였다.

유럽에서 벗어나니 미국이 몰려들다

1823년 미국의 대통령 제임스 먼로(1758~1831)는 아메리카 대륙에 대한 유럽의 개입을 경계하는 목적으로 먼로선언을 발표했다. 이 선언은 유럽과 아메리카 대륙은 서로가 간섭하지 않아야 하며, 특히 유럽은 아메리카 대륙에 식민지를 건설할 수 없다는 점을 밝히고 있다. 그러나 이 선언은 훗날 미국의 제국주의가 라틴아메리카에 영향력을 미치는 것을 정당화하는 데 활용되었다. 1898년 미-스페인 전쟁에서 승리를 거둔 미국은 필리핀과 함께 푸에르토리코를 자국의 영토로 합병하여 라틴아메리카에 대한 영향력을 확

독립선언
독립을 했어도 뭔가 찜찜한데…
BIG AMERICA
라틴 아메리카
너희는 내 손안에서 벗어날 수 없어.

대했던 것이다.

20세기 초반은 라틴아메리카에 대한 미국의 제국주의적 개입이 적극적으로 이루어진 시기라고 할 수 있다. 당시 미국의 외교정책은 '포함외교'와 '달러외교'로 설명할 수 있다. 미국은 도미니카 공화국, 아이티, 니카라과 등의 국가에 군사적 개입을 통해 자국의 영향력을 확대했으며 친미정권을 수립하도록 유도하는 포함외교를 실시했다. 또한 해외차관을 통해 채권국으로서 채무국을 압박하는 방식인 달러외교를 통해 라틴아메리카 각국을 조종했던 것이다.

A **본토 백인들이 펼치던 차별정책을 타파하기 위해서**

Q 071

보스턴차사건에서 차를 바다에 버린 사람들이 입고 있던 옷은?

★ **시대** : 18세기 ★ **주제어** : 보스턴차사건, 대표자의 참여 없는 과세는 없다

대표 없인 과세도 없다

북아메리카 대륙에 건설된 영국의 식민지는 18세기 중엽이 되면 13개로 증가했으며, 규모 면에서 영국이 무시할 수 있는 수준이 아니었다. 그렇지만 북아메리카 대륙의 식민지가 누리던 지위는 말 그대로 영국의 식민지에 불과했다.

이러한 상황에서 1755년 영국은 북아메리카 대륙에서 프랑스와 전쟁을 치르게 된다. 영국은 프랑스에 승리를 거두어 캐나다가 갖고 있던 북아메리카 대륙 식민지의 상당 부분을 빼앗을 수 있었지만, 지나치게 많은 전쟁비용 지출로 인해 재정이 파탄 지경에 이르렀다. 영국은 프랑스와의 전쟁이 아메리카 대륙에서 일어난 것이므로 비용도 아메리카 대륙에서 거두어야 한다는 논리로 인지세, 설탕법 등을 통해 아메리카 식민지에서 거래되는 품목들에 막대한 세금을 매겼다.

아메리카 대륙을 자신들을 위한 식민지로 여겼던 영국에게는 너무나도 당연한 것이었지만, 아메리카 대륙 13개 식민지의 대표자들은 이를 터무니없는 것으로 받아들였다. 왜냐하면 이러한 법들은 식민지의 대표자들이 참

| 보스턴차사건

여하지 않고 영국이 독자적으로 결정한 사항이었기 때문이다. 영국인들은 식민지의 대표자들이 본국의 각 주 대표들과 동등한 권리를 누린다고 생각하지 않았지만, 식민지의 대표자들은 자신들도 동등한 영국인으로 대우받아야 한다고 생각했던 것이다. 영국의 국왕은 말할 것도 없고 정부 내각을 이끄는 그 누구도 아메리카 식민지에서 그들만의 자율적인 사회가 발전하고 있음을 인식한 사람이 없었다. 식민지 대표자들은 "대표자의 참여 없는 과세는 없다"는, 그들에게는 너무나도 당연한 논리로 식민 본국 정부에 맞섰다.

인디언이 보스턴차사건을 일으켰다?

1773년의 차 조례(Tea Act)는 영국과 아메리카 식민지의 대립을 극단으로 몰고 갔다. 당시 동인도회사는 홍차 가격 급락으로 재정난을 겪고 있었는데, 영국 정부는 이 조례를 통해 동인도회사가 식민지에 판매하는 차의 공급을 독점할 수 있게 하고 세금을 면제해주는 등의 조치를 취했던 것이다. 차 조례 혜택을 받은 동인도회사의 값싼 차가 항구로 들어오자 식민지 자치를 간섭하는 것으로 여겼던 식민지의 차 상인들은 분노했다. 결국 1773년 12월 보스턴의 급진파들은 인디언으로 분장을 한 채 동인도회사의 선박에 숨어들어가 선적되어 있던 차 상자들을 바닷물에 던져버렸다. 이것이 바로 미국 독립전쟁의 도화선이 된 '보스턴차사건'이다.

영국 정부는 사건이 일어난 보스턴 항구를 폐쇄하는 등 강경한 자세로 대응했고, 결국 양측의 갈등은 심화되어 이미 결별의 수순을 밟고 있었던 아메리카 식민지와 영국 본국 간의 전쟁이라는 극단적인 상황으로까지 치닫게 되었다.

A 인디언 복장

"대표자의 참여 없는 과세는 없다"

본래 영국 시민혁명 과정에서 등장한 구호로, 절대왕정 아래에서의 일방적이고 자의적인 세금 징수에 반대하는 시민계급이 내건 요구사항이었다. 이 원칙은 1628년 '권리청원'에서 등장했고, 이후 1689년의 '권리장전'에서 재확인되었다. 미국 독립전쟁뿐 아니라 프랑스 혁명에서도 이 요구는 되풀이되어 나타난다.

Q 072

독립선언문의 기초를 마련한 미국의 제3대 대통령은 누구?

★ **시대** : 18세기 말 ★ **주제어** : 독립선언문, 토마스 제퍼슨, 자유, 평등

독립전쟁 발발

영국 정부와의 갈등이 심화된 아메리카 대륙의 식민지 대표들은 보스턴 차사건으로 인해 보스턴 항구가 폐쇄되었다는 소식을 들었다. 영국군이 보스턴 외곽을 포위했다는 소식이 아메리카 대륙의 식민지에 전해지자 식민지의 대표들은 드디어 영국으로부터의 독립을 쟁취해야 할 때가 왔다는 입장을 취했고 보스턴을 포위하고 있는 영국군을 공격해야 한다는 주장을 선도해 나갔다.

1774년 9월 식민지 대표들은 필라델피아에 모여 제1차 대륙회의를 개최했다. 이 회의에서는 영국 본국 의회가 식민지에 대한 입법권을 가지고 있지 않다는 점을 주장하면서 본국과의 통상거래를 중지할 것을 결의했다. 그리고 이듬해 보스턴 근처의 렉싱턴에서 둘 사이의 무력충돌이 빚어지면서 미국의 독립전쟁은 시작되었다.

독립선언문의 힘

1776년 5월 제2차 대륙회의에서는 민병대에 불과했던 군대를 대륙의 정규군으로 공인하면서 조지 워싱턴(1732~1779)을 총사령관에 임명했다. 그리고 1776년에는 토머스 제퍼슨(1743~1826)이 기초한 독립선언문이 대륙회의에서 채택되었다. 전쟁을 해야만 하는 이유와 목적을 분명하게 밝힌 미국 독립선언문에는 다음과 같은 유명한 문구가 포함되어 있다.

| 독립선언문을 기초한 토머스 제퍼슨(미국의 제3대 대통령)

"모든 사람은 평등하게 태어났고, 신은 몇 개의 양도할 수 없는 권리를 부여했으며, 그 권리 중에는 생명과 자유와 행복의 추구가 있다."

인류의 보편적인 권리에 입각하여 식민지인들의 권리도 영국 본국의 권리와 동등한 가치를 지닌다는 의미의 이 선언문은 아메리카 식민지들의 단결을 이끌어냈으며, 유럽의 여러 국가들이 미국을 지지하며 의용군을 파견하도록 하는 데에도 큰 영향을 주었다. 특히 영국과 항상 대립하던 프랑스의 도움은 미국의 독립전쟁이 성공하는 데 결정적이었다.

마침내 1781년 10월 요크타운 전투에서 영국의 항복을 받아냄으로써 미국은 독립전쟁에서 승리를 거두었고, 1783년 파리조약을 통해 식민지 13개 주의 독립이 승인되었다. 이로써 미국은 하나의 독립된 국가로 발돋움할 수 있는 기회를 마련했다.

백인에 대한 백인들만의 독립

미국의 독립은 식민지에 대한 영국의 차별과 억압에 대항하여 얻어낸 귀중한 성과였다. 그리고 독립선언문이 인간의 자유와 평등을 만천하에 알린 숭고한 문서인 것도 사실이다. 하지만 미국의 독립은 분명한 한계를 지닌다.

영국의 식민지였던 미국은 남부지방을 중심으로 거대한 목화 플랜테이션 농업이 번성하고 있었다. 그리고 이 농장에는 엄청난 수의 흑인 노예들이 열악한 조건 속에서 일을 하고 있었다. 만약 독립선언문대로라면 이들 흑인들도 인간으로서 백인들과 동등한 권리를 누려야만 했다. 그렇지만 미국의 독립은 백인으로부터의 백인의 독립만을 뜻했을 뿐, 백인으로부터 억압과 차별을 받는 흑인의 독립을 의미하지는 않았다. 독립선언문을 기초한 토머스 제퍼슨마저도 175명의 노예를 거느린 대농장주였다는 사실이 이를 보여준다.

이후의 역사가 증명해 주듯이, 흑인 노예의 실질적인 해방은 남북전쟁 이후에나 이루어졌으며, 백인 이외의 다른 인종에 대한 차별과 억압은 미국 사회에 아직까지도 남아 있다.

A 토머스 제퍼슨

Q 073

남북전쟁은 노예제 문제 때문에 일어났을까?

★ **시대** : 19세기 중반 ★ **주제어** : 링컨, 미주리 협정, 드레드 스콧 판결, 연방주의자, 남부연합

노예제 문제 때문에 남북전쟁이 일어났다?

19세기 중반 미국에서는 남북전쟁(1861~1865)이라는 끔찍한 동족상잔의 비극이 일어났다. 하나로 똘똘 뭉쳐 독립을 성취했던 과거도 잠시, 미국은 남과 북으로 나뉘어 서로에게 총을 겨누었던 것이다. 일반적으로 남북전쟁은 노예를 해방시켜야 한다는 입장의 북부와 노예제를 유지해야 한다고 주장했던 남부가 대립한 전쟁으로 잘 알려져 있다. 또한 에이브러햄 링컨(1809~1865)으로 대표되는 북부가 전쟁에서 승리를 거두었다는 사실은 하나의 역사적 상식으로 여겨진다. 특히 링컨 대통령이 전쟁 중에 발표한 노예해방선언과 게티스버그 연설은 미국 역사에서 가장 중요한 사건들 중 하나로 평가되고 있다.

물론 노예제 문제는 남북전쟁의 원인을 설명하는 핵심 키워드이다. 면화 대농장 농업이 핵심 산업이었던 남부에서는 농장 유지를 위해 노예제가 필수적이었고, 면화의 가장 큰 소비처였던 영국과의 관계도 우호적이었다. 반면 북부는 상공업 중심으로 발전했기 때문에 도덕적으로 문제가 되는 노예제가 사회에 별다른 이득을 가져다 줄 수 없었다. 또한 북부는 영국과 상공

업 분야에서 경쟁관계에 있었다는 것도 남부와 다른 점이었다. 이러한 차이로 인해 노예제를 유지하느냐 폐지하느냐의 문제가 남북전쟁의 가장 큰 이슈로 떠올랐던 것이다. 그러나 미국이 둘로 갈라져 전쟁을 치른 데에는 보다 근본적인 원인이 있었다.

통합과 자율의 대립

남북전쟁의 배경에는 연방과 각 주의 관계에 관한 헌법의 해석 문제가 자리하고 있었다. 독립전쟁 시기에는 영국이라는 커다란 적 앞에 똘똘 뭉쳐 있었기 때문에 '연방과 각 주의 관계를 어떻게 설정하느냐'는 특별한 논란거리가 아니었다. 그러나 일단 목적을 이루자 연방과 주의 권리가 충돌하기 시작했다.

미국은 독립 당시 13개의 주로 이루어져 있었지만, 19세기 중반에는 그 수가 급속히 늘어서 20개가 넘는 주들이 형성되었다. 게다가 멕시코 전쟁으로 획득한 영토, 금이 발견된 캘리포니아 등 많은 지역들이 주로 승격되어 미국 연방에 가입하기를 기다리는 상황이었다. 이때 노예제 문제가 불거졌다.

사실 노예제 문제는 1820년 미주리 협정으로 어느 정도 합의를 본 사항이었다. 이 협정에 따르면 북위 36도 30분 이북의 주는 노예를 거느리지 않는 자유주, 이남의 주는 노예주가 되는 것이었다. 그러나 미국 서부 영토들의 연방 가입을 앞두고 이러한 기준을 일괄적으로 적용하기는 어렵다는 이야기가 나왔다. 결국 각 주가 주민들의 투표를 통해 노예제 채택의 여부를 묻도록 하는 캔사스-네브라스카 법안이 입법되고, 드레드 스콧 판결을 통해 미주리 협정의 유효성이 근본적으로 흔들리면서 논란이 심화되었다.

주로 북부 사람들로 구성된 연방주의자들은 연방이 주보다 위에 있음을

속셈은
따로
있으면서
…
노예 해방
선언!
우리는
친구!!
그럼,
농사는 누가
짓냐?
AMERICA

강조하며, 각 주의 판단에 따라 노예제 채택 여부를 묻는 것은 헌법에 위배된다고 주장했다. 반면 남부 사람들은 연방이란 각 주의 필요에 의한 계약을 통해 성립된 것이므로, 각 주는 자율성을 가지며 연방이 간섭할 필요가 없다는 입장을 내세웠다. 미국의 독립헌법은 연방과 주 사이의 권력관계에 대해 명확한 설명을 하지 않았기 때문에 이러한 갈등은 쉽게 해결되지 않았다.

결국 1860년 대통령 선거에서 노예제에 반대하는 링컨이 당선되면서 남부 사람들의 불만이 폭발했다. 남부 11개 주는 곧바로 연방을 탈퇴해 남부연합을 구성했다. 이로써 연방의 권력이 주에 우선함을 주장하는 연방주의자들과 각 주의 주권을 더욱 강조하는 남부연합은 4년 동안 피를 흘릴 수밖에 없었던 것이다.

A 노예제 문제는 표면상의 원인이고, 근본적으로는 연방이 우선이냐 주가 우선이냐의 문제를 두고 전쟁이 일어났다고 봐야 할 것이다.

드레드 스콧 판결

1857년 3월 6일 미국 연방최고재판소가 흑인 노예 드레드 스콧의 자유를 인정할 수 없다는 판결을 내렸다. 이 재판에서 최고재판소의 수석판사 토니는 미주리 협정을 위헌이라고 판결하고, 헌법은 흑인을 시민으로 인정하지 않으므로 노예에게는 시민권이 없으며, 자유주에 거주했더라도 흑인에게 자유란 없으므로 소송을 제기할 수도 없다고 했다. 이 판결은 1867년 수정헌법 제14조로 사실상 무효가 되었다.

Q 074

스필버그의 1997년 작품으로 아미스타드호의 반란을 소재로 한 영화는?

★ **시대** : 19세기 중반 ★ **주제어** : 노예제, 생베피, 마틴 밴 뷰런, 존 퀸시 아담스

실패한 아미스타드호 반란 사건

아프리카 멘데족 출신의 생베피는 서아프리카의 시에라리온 지역에서 노예사냥꾼에게 포획된다. 포르투갈 노예수송선에 실려 쿠바로 간 생베피는 그곳에서 다른 아프리카인들 53명과 함께 스페인인들에게 노예로 팔려가게 된다. 대농장의 노예로 팔려가게 된 이들이 탄 배의 이름이 스페인어로 '우정'을 뜻하는 '아미스타드'였다는 점은 참으로 아이러니다.

1839년 배 안에서 끊임없이 탈출을 모색하던 생베피는 결국 다른 노예들과 함께 반란을 일으켜 백인 승무원들을 모두 살해한다. 단 항해를 위해 두 명의 승무원을 살려두었고, 뱃머리를 돌려 아프리카로 갈 것을 명령한다. 그러나 두 명의 승무원은 간계를 부렸다. 생베피에게는 동쪽으로 간다고 말하고서는 뱃머리를 북쪽으로 향했던 것이다. 두 달의 항해 후 이들은 아프리카 해안이 아닌 미국 북부의 코네티컷 주에 도달하게 된다. 여기서 스페인 승무원들은 미국 해군의 힘을 빌려 다시 아프리카인들을 사로잡는 데 성공했다.

| 아미스타드호

1심에선 무죄, 2심에선 유죄

승무원 살해와 폭동 죄로 감옥에 갇힌 셍베피와 다른 아프리카인들은 재판을 기다리고 있었다. 이 배가 미국 남부 해안이 아니라 북부 해안에 닿은 것은 불행 중 다행이었다. 미국 북부에서는 이미 노예제 폐지 운동이 활발하게 전개되고 있었던 것이다. 따라서 이 재판은 노예제에 대한 근본적인 의문을 제기하는 중요한 사건으로서 언론의 집중 관심을 받게 된다.

"우리는 아프리카에서 태어난 사람들이며, 그곳에서 자유롭게 태어났습니다. 우리는 태어난 이후부터 자유로웠고, 따라서 자유로울 권리를 갖고 있습니다." 셍베피의 이 말은 많은 미국인을 감동시켰고, 재판은 1심에서 이들의 무죄를 선고한다.

그러나 당시 대통령 재선을 위한 선거를 앞두고 고심하고 있던 미국의 8대 대통령 마틴 밴 뷰런(1782~1862)은 이 재판의 결과가 미칠 영향력을 두려워하고 있었다. 여전히 노예제에 찬성하던 남부의 표심을 끌어안기 위해서는 이 재판이 아프리카 노예들의 승소로 마무리되어서는 안 되었기 때문이다. 대통령의 압력을 받은 법원은 2심에서 1심의 판결을 뒤집고 아프리카인들의 패소를 결정한다.

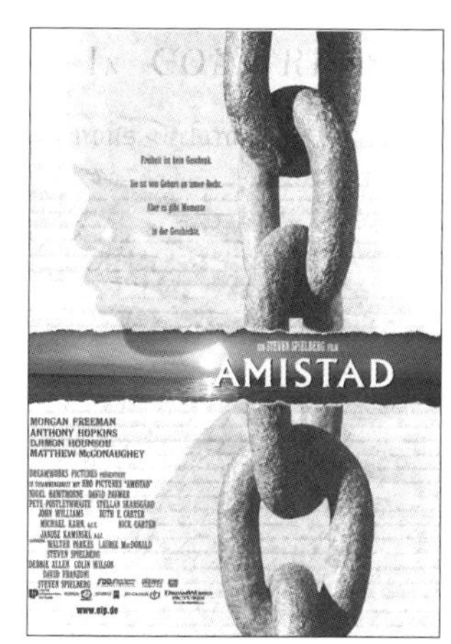

| 영화 〈아미스타드〉 포스터

존 퀸시 아담스의 8시간짜리 연설

이때 미국의 전 대통령이자 당시 하원의원이던 존 퀸시 아담스(1967~1848)가 구세주처럼 등장한다. 아프리카 노예들 편에 섰던 변호사들은 2심 재판에서의 패배를 설욕하기 위해 당시 노예제 반대 진영에 큰 영향을 미치고 있던 아담스 전 대통령을 변호인 측에 앉혔던 것이다. 아담스는 대법원의 재판정에서 보편적인 인권과 자유의 가치를 담고 있는 미국 독립선언문의 가치에 대해 설명하고 노예제의 불합리성을 공격하는 내용의, 장장 8시간에 이르는 연설을 통해 재판에 참석한 이들을 감동에 젖게 만들었다. 결국 셍베피와 아프리카인들은 감옥에서 석방됨과 동시에 시에라리온으로 가는 뱃삯을 지불받음으로써 오랜 기간 끌어왔던 아미스타드호 반란 재판은 종결되었다.

그러나 1842년 시에라리온행 배에는 셍베피를 포함하여 단지 35명만이 승선해 있었다. 고된 투옥 생활과 심문 속에 대부분의 아프리카인이 죽음을 맞이했던 것이다. 이 일화는 1997년 스티븐 스필버그 감독에 의해 〈아미스타드〉라는 영화로 제작되었다.

A 〈아미스타드〉

▌연표로 보는 근대 6대 사건 ▌

1620년

메이플라워호, 북아메리카 당도. 종교의 자유와 무역이나 개척 사업으로 경제적 이익을 획득하길 꿈꾸던 청교도들이 1620년 메이플라워호를 타고 매사추세츠 남동부의 플리머스에 도착했다. 이들 정착민들은 영국의 간섭 속에서도 성공적으로 정착하여 독립혁명의 기반을 마련했다.

1640~1660년

청교도 혁명 발발. 스튜어트 왕조의 강경한 국교회 정책으로 스코틀랜드의 장로파 교회가 반란을 일으키자 전비 마련이 시급해진 찰스 1세가 1640년 의회를 소집했다. 이에 의회가 국왕의 전제정치를 맹렬히 공격하자 1642년 드디어 왕당파와 의회파 사이의 무력 충돌이 발생했다.

1776년

애덤 스미스, 『국부론』 출간

1783년

파리조약 체결로 미국 독립획득

1789년

프랑스 대혁명 발발. 귀족적이고 봉건적인 앙시앵 레짐의 모순과 미국 독립전쟁 가담으로 빚어진 국가재정의 궁핍, 계몽사상의 영향 등으로 프랑스는 위기를 맞았다. 전국신분회의 개최를 계기로 제3신분의 정치적 요구가 폭발하는 상황에서 1789년 7월 14일 파리 시민들은 바스티유 감옥을 습격했다.

1794년

로베스피에르 처형

1799년

나폴레옹의 쿠데타

1804년

나폴레옹이 황제에 즉위. 1799년 나폴레옹이 쿠데타를 일으켜 총재정부를 타도하고 정권을 장악했다. 이 여세를 몰아 1804년 나폴레옹은 황제에 즉위하여 오스트리아, 러시아, 프로이센을 굴복시키며 민족주의와 자유주의로 대변되는 혁명 정신을 유럽 세계에 전파했다.

1846월

영국에서 곡물법을 폐지함으로써 대지주의 경제적 이익이 확대됨

1848년 2월

프랑스 2월혁명 발발하여 공화정 수립

1861년

링컨이 미국 대통령에 취임하고 남북전쟁(~1865)이 일어남
이탈리아 통일

1862년

비스마르크, 프로이센 수상으로 임명됨

1871년

독일 통일제국 성립(독일 제2제국)
파리코뮌이 수립되었다가 붕괴됨

1661년

루이 14세의 즉위와 절대왕정의 시작. 1661년부터 친정 체제를 마련하고 콜베르를 등용하여 중상주의 정책과 강력한 군대를 양성한 루이 14세는 프랑스를 유럽 최강국으로 만들었을 뿐만 아니라 서양 역사상 가장 전형적인 절대왕정 체제를 확립했다.

1688년

명예혁명 발발. 왕정복고 후 제임스 2세는 전제정치를 강화하고 가톨릭교회의 부활을 꾀했다. 이에 1688년 토리당과 휘그당이 합세하여 제임스 2세를 추방하고 제임스 2세의 딸 메리와 윌리엄 부부를 공동 왕으로 추대하여 1689년 권리장전을 승인하게 했다. 이로써 영국은 입헌정치의 기초를 확립했다.

1762년
장 자크 루소,
「사회계약론」 발표

1765년
제임스 와트,
증기기관 발명

1773년
보스턴차사건

1775년
미국독립전쟁 개시

1814년
나폴레옹이 엘바 섬에
유배되고 루이 18세가
즉위하여 프랑스에
왕정이 복고됨

1815년
메테르니히가 주도한 빈회의가
개최되어 프랑스 혁명 직전의
체제로 복귀하자는 원칙이 채택됨.

1823년
미국 대통령 제임스 먼로,
유럽 국가들의 아메리카 대륙에 대한
정치적 불간섭을 주된 골자로 한
외교선언 발표(먼로선언)

1830년 7월
프랑스의 자유주의자들이 샤를 10세를
몰아내고 루이 필립을 새로운 왕으로
추대하여 입헌군주제를 수립

1838년
런던 노동자협회, 노동계급의
참정권 확대를 요구하며
차티스트 운동 전개

민주주의
공화국건설

8장

탐욕과 파국의 시대

제국주의와 세계대전

시대 설명

16세기 이래 서유럽 중심의 세계자본주의 체제가 본격화되면서 중심부와 주변부의 경제 격차가 더욱 현격해졌다. 이후 서구사회는 시민혁명과 산업혁명을 거치면서 상대적으로 이른 시기에 근대사회로 진입했다.

18세기 중엽부터 산업화에 박차를 가한 서유럽 사회는 그 여세를 몰아 19세기 후반부터 전기력과 내연기관, 화학 산업을 중심으로 한 두 번째의 산업혁명을 경험한다. 산업이 발달하기 위해서는 석유나 구리, 고무, 금, 금강석과 같은 천연자원들을 안정적으로 공급해야 했고, 생산된 상품을 판매하기 위한 새로운 시장을 확보할 필요가 있었다. 첫 번째의 산업혁명을 통해 심각한 계급갈등과 자본의 치열한 경쟁을 경험한 서유럽 사회는 이러한 문제점들을 극복하기 위해 유럽 바깥으로 눈길을 돌리기 시작했다. 19세기 후반부터 20세기 초엽까지 영국, 프랑스, 독일, 벨기에, 이탈리아, 미국, 일본 등의 열강들은 경제위기를 극복하고 새로운 시장과 원료 공급처를 확보하기 위해 치열한 식민지 쟁탈전에 돌입한다.

민족분규가 끊이지 않았던 '유럽의 화약고' 발칸 지역에서 사라예보 사건이 발생하면서 1차 세계대전이 발발했다. 제국주의 열강들의 야욕으로 인해 빚어진 1차 세계대전은 수많은 인명피해와 재산피해를 낳았고 전쟁 당사국 주민들에게 씻을 수 없는 정신적 상흔을 안겨 주었다.

1차 세계대전 종결 직전 러시아에서는 제정이 붕괴되고 레닌이 이끄는 볼셰비키를 중심으로 인류 최초로 공산주의 정치체제가 들어섰다. 반면 이탈리아와 독일에서는 전쟁 후 더욱 심화된 사회혼란과 경제공황을 계기로 반의회주의적이고 극단적 민족주의적 성향이 짙은 파시즘 체제가 이전의 정치체제를 대신했다.

1929년의 경제 대공황을 기점으로 파시즘 체제를 더욱 견고하게 다져 가던 독일, 이탈리아, 일본은 동맹을 결성하여 세계의 여러 지역들을 점령해 나감으로써 또 한 차례의 세계대전을 일으켰다. 전쟁은 영국과 프랑스, 미국, 소련 등이 주도하는 연합국의 승리로 끝났고, 그 결과 세계의 지배구조가 재편되었다. 전쟁 후 소련이 동유럽을 정치적으로 장악하고 중국이 공산화되었으며, 서방 세계에서는 영국을 대신해 미국이 주도권을 행사하는 새로운 국제질서가 조성되었다. 종전 후 세계 사회는 미국과 소련을 중심으로 하는 냉전 체제로 돌입하여 오랜 기간 동안 소모적인 이념 대립에 시달려야만 했다.

Q 075

19세기 초 영국 노동자들이 참정권 확대를 위해 벌인 운동은?

★ **시대** : 19세기 초 ★ **주제어** : 러다이트 운동, 차티스트 운동, 6개 인민헌장

19세기 영국 노동자로 산다는 것

급진적인 산업화가 진행되던 19세기 영국 사회에서 노동자들의 생활은 실로 끔찍했다. 모든 게 공장주 마음 내키는 대로 결정되어, 노동자들은 낮은 임금에 혹독한 노동으로 몰릴 수밖에 없었다. 프리드리히 엥겔스는 『영국 노동자 계급의 상태』라는 책에서 당시 영국 노동자들의 삶을 "평균 50명을 넘는 모든 연배의 사람이 매일 밤 공원에 떼 지어 모여 나무와 구덩이가 제공하는 은신처에서 밤을 보낸다"고 묘사했다.

노동자들은 다양한 방식으로 이러한 상황에 도전했다. 1811년 등장한 러다이트 운동은 매우 극단적인 방식의 저항이었다. 노동자들은 이렇게 힘든 삶이 기계의 등장 때문이라고 생각했고, 기계를 파괴하는 것이 온전한 삶을 회복하는 길이라고 믿었다. 1820년대부터는 로버트 오웬과 같은 사회주의 성향의 지도자들이 노동조합을 만들어 조직적인 대응을 시도하기도 했다. 이러한 노력은 결실을 거두어 1832년의 선거법 개정으로 이어졌다. 이 개정안에 따라 선거구가 전면적으로 재조정되고, 유권자의 수도 비약적으로 증가하게 되었다. 하지만 이 개정안은 중산층에게는 어느 정도의 만족감을 가

| 차티스트 폭동

져다주었지만 노동자들의 요구를 충족시키기에는 턱없이 모자랐다.

차티스트 운동

1837년 급진파 정치가들과 노동운동 지도자들이 노동자의 권리를 주장하는 청원서를 의회에 제출했지만 받아들여지지 않았다. 이에 분노한 노동자들은 자신들의 권리를 6개 항목으로 정리하여 인민헌장을 만들고 차티스트 운동을 전개했다. 인민헌장의 내용은 다음과 같다.

① 21세 이상의 남자 전체에 의한 보통선거 실시
② 해마다 선출되는 임기 1년의 의회
③ 무기명 투표의 실시
④ 하원의 재산자격제도 폐지
⑤ 하원의원에 대한 세비 지급

⑥ 인구에 의한 선거구 조정으로 평등선거구제 실시

노동운동 지도자들은 이 헌장이 받아들여지도록 국민청원 서명운동과 함께 전국적인 조직 결성을 시도했다. 그러나 하원에서 서명 청원서 수용을 거부하고 여기에 더해 공권력이 투입되면서 차티스트 운동은 분쇄되고 말았다. 이들이 요구하던 사항들은 노동자를 달래기 위한 정부 정책에 반영되어 이후 오랜 시간이 지나서야 조금씩 현실화되었다.

A 차티스트 운동

'차티스트'란?

'헌장'을 영어로 하면 'Charter'이다. 따라서 차티스트(Chartist)란 '헌장을 요구하는 사람들' 정도로 풀이할 수 있다.

Q 076

세포이 항쟁에서 '세포이'는 대체 무엇일까?

★ **시대** : 19세기 중엽 ★ **주제어** : 동인도회사, 제국주의, 식민지

돼지기름과 소기름에 반발하다

영국과 프랑스, 독일 등 유럽 열강들은 다양한 방식을 통해 식민지를 통치했다. 가장 많은 해외 영토를 가지고 있던 영국은 가장 중요한 식민지 인도를 1857년 세포이 항쟁이 일어나기 전까지는 주로 동인도회사라는 기업을 통해 비공식적으로 통치했다.

기업이었던 동인도회사는 군사를 소유하지 않았기 때문에 현지의 인도인 병사들을 용병(세포이)으로 고용하는 정책을 취했다. 세포이 항쟁은 이들에 대한 차별 대우가 원인이 되어 발생한 것으로 여겨지는데, 항쟁의 원인에 대해서는 흥미로운 이야기가 전해 내려온다.

1857년 당시 세포이 용병들 사이에는 이상한 소문이 돌았다. 당시 소총에 장전하기 위해서는 화약포를 입으로 찢어야 했는데, 이 화약포에 돼지기름과 소기름이 발라져 있다는 것이었다. 이러한 소문은 힌두교나 이슬람교를 믿는 세포이들을 화나게 만들었다. 그들은 영국인들이 자신들의 종교와 문화를 무시하고 기독교도로 개종시키려는 음모를 꾸미고 있다고 생각했고, 무장폭동을 일으켜 동인도회사 관련자들과 영국관리 등을 살해했다.

| 세포이 항쟁

실제로 이러한 이유 때문에 항쟁이 일어났는지는 확실하지 않지만, 세포이 항쟁은 농민들이 결합되면서 인도 전역의 호응을 얻어 대규모 항쟁으로 번져 나갔다. 이들은 영국의 제국주의 지배를 경계하며 점차 민족주의 성향의 정치적 요구를 주창했다.

힘을 통한 통치에서 포섭을 통한 통치로

그러나 세포이 항쟁은 체계적인 조직과 계획을 통해 이루어진 것이 아니었다. 또한 이 항쟁을 민족주의적 항쟁으로 발전시켜야 했던 지도층은 서로의 이익 다툼 때문에 결속되지 못했다. 결국 1859년 대규모 영국군이 인도에 투입되면서 세포이 항쟁은 진압되었다. 동시에 300년이 넘게 인도를 지배했던 무굴 제국도 역사의 뒤안길로 사라지고 말았다.

이후 영국은 동인도회사를 통한 비공식적 지배에서 벗어나, 인도를 영국의 공식 영토로 병합하여 통치한다. 영국 당국은 인도의 제도와 관습을 존중하며 상층계급과 결탁했고, 이들과 이들의 자녀를 영국 방식으로 교육시켜 통치 자원으로 이용하는 교묘한 방식을 활용했다. 19세기 말에 이르면 이러한 통치의 성과가 서서히 나타나 영국 정부에 헌신하는 공무원과 사업가 들이 나타나기 시작한다. 그러나 동시에 20세기 중엽 영국 통치에 도전했던 민족주의 운동의 지도자들이 등장하는 계기로 작용하기도 했다.

A 동인도회사가 고용한 인도인 용병

Q 077

터키 독립의 영웅이며 터키의 초대 대통령을 역임한 인물은?

★ **시대** : 20세기 초 ★ **주제어** : 터키 공화국 성립, 오스만투르크 몰락

국민에게 등을 돌린 왕

13세기 말 건설된 오스만투르크는 1922년까지 무려 600여 년이나 존속하면서 아시아와 아프리카, 아시아의 3개 대륙에 걸친 광대한 영토를 다스린 대제국이다. 서유럽 국가들은 비잔티움 문화와 이슬람 문화가 적절하게 균형을 이루면서 화려한 문물을 뽐내고 이슬람교를 국교로 삼은 강력한 이 제국을, 수백 년 동안 두려움 반 적개심 반으로 바라보았다. 오스만 제국은 전성기에는 합스부르크 가문과 어깨를 나란히 할 정도의 세력이었지만, 개혁에 실패한 이후로 국력이 급격히 쇠락하고 있었다.

여전히 시대의 흐름을 읽지 못한 술탄은 제국의 몰락을 재촉했다. 17세기 후반에는 오스트리아와 폴란드를 상대로 쓸모없는 전쟁을 벌였으며, 18세기 들어서도 러시아와 전쟁을 겪는 등 오스만투르크는 대외적으로 국력을 소모하기만 했다. 1차 세계대전에서 독일 편에서 참전한 오스만투르크는 전쟁 패배 후 빚더미에 올라앉아 급속히 허물어져 갔다. 국민들은 가난 속에서 허우적댔고 술탄의 권위는 땅바닥에 떨어지고 말았다. 술탄은 서구 열강들의 내정간섭을 지켜보는 데서 그치지 않고, 그들에게 기대어 자신의 통치력

을 유지하고자 하는 비겁한 모습을 보이기까지 했다.

국민 영웅의 등장

이러한 위기 상황에서 등장한 이가 바로 청년투르크당의 애국적인 지도자 무스타파 케말(1881~1939)이었다. 케말은 1차 세계대전 당시 혁혁한 전공을 세우며 국민 영웅으로 떠오른 인물이었다. 그는 오래 전부터 술탄의 통치를 받는 왕정의 무능력함을 깨닫고 있었고 민주주의 공화국을 건설하는 것만이 오스만투르크가 다시 부흥할 수 있는 길이라고 믿었다. 파샤, 즉 군사령관으로 임명된 케말은 1920년 '국민공약'을 발표함으로써 국민이야말로 오스만투르크의 진정한 주인이라는 점을 강력하게 고했다.

술탄은 케말의 '국민공약'에 깜짝 놀랐다. 어리석게도 술탄은 자신의 권위를 유지하고 싶은 마음에 연합국과 결탁했고, 결국 오스만투르크에 너무나도 불리한 조건의 세브르 조약(1920)을 맺어 사실상 국가의 주권을 그들에게 넘기고 말았다. 이 조약에 따라 오스만투르크는 식민지의 대부분을 잃었으며, 본토의 대부분도 연합국들이 분할하여 갖게 되어 원래의 5분의 1 정도만이 오스만투르크의 영토로 남았다. 게다가 영국과 프랑스, 이탈리아의 대표가 파견되어 오스만투르크의 경제 및 재무의 모든 일을 관할할 수 있었다.

국민의 염원이 하나로 모이다

세브르 조약 체결에 오스만투르크의 국민들은 극도로 분노했다. 1920년 4월 23일, 국민의 지지를 등에 업은 케말은 아나톨리아에 국민정부를 구성하고 임시 대통령과 국민군 총사령관에 동시 취임했다. 이로써 터키의 민족독립전쟁은 시작되었고, 애국심에 불탄 오스만투르크의 국민을 막아낼 군사

민주주의
공화국건설

는 아무도 없었다. 1921년 오스만투르크의 영토를 점령한 그리스 군대를 격퇴한 것을 시작으로, 케말의 국민군은 술탄의 군대와 연합군을 효과적으로 물리쳤다. 결국 연합군은 1922년, 세브르 조약의 불평등한 조건을 수정하고 오스만투르크의 영토를 확정하는 로잔 조약(1923)을 체결함으로써 오스만투르크가 터키 공화국이라는 이름으로 독립하는 것을 승인했다.

터키 공화국의 초대 대통령이 된 케말은 터키의 발전을 위해 강력한 개혁을 추진했다. 그는 왕정과 칼리프 제도를 폐지함으로써 구시대의 잔재를 청산하고, 국교(이슬람교)를 폐지하고 서양력을 사용했으며, 여성에게 참정권을 부여하고 라틴문자 사용을 제도화하는 등 일련의 개혁을 통해 터키의 근대화를 주도했다.

A 무스타파 케말

오스만투르크

'투르크'는 터키와 동일한 말이며, '오스만'은 투르크를 지배한 왕조가 오스만 왕가임을 뜻한다. 즉 오스만투르크는 오스만 왕가 치하의 투르크를 뜻한다.

Q 078

인종주의가 '과학화' 되기 시작한 때는?

★ **시대** : 18세기 ★ **주제어** : 인종주의

기독교와 사유재산제를 모르면 미개인

15세기부터 본격화된 서유럽의 세계 진출은 유럽인들이 아시아인 및 아메리카인 들과 접촉하고 교류할 수 있는 기회를 제공했다. 이 과정에서 유럽인들은 아메리카 인디언들을 만났는데, 기독교를 신봉하지 않고 사유재산에 대한 관념이 전무하다는 이유로 그들이 문화적으로나 인종적으로 열등한 존재라고 생각했다. 유럽인들은 자신들의 침략과 영토 정복활동을 문명 전파의 명목으로 미화했다. 이때부터 유럽인들은 전 세계의 인종을 유럽인, 아메리카인, 아프리카인, 아시아인으로 나누어 우열관계에 입각한 인종간의 서열을 확립했다.

하지만 인종간의 서열을 주장하는 이론은 신 앞에서는 세상 만민이 평등하다고 이야기하는 기독교의 교리에 어긋나는 것이었다. 비유럽인 또한 동일한 종으로서의 인간인 것이 사실이라면, 인종간에 서열이 있음을 증명하기 위해서는 이를 뒷받침할 만한 과학적 근거가 필요했다.

인종주의 확립에 기여한 과학자들

18세기에 활동한 스웨덴의 식물학자 린네는 지역에 따라 인간의 신체적 특성이 다르게 나타나므로 인종간의 결혼이 우월한 인종의 좋은 특성을 소멸시킨다고 주장하며 인종간의 서열을 강조하는 이론에 힘을 실어 주었다. 또한 프랑스의 박물학자 뷔퐁은 유럽 바깥에 거주하는 인종들은 좋지 않은 기후의 영향으로 퇴화하여 열등한 인종으로 변했다는 주장을 펼쳤다. 18세기 후반 독일의 블루멘바흐는 뷔퐁의 퇴화이론을 한층 발전시켜 세계의 인종을 코카서스인, 몽골인, 에티오피아인, 아메리카인, 말레이인으로 구분하여 백인종인 코카서스인의 인종적 우월성을 강조했다. 이 이론은 19세기 중엽까지 위세를 떨치며 서구의 제국주의 침략을 정당화하는 논리로 활용되었다. 19세기 스코틀랜드의 녹스는 해부학 지식을 동원해 해부학적 차이가 인종간의 우열을 결정한다고 주장하기도 했다.

인종주의는 진화의 결과?

한편 자연선택과 적자생존이라는 관념을 중심으로 구성된 다윈의 진화론은 백인들의 인종적 우월성과 승자 독식의 원리에 따라 진행되던 서구 주도의 제국주의 지배를 정당화하는 수단으로 활용되었다. 다윈의 논리는 사회진화론을 주창한 스펜서에게 그대로 계승되었다. 스펜서는 변화무쌍한 외부환경을 극복하고 살아남은 인간집단은 우월한 인종이고 이러한 우등 인종은 열등 인종을 지배할 수 있는 권한을 갖는다고 주장했다. 다윈의 진화론과 스펜서의 사회진화론은 현재의 승자인 유럽이 최후의 승자로서의 자격을 부여받아 패자인 아시아와 아프리카를 지배할 수 있다는 논리를 과학적이고 사회학적인 방식으로 설명하여 서구의 제국주의 지배를 활성화하는 이론적 수단을 제공했다.

현재까지도 인종주의는 특정 국가가 위기에 처해 있을 때 자주 등장한다. 보수 우파 세력은 인종주의를 이용해 배타적이고 폐쇄적인 사회 분위기를 조성하여 사회 결속력을 높이곤 한다. 이민 문제와 실업률 상승으로 시름하고 있는 서유럽 사회에서 이민족과 이들의 문화를 배척하고 차별하는 이들이 늘어나는 추세는 이러한 분위기와 결코 무관하지 않은 것이다.

A 18세기

히틀러의 아리안족 우월주의

2차 세계대전의 주범 아돌프 히틀러는 아리안족 우월주의를 내세워 유대인과 집시 등을 차별하고 학살했다. 그에 따르면 순수 아리안족은 갈색머리칼에 파란 눈과 큰 키, 그리고 정통 독일어를 사용해야 했다. 그러나 '아리안족 우월주의'는 히틀러가 1차 세계대전 이후 불만이 증폭된 독일인들을 자신의 편으로 끌어들이기 위해 강조한 정치 선동으로 평가받고 있으며, '순수 아리안족'이라는 개념은 20세기 중반 이후 많은 인류학자들에 의해 거부되고 있다.

Q 079

세르비아 청년이 사라예보 사건을 일으킨 까닭은?

★ **시대** : 20세기 초 ★ **주제어** : 1차 세계대전, 사라예보의 총성

독립을 위한 두 발의 총탄

"탕, 탕!" 두 발의 총성이 울려 퍼졌다. 1914년 6월 28일 보스니아의 수도 사라예보를 방문한 오스트리아-헝가리 제국의 황태자 프란츠 페르디난트 부부가 세르비아의 한 청년 테러리스트로부터 저격을 당해 살해된 것이었다. 이로부터 한 달 만에, 유럽의 각국은 서로가 서로에게 선전포고를 했고, 유럽 전역은 전쟁의 소용돌이 속에 빠져들었다. 그렇다면 세르비아의 테러리스트는 왜 프란츠 페르디난트 대공에게 총을 쐈을까?

오스트리아-헝가리 제국은 다양한 민족과 인종이 결합된 국가였다. 제국을 구성하는 민족은 오스트리아인이 가장 많았고 체코인, 마자르인, 이탈리아인, 남슬라브인 등이 소수민족을 이루고 있었다. 이들 소수민족은 제국을 지배하는 오스트리아인의 억압적인 통치에서 벗어나 독립국가를 세우기를 꿈꿨다. 남슬라브 계통인 세르비아인들도 이러한 소수민족들 중 하나였다.

세르비아의 급진주의적 비밀단체 '검은 손'은 세르비아 민족의 독립을 위하여 페르디난트를 살해하기로 계획했다. 황태자의 죽음으로 인해 제국이 혼란에 빠지면, 자신들이 꿈꾸던 민족의 독립을 도모할 수 있는 기회가 찾아올

것이라고 생각했던 것이다. 젊은 테러리스트 가브릴로 프린시프는 이러한 계획에 따라 황태자의 행렬이 지나갈 때 황태자의 차에 뛰어올랐고, 두 발의 총을 쏘아 황태자 부처를 살해하고야 말았다.

암살 사건이 1차 세계대전의 원인은 아니다

오스트리아는 이 사건을 이용해 소수민족을 억누르기로 결심했다. 이에 따라 세르비아에 받아들일 수 없는 최후통첩을 보낸 후 군대를 동원했다. 발

| 암살자 가브릴로 프린시프

칸반도에 오스트리아 세력이 힘을 미치는 것을 경계한 러시아는 즉각 세르비아 편에 섰고, 이에 러시아의 동맹국 프랑스까지 움직이게 되었다. 오스트리아의 동맹국 독일도 이런 움직임을 좌시하지 않고 즉시 오스트리아 편에 서서 움직임을 개시했다. 이렇게 사라예보의 총성은 1차 세계대전으로 확대되었다.

그렇다면 1차 세계대전의 원인은 어디에 있을까? 세르비아 청년의 총알에 있을까? 어쩌면 그건 단지 우발적인 사건에 불과할지도 모른다. 황태자 암살사건의 배후에는 민족주의와 군국주의, 그리고 강대국들 사이의 야욕이 있었기 때문이다. 유럽은 이미 조금이라도 균형이 어긋나면 전쟁으로 치달을 수 있었던 상황이었던 것이다.

A 세르비아 독립을 위해서

Q 080

왜 미국은 1차 세계대전에 참전했는가?

★시대 : 20세기 초 ★주제어 : 3국 동맹, 3국 협상, <서부전선 이상없다>, U-보트, 베르사유 체제

3국 동맹과 3국 협상

20세기 초 유럽 열강은 크게 두 개의 적대 세력으로 나뉘어 있었다. 독일, 이탈리아, 오스트리아-헝가리 제국은 3국 동맹을 맺고 있었으며 영국, 프랑스, 러시아는 3국 협상을 통해 그에 대립하고 있었다. 때문에 이중 어떠한 국가라도 다른 국가와 마찰을 빚게 되면, 유럽의 열강들은 자동적으로 그 전쟁에 개입할 수밖에 없었다.

오스트리아가 세르비아와의 전쟁을 선포하자 러시아는 세르비아 편을, 독일은 오스트리아 편을 들며 전쟁에 개입했다. 러시아와 동맹관계에 있던 프랑스와 사태를 관망하던 영국도 전쟁에 이끌려 들어갔고, 중립을 지키던 이탈리아는 1915년 3국 협상의 편에서 참전했다.

하지만 그 누구도 1차 세계대전이 그렇게 오랜 기간에 걸쳐서 진행되리라고는 생각하지 않았다. 자국의 군사력을 과신했던 독일은 우선 프랑스와 접해 있던 서부전선에서 승리를 거둔 후 바로 그 전력을 동부로 돌려 러시아까지도 깨뜨릴 수 있을 것이라 생각했다. 그러나 이 작전은 오판이었다. 전쟁은 1916년경 지루한 교착상태에 빠지고 각국의 사상자만 끊임없이 증가

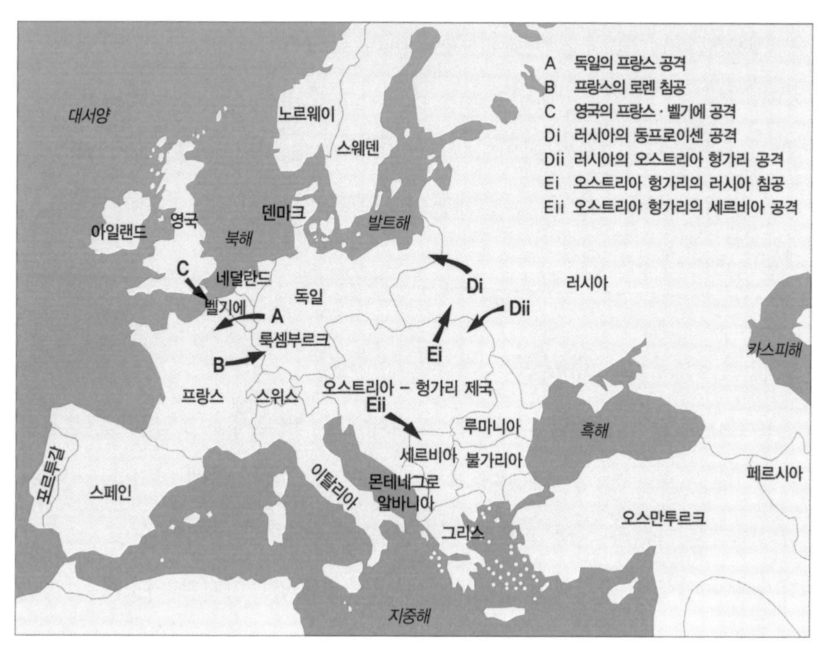

| 1914년 유럽강대국의 전쟁계획

할 뿐 끝날 기미가 보이지 않았다.

독일의 무제한 잠수함 작전이 불러온 화

이러했던 전쟁이 미국의 참전으로 새로운 국면에 들어서게 된다. 당시 독일은 영국으로 들어오는 모든 선박을 무제한 폭격하겠다고 선언했는데, 이는 미국의 여객선이나 상선을 통해 영국으로 들어오는 군사물자를 차단하기 위함이었다. 독일의 잠수함 U-보트는 영국으로 들어오는 미국의 배들을 공격했고, 결국 미국은 중립을 포기하고 독일에 선전포고를 한다.

비록 1917년 러시아가 국내의 혁명 발생으로 인해 전쟁에서 이탈했지만, 독일은 영국, 프랑스, 미국으로 이루어진 연합군을 막을 길이 없었다. 독일은 1918년 5월 말 총공세를 펴 다시 파리 근교까지 연합군을 압박했지만, 이미 대세는 기울어 있었다. 계속된 패배와 굶주림은 결국 독일혁명으로 이어져 황제 빌헬름 2세가 퇴위되고 임시정부가 그 자리를 대신하게 되었다. 그리고 임시정부가 그 해 11월 패전의 책임을 지고 항복을 결정하면서 1차 세계대전은 종결되었다.

갚을 수 없는 배상금

1919년 1월 연합국의 대표들은 파리에 모여 베르사유 조약을 맺었다(이후 유럽에 등장한 체제를 베르사유 체제라고 부른다). 이 조약에 따라 독일은 해외식민지뿐 아니라 본국 영토의 일부를 승전국에게 내주어야 했고, 오스트리아와의 병합도 금지되었다. 또한 전쟁을 다시 일으키지 못하도록 엄격한 군비제한이 부가되었다. 그러나 무엇보다도 가장 큰 문제가 된 것은 1,320억 마르크에 달하는 엄청난 액수의 전쟁배상금이었다. 미국이 이 금액은 독일이 도저히 갚을 수 없는 금액이라면서 배상금 경감을 주장했지만, 영국과 프랑스 등은 이를 받아들이지 않았다.

또한 베르사유 체제에서는 전쟁의 비참함을 되풀이하지 않기 위한 평화기구, 바로 국제연맹이 창설되었는데, 연맹을 제안했던 미국조차 가입하지 않음으로써 유명무실해지고 말았다. 결국 베르사유 체제라는 것은 기존 제국주의적 세계 체제의 분할을 영국과 프랑스 중심으로 재편한 것에 불과한 것으로, 유럽의 평화를 유지하기에는 불충분한 조치였다.

A 독일의 무제한 잠수함 작전으로 자국의 여객선과 상선이 공격을 받았기 때문에

Q 081

경제대공황 때 미국의 루스벨트 대통령이 실시한 정책은?

★ 시대 : 20세기 초 ★ 주제어 : 경제공황, 파시즘, 전체주의

너무 많이 생산하면 위기가 온다

근대 이전에는 흉년이나 질병, 기상이변과 같은 일이 경제위기를 불러왔다면 자본주의가 들어선 이후에는 지나치게 많이 생산된 상품이 경제위기를 초래했다. 시장에서 소비할 수 있는 수준을 넘어설 정도로 과잉 생산된 제품은 판매가 되지 않을 것이고, 재고가 쌓이면 상품 생산자는 생산을 중단하게 될 것이다. 이 지경에 이르면 일터를 잃는 노동자가 급증한다. 일자리를 잃은 노동자는 경제력 상실로 소비를 줄이거나 아예 포기하게 되는데 이런 현상이 사회 전반에 걸쳐 반복되어 일어나면 소위 '경제공황'이라는 파국을 맞이하게 되는 것이다.

경제공황은 19세기부터 본격화되기 시작했다. 이 시기 미국과 독일은 공황으로 도태된 기업들을 인수·합병하면서 어려운 상황을 헤쳐 나갔고, 영국은 안전한 자본 투자 시장을 확보하기 위해 제국주의 침략에 열을 올렸다.

2차 세계대전을 일으킨 경제위기

1929년의 경제대공황은 역사적 상징으로 기억되고 있다. 1929년 10월

SALE

29일에 미국 월스트리트의 주가폭락으로 시작된 경제대공황은 금융 부문과 공업 부문뿐 아니라 농업 부분으로까지 확산되어, 전 세계적으로 공업생산량이 대폭 감소하고 실업률이 폭증했으며 농산물 가격이 폭락하고 말았다.

경제대공황을 극복하기 위해 미국의 루스벨트 행정부는 뉴딜정책을 통해 경제 영역에 적극 개입했다. 루스벨트 행정부는 은행에 대한 정부 보증과 불법 거래 행위에 대한 증권투자가들의 안전 보장, 농산물 가격의 안정화, 테네시 강 유역 개발공사 등을 통해 경제 불황에 대처했다.

이와 달리 영국과 프랑스는 식민지 정책을 확대하고 블록경제를 구축하는 방식으로 난국에 대처했으며, 상대적으로 후진국이었던 독일과 이탈리아와 일본은 나치즘과 파시즘, 군국주의를 기반으로 전체주의 국가 체제를 형성해 경제 발전을 모색했다. 이중 전체주의 국가 체제를 통해 대공황에 대처했던 국가들은 2차 세계대전을 일으켜 수많은 인명을 빼앗고 문명을 파괴하는 잘못을 저지르고 말았다.

자본 투자 중심의 경제가 낳은 위기

이후 세계는 1970년대 중반과 1980년대 초반에 맞이했던 경제위기에 대응해 국가의 개입을 최소화하고 국경을 초월해 자본이 자유롭게 넘나들 수 있도록 하는 신자유주의 경제 질서 구축을 새로운 해법으로 제시했다. 그러나 2008년 서브프라임 모기지 사태로 빚어진 미국발 금융위기는 신자유주의 경제 질서를 뿌리부터 흔들었다. 서브프라임 모기지 사태는 신자유주의 경제 체제의 위기감을 고조시켜 세계 각국을 극심한 불안감에 휩싸이게 했다.

A 뉴딜정책

Q 082

2차 세계대전의 책임은 모두 히틀러에게 있다?

★ **시대** : 20세기 초 ★ **주제어** : 국제연맹, 히틀러, 파시즘

속빈 강정이나 다름없는 국제연맹

2차 세계대전 하면 아돌프 히틀러가 가장 먼저 떠오른다. 독일 민족은 세상에서 가장 위대하기 때문에 그에 걸맞은 영토를 가질 필요가 있음을 주장한 히틀러가 2차 세계대전을 일으킨 장본인이라는 데에는 누구나 동의한다. 숫자를 가늠하기 어려울 정도로 많은 유대인과 집시 들을 학살한 홀로코스트의 죄악 역시도 히틀러에게 많은 부분 책임이 있다. 그렇다고 2차 세계대전의 모든 책임을 히틀러의 광기 하나에만 돌릴 수는 없을 것이다.

2차 세계대전의 수많은 다른 원인 중 국제연맹의 무기력함에 대해서 살펴보자. 국제연맹은 1920년에, 1차 세계대전에서 승리한 연합국이 주축이 되어 창설한 국제 평화유지 기구였다. 하지만 국제연맹의 무력함은 2차 세계대전이 발발하기 오래 전부터 널리 알려진 사실이었다.

당시 세계 최강국으로 발돋움한 미국조차도 국제연맹에 참여하지 않았다. 미국의 대통령 우드로 윌슨이 국제연맹 창설에 앞장섰음에도 불구하고, 미국 의회는 베르사유 조약과 함께 국제연맹의 조약을 승인하지 않았다. 미국이 불참한 국제연맹은 속빈 강정이나 마찬가지였다. 실례로 1931년 일본

이 만주사변을 통해서 중국을 침략했을 때도 아무런 조치를 취하지 못했다. 오히려 일본은 국제연맹을 탈퇴하며 보란 듯이 전쟁을 계속했다.

독일과 이탈리아의 도발

나치 독일은 1933년에 제네바 군비축소 회담에서 결정된 내용들을 거부하고, 국제연맹을 탈퇴한 뒤 군비증강을 공식 선언했다. 이는 1차 세계대전의 책임을 물어 독일의 군비에 제한을 둔 베르사유 조약의 내용을 거부하는 것이었지만, 국제연맹이 취했던 조치는 사실상 전무했다. 나치가 어떠한 군대도 이동시킬 수 없는 라인란트 지방까지 진출했을 때도 국제연맹은 아무런 제재를 가할 수 없었다.

무솔리니의 이탈리아가 1935년 에티오피아를 침공했을 때도 국제연맹은 이탈리아의 에티오피아 합병을 지켜볼 수밖에 없었다. 이를 저지하려는 국제연맹의 결의에 독일과 미국이 찬성하지 않았기 때문이다.

1936년 스페인에서 파시즘적 성향을 노골적으로 드러내던 프랑코 장군이 쿠데타를 일으키자, 독일과 이탈리아는 프랑코 장군을 지원했다. 이를 통해 가까워진 독일과 이탈리아는 결국 베를린과 로마를 잇는 '추축'관계를 선언했으며, 이후 일본은 소련을 견제하기 위해 독일과 '방공협정'을 체결했다. 이렇게 세계는 또 한 번의 거대한 전쟁의 소용돌이 속으로 빠져들게 된 것이다.

A 아니다. 국제연맹을 속빈 강정으로 만든 미국과 유럽 각국에게도 책임이 있다.

방공협정(Anti-Comintern Pact)

1936년 11월 베를린에서 독일과 일본이 소련을 중심으로 한 코민테른에 대한 정보를 서로 교환하고 코민테른을 어떻게 방어할 것인지를 협의할 것을 규정한 5년 기한의 협정이다. 1937년 11월 이탈리아가 가입하여 완성되었다.

Q 083

파시즘은 어느 나라에서 탄생했나?

★ **시대** : 20세기 초 ★ **주제어** : 조르주 소렐, 『폭력에 대한 성찰』, 악시옹 프랑세즈

파시즘은 프랑스가 원조

파시즘은 국가의 절대 우위를 강조하여 개인이 국가에 절대복종하고, 극단적 민족주의를 강조하는 정치 이데올로기이다. 파시즘 하면 2차 세계대전의 주범인 히틀러와 무솔리니만 떠올리기 쉽다. 하지만 파시즘은 20세기 초 프랑스에서 탄생했다.

프랑스에서는 1908년 반의회주의와 반유대주의, 군주제의 복귀를 기치로 내건 급진적 성향의 민족주의 단체 '악시옹 프랑세즈'가 발족되었고, 1911년에는 노동조합주의와 반민주주의를 내건 '프루동 서클'이 탄생했다. 악시옹 프랑세즈와 프루동 서클은 비록 수많은 차이가 있었지만 극단적 민족주의와 반민주주의를 내세우며 프랑스의 공화정 체제를 비난했다.

대체적으로 학자들은 이 시기 프랑스 파시즘의 이론을 마련한 인물로 조르주 소렐(1847~1922)을 꼽는다. 초기에는 마르크시즘에 경도되어 있던 소렐은 1908년 『폭력에 대한 성찰』을 출판하면서 급진적인 노동조합주의를 주창하게 된다. 그는 자본주의의 자체 모순에 의해 공산주의 사회가 도래할 것이라는 낙관적 기대를 버리고 오직 부르주아와 프롤레타리아 사이에 벌어지는

계급투쟁을 통해서만 공산주의 사회가 도래할 것이라는 신념에 집착했다.

그는 『폭력에 대한 성찰』 출판 이후 군주제적 민족주의를 주창하던 악시옹 프랑세즈의 인사들과 활발히 교류했다. 이를 통해 폐쇄적이고 급진적인 민족주의를 기반으로 군주제의 부활을 꾀하던 악시옹 프랑세즈의 정치적 입장과 노동자의 격렬하고 뜨거운 계급투쟁을 주창하던 소렐의 노동조합주의가 반민주주의라는 공통된 대의 아래 융합되었다. 악시옹 프랑세즈와 소렐 사상의 제휴는 경제성장의 여파로 노동자 계급이 급증하고 보불전쟁과 드레퓌스 사건의 앙금이 잔존해 있던 당대 프랑스 사회의 현실이 반영되어 이루어진 것으로 볼 수 있다.

프랑스에서 파시즘이 활발하지 못했던 이유

이후 파시즘 성향의 프랑스 정치 단체들은 우파 성향의 정치지도자들과 인민들로부터 일정한 지지를 확보하며 비시정권 시기까지 세력을 유지해 나갔다. 그러나 이들 파시스트 단체는 이탈리아와 독일에서와는 달리 열렬한 대중적 인기를 확보하지는 못했다. 1차 세계대전 승전국이었던 프랑스는 경제위기가 닥칠 때마다 적절하게 대처하는 탄력성을 보여줬고 급진 좌파 세력의 정치적 준동 또한 상대적으로 드물었다. 비시정권 시기에 나치 협력자들의 수가 알려진 것에 비해 적었고 이들의 사회적 파급력 또한 미약했던 점은 파시즘 이론의 본산인 프랑스에서 파시즘이 활발하지 못했던 주요 원인으로 간주된다.

A 프랑스

Q 084

교황이 파시즘과 나치즘에 동조했다는 것이 사실인가?

★ **시대 :** 20세기 초 ★ **주제어 :** 무솔리니, 라테란 조약, 피우스 11세

무솔리니, 히틀러와 손잡은 교황

1861년 이탈리아 왕국은 대부분의 이탈리아 영토를 통일하는 데 성공했지만 로마만큼은 교황이 머무르는 도시로 남겨두었다. 당시 이탈리아의 수도는 로마가 아니라 토리노였으며, 이후에는 피렌체가 그 역할을 담당했다. 그러나 1870년 이탈리아 왕국은 로마를 점령했고, 1871년 로마를 왕국의 수도로 정한다. 이에 따라 지위가 흔들린 교황은 이탈리아 왕국과 대립한다.

이때 해결사로 등장한 인물이 무솔리니다. 무솔리니는 교황이 이탈리아 왕국을 인정하고 자신을 지지한다면 바티칸 시국(市國)의 독립을 보장해 주기로 했다. 이것이 바로 1929년의 '라테란 조약'이었다. 라테란 조약 뒤에는 더 놀라운 약속들이 숨어 있는데, 바티칸은 이탈리아에 대한 모든 세금을 면제받을 뿐만 아니라 교황령을 포기하는 대가로 보상금 7억5천만 리라와, 연 5%의 이익이 보장되는 이탈리아 공채를 선물로 받기로 했던 것이다.

당시 교황이었던 피우스 11세(1857~1939)는 조약에 서명한 즉시 무솔리니를 지지하는 성명을 발표했다. 대부분의 국민이 가톨릭 신도였던 이탈리아에서 교황의 발언은 엄청난 파급력을 발휘했고, 무솔리니는 대중의 인기

| 피우스 11세

를 등에 업고 파시즘 체제를 이끌어 나갈 수 있었다. 게다가 바티칸은 1933년 나치 독일과도 상호특권을 인정하는 조약을 맺었다. 이로써 교황은 전 인류의 범죄자인 나치와 협력했다는 비난을 피할 수 없게 되었다.

교황의 인간적인 선택

다른 견해도 있다. 사실 라테란 조약을 맺을 당시 교황에게는 아무런 선택권이 없었다. 무솔리니를 인정하지 않는다면 전 세계 가톨릭의 아버지 격인 교황의 존재가 위협을 받는 처지에 놓일 수밖에 없었기 때문이다. 그리고 나치의 인종차별 정책이 고스란히 이탈리아로 옮겨졌던 1938년경에는 바티칸이 적극적으로 무솔리니의 파시스트 정권을 비판하면서 대립했다고 한다.

또한 나치 독일과의 조약도 독일과 오스트리아의 가톨릭 신도들을 지키기 위한 목적에서 이루어진 것이었고, 나치가 바티칸에 막대한 자금을 조달했다는 물증이 확보된 바는 없다고 한다. 오히려 히틀러 정권이 점차 인종차별적이고 전쟁 지향적인 성향을 보임에 따라 여러 차례 항의서한을 보냈다는 기록이 발견되고 있다. 또한 피우스 11세의 뒤를 이어 교황이 된 피우스 12세(1876~1958)가 2차 세계대전의 평화로운 해결을 위해 갖은 노력을 기울였을 뿐 아니라, 수용소에서 죽을 운명에 처한 유대인들을 구하기 위해 많은 뒷거래를 성사시켰다는 내용을 담은 자료도 다수 발견되었다.

A 한때 나치즘과 파시즘에 동조한 것은 사실이다.

Q 085

1950년대 미국을 매카시즘의 광풍으로 몰고 간 인물은?

★ **시대** : 20세기 중반 ★ **주제어** : 냉전, 반공주의, 매카시즘

미국과 소련으로 나뉜 세계

2차 세계대전 이후 미국과 소련은 강력한 힘을 과시하면서 세계를 자유주의와 공산주의로 나누어 놓았다. 소련은 동유럽을 비롯한 수많은 세계에 손을 뻗쳐 공산주의 체제를 전파했고, 미국은 공산주의를 위협적인 적으로 선포하고 소련을 중심으로 한 공산주의가 더 이상 세력을 넓히지 못하도록 방어하는 데 몰두했다.

미국 정부는 자국의 국민들에게 공산주의라는 유령이 항상 자유, 민주주의, 평등이라는 가치들을 위협하고 있다고 가르치면서 반공정신으로 무장할 것을 요구했다. 이러한 분위기가 가장 극단적으로 표현된 것이 바로 '매카시즘'이다.

거짓말에 놀아난 미국

매카시즘이란 미국의 상원의원 조지프 매카시(1909~1957)의 이름에서 비롯한 말이다. 그는 출세하기 위해 출신과 이력을 속여서 출마했으며, 상원의원이 된 이후에도 알코올 중독에서 헤어나지 못하고 있었다. 입지가 점점

| 조지프 매카시

줄어들고 있던 무렵, 매카시는 단박에 정계의 스타로 등극할 수 있는 방법을 찾아냈다. 바로 공산주의를 이용하는 것이었다.

1950년 2월 매카시는 한 여성단체 모임에 나가 공산당 간첩의 일원이었던 국무부 관리 205명의 명단이 자신의 손에 있다고 말했다. 출처도 불분명했고 증거도 전혀 없는 문서에 불과했지만, 시대의 분위기는 당시의 민중들이 이러한 거짓말에도 쉽게 속아 넘어가게 만들었다.

언론에서는 연일 매카시의 말을 1면에 커다랗게 장식했고, 대중들은 그러한 신문의 판매 부수를 올리는 데 일조했다. 여러 조사위원회가 매카시의 주장을 근거가 없는 것으로 밝혔지만 아무 소용이 없었다. 반공주의 분위기가 가득한 미국 사회가 논리적인 이야기보다는 선동적인 이야기에 더욱 귀를 기울였기 때문이다.

매카시는 아무런 근거도 없이 자신의 정적들을 공산주의자로 지목하며 공격했으며, 지목받은 인사들은 해명할 기회도 없이 사회적 비난을 받고 명예가 실추되었다. 당시 미국의 반공주의의 열풍은 서로가 서로를 공산주의자로 매도하는 현상을 낳았으며, 지목된 사람들이 공산주의자라는 올가미에서 벗어나기 위해 또 다른 사람을 공산주의자로 지목하는 일이 반복되었다. 1950년대 초 미국 사회는 마치 정신병에 걸린 것과 같았다.

결국 들통 난 거짓말

하지만 매카시는 1954년 미 육군의 몇몇 장교들을 공산주의자로 공격하여 스스로 무덤을 파고 말았다. 아이젠하워와 미 육군은 청문회를 통해 매카시의 주장에 효과적으로 반박했으며, 언론도 더 이상 매카시의 편을 들지 않았다. 텔레비전을 통해 공개된 청문회는 매카시를 바보로 만들었고, 대중은 그에게서 등을 돌렸다.

매카시는 알코올 중독으로 1957년에 지저분한 삶을 마감했다.

A 조지프 매카시

연표로 보는 19세기 말~20세기 초 5대 사건

1857년
세포이 항쟁

1858년
무굴제국 멸망. 영국, 동인도회사를 폐지하고 인도를 직접 통치하기 시작

1859년
찰스 다윈, 『종의 기원』 출간. 다윈은 『종의 기원』을 통해 생존경쟁, 적자생존, 자연 도태의 개념으로 생물의 진화 과정을 설명했다. 이후 진화론은 종교계와의 갈등 속에서도 생물학계뿐 아니라 사회과학 분야로까지 전파되어 서구의 제국주의 침략을 위한 이론적 토대를 마련했다.

1914년
사라예보 사건, 1차 세계대전 발발

1917년
러시아 혁명 발발. 1905년 러시아에서 1차 혁명이 발발하여 의회 설치와 자유주의 개혁에 착수했으나 1차 세계대전 발발로 큰 성과를 거두지 못했다. 패전이 거듭되고 식량, 물자의 부족과 물가 급등으로 사회가 불안했던 1917년 3월, 다시 혁명이 일어나 차르 체제를 타도하고 자유주의 성향의 임시정부가 들어선다. 그러나 개혁이 성과를 거두지 못하자 레닌이 이끄는 볼셰비키가 같은 해 11월 또다시 혁명을 일으켜 공산정권을 수립했다.

1918년
독일 패전
(1919년: 베르사유조약 체결, 1920년: 국제연맹 설립)

1922년
이탈리아, 파시스트 정권 수립

1929년
미국 월가 주가폭락으로 경제 대공황 발생

1939년
독일, 폴란드 침공

1941년
일본, 진주만 기습

1945년
독일(5월)과 일본(8월)이 연합국에 무조건 항복 선언, 국제연합 창설

1949년
모택동을 주석으로 중화인민공화국 수립

1950년
한국전쟁 발발
미국에 매카시즘 광풍이 불기 시작

1867년

마르크스, 『자본론』 출간. 1848년 「공산당 선언」을 발표하여 현실 정치운동에 적극 뛰어든 마르크스가 1867년 『자본론』 1권을 출간하여 자본주의 경제 체제의 법칙을 밝혀내고 공산주의 운동의 이론적 기반을 다졌다. 『자본론』 2권과 3권은 엥겔스에 의해 1885년과 1894년에 각기 출간되었다.

1871년

독일 통일. 7월 혁명 후 독일은 관세동맹을 체결하여 통일을 위한 경제 기반을 마련했고 비스마르크의 철혈정책을 통해 오스트리아를 제외한 독일의 여러 나라들을 규합하여 1871년 통일된 독일 제국을 형성했다. 프랑스와의 전쟁에서도 승리한 독일은 통일의 과업을 성취함으로써 유럽의 신흥 강국으로 부상했다.

1882년

삼국동맹(독일, 오스트리아, 이탈리아) 결성

1906년

드레퓌스에 대한
무죄선고로
드레퓌스사건 종결

1907년

러일전쟁을 계기로
영국은 영일동맹을 파기하고
러시아, 프랑스와 함께
삼국협상을 성립시킴

1931년

일본, 만주사변을 일으켜
이듬 해 괴뢰국인 만주국을 세움

1933년

미국 대통령 프랭클린
루스벨트, 뉴딜정책 시행

1934년

히틀러, 독일총통 취임. 1929년의 경제대공황의 영향으로 독일 사회가 극심한 혼란에 빠졌을 때, 반의회주의와 극단적인 인종주의를 기치로 내건 나치의 히틀러가 1933년 수상으로 임명되었다. 이후 히틀러는 바이마르 공화국의 대통령 힌덴부르크가 죽자 1934년 총통에 취임하여 일인 독재 체제를 확립하게 된다.

1937년

일본, 중일전쟁을 일으킴

9장

어제의 오늘

현대사

시대 설명

2차 세계대전 이후 국제사회의 질서는 자본주의 진영의 대표 국가 미국과 공산주의 진영의 대표 국가 소련이 날선 이념대립을 벌이는 냉전의 형태를 띠고 전개되었다. 미국은 마셜플랜을 통해 전후 서유럽 사회를 재건하는 데 일조하며 북대서양조약기구를 중심으로 자본주의 진영의 맹주로서 바르샤바조약기구를 중심으로 한 소련과 대치했다. 냉전은 각 진영 종주국들 사이의 무력 마찰로 이어지기보다는 대리전쟁의 양상을 띠며 전개되었다. 종전 5년 후에 발발한 한국전쟁은 이러한 냉전을 비극적으로 보여준 사건이었다. 냉전은 미국과 소련의 체제 경쟁을 격화시켜 극단적인 군비경쟁과 핵개발, 우주개발로 이어지면서 냉전 당사국들의 정치경제적 부담을 가중시켰다.

2차 세계대전 후의 또 다른 큰 흐름은 대중소비사회의 도래이다. 이는 종전 후 서양 사회가 미국이 주도하는 달러 경제 체제에 편입되어 맞은 경제 호황 덕분이었다. 이러한 분위기 속에서 대중문화가 문화 전반을 잠식해 감에 따라 기성세대와 기득권 세력에 대해 도전하고 각종의 보수적 사회규제를 철폐하려는 움직임이 젊은 세대로부터 뿜어져 나왔다. 미국의 반전운동과 히피문화, 68혁명, 반인종주의적 인권운동, 페미니즘 등은 바로 이러한 맥락에서 발생한 문화 현상들이었다. 또한 비서방 세계의 일원인 중국에서는 사상 혁신과 상부구조의 대대적 변혁을 시도한 문화혁명이 일어나 전 세계적으로 대단한 반향을 불러일으켰다. 문화혁명은 결국 실패로 돌아갔지만 정통적인 마르크스-레닌주의에서 탈피하여 좌파 이데올로기의 쇄신을 꿈꾸던 서유럽 진보 지식인들에게 상당한 영향을 끼쳤다.

한편 1950~1960년대를 거치며 독립을 획득한 아프리카 여러 나라들과 아시아 국가들은 반둥회의의 개최를 계기로 비동맹 중립노선을 표방하며 고착된 냉전 체제를 비판하는 자세를 취했다. 이와 더불어 쿠바와 베트남에서는 상대적으로 자주성이 강한 공산주의 체제가 들어서고 이란에서는 이슬람 혁명이 성공을 거두어 양극 체제에 균열을 가하는 현상이 나타나기도 했다.

1980년대 들어 소련이 적극적인 개혁개방 노선을 취하고 베를린 장벽이 붕괴되면서 냉전 체제는 서서히 붕괴되기 시작했다. 결국 독일의 통일과 소련과 동구 공산권의 해체는 냉전의 종식으로 이어졌다. 냉전 체제 붕괴 이후 미국은 무역장벽을 철폐하고 자본의 자유로운 유통을 기치로 한 신자유주의 경제질서를 주도하며 세계 유일의 초강대국으로 부상했다. 미국은 두 차례에 걸친 걸프전쟁과 아프가니스탄, 발칸 지역에서의 전쟁에 적극 개입하며 자국의 정치 지배력과 경제 이익을 관철하는 정책을 펼쳐나갔다.

그러나 2008년 불어 닥친 미국발 경제위기로 신자유주의적 경제 질서에 적신호가 감지되면서 국제사회는 새로운 국면으로 접어들고 있다.

Q 086

영국의 식민지배에 대항하여 케냐인들이 일으킨 대표적인 항쟁은?

★ **시대** : 19세기 말~20세기 중반 ★ **주제어** : 영국 제국주의, 케냐 독립 항쟁

영국, 케냐를 집어삼키다

아프리카의 동부 해안 지역은 1888년부터 영국의 동인도회사가 독점적인 무역권을 행사하고 있었는데, 1895년에는 지역 전체가 영국의 동아프리카 보호령으로 선포되었다. 이후 이 지역으로 유럽인의 이주가 장려되었는데, 특히 아프리카의 다른 도시들에 비해 기후가 쾌적한 케냐가 유럽인의 인기를 끌었다. 1920년에 케냐 보호령이 실시되고 식민지가 정식 선포된 이후에는 영국인들의 토지 집적이 점차 심화되었다. 1948년 통계에 따르면 3만 명의 영국인 거주자가 1만2천 평방마일의 토지를 소유했던 반면 125만 명의 케냐인들은 2천 평방마일의 토지를 갖고 있을 뿐이었다.

조상부터 대대로 물려받던 토지가 어느 날부터 유럽인의 소유가 되었다는 것을 케냐인들은 도무지 이해할 수 없었다. 농사를 짓기 위해서는 유럽인들에게 대가를 지불하고 땅을 빌려야 했다. 더군다나 유럽인들은 케냐인 소작농들에게 지나친 착취와 억압을 가했고, 이로 인해 케냐인들은 빈곤과 배고픔에 항상 노출되어 있었다.

‘토지와 자유’를 외치며 봉기에 나선 키쿠유족

이런 상황에서 케냐인의 대다수를 차지했던 키쿠유족이 사회 전면에 나섰다. 이들은 이미 1940년대부터 여러 지하조직을 결성하여 영국의 제국주의에 맞서고 있었다. 이중 가장 큰 봉기는 바로 마우마우 봉기였다. 1952년 키쿠유족은 ‘토지와 자유’를 요구하며, 영국의 공권력에 대항하는 투쟁을 전개했다. 영국은 즉시 군대를 투입하여 키쿠유족에게 무차별 공격을 감행했다. 또한 키쿠유족 지주들을 이간질시켜 키쿠유족 사회를 분열시키는 고도의 술책도 발휘했다. ‘마우마우’라는 말이 ‘내부끼리의 전쟁’ 혹은 ‘같은 편끼리의 내분’을 뜻하게 된 것은 바로 이 때문이다.

마지막 마우마우 봉기의 지도자 데단 키마티(1920~1957)가 1956년에 사로잡히게 됨으로써 마우마우 봉기는 공식적으로 끝났지만, 이후로도 마우마우 집단들은 게릴라 투쟁을 전개하여 1960년까지도 산발적인 전투를 지속해 나갔다. 하지만 결국 마우마우 봉기는 2만여 명의 희생자를 낳으며 키쿠유족의 비참한 실패로 끝나고 말았다.

드디어 독립을 성취하다

비록 마우마우 봉기는 실패했지만, 키쿠유족이 주장했던 ‘토지와 자유’라는 구호는 이후로도 끊임없이 케냐의 역사 현장에서 울려 퍼졌다. 결국 마우마우 봉기의 정신은 1963년 케냐가 독립에 성공함으로써 성취될 수 있었다. 그리고 케냐의 초대 대통령에는 마우마우 봉기의 지도자 중 한 사람이었던 조모 케냐타(1894~1978)가 취임하게 되었다.

A 마우마우 봉기

Q 087

어떻게 17명밖에 안 되는 사람들이 쿠바혁명을 성공시켰을까?

★ **시대 :** 20세기 중반 ★ **주제어 :** 피델 카스트로, 체 게바라

미국이 스페인의 자리를 대신하다

오랜 세월 스페인의 식민지였던 카리브 해의 아름다운 섬 쿠바는 미국과 스페인의 전쟁 시기를 틈타 1902년 독립에 성공했다. 하지만 미국이 스페인의 빈자리를 곧바로 치고 들어와 쿠바의 정치와 경제를 마음대로 주물렀다. 더군다나 사탕수수라는 단일작물만 길렀기 때문에 다른 생산물들을 들여오기 위해서는 미국에 의존할 수밖에 없었다. 쿠바의 종속적인 경제 상태는 미국에 의존하는 정권을 탄생시킬 수밖에 없었다.

1933년부터 20년이 넘도록 독재를 휘두르던 풀헨시오 바티스타 대통령에게 미국은 든든한 버팀목이었다. 바티스타는 미국의 정보력과 군사력에 힘입어 쿠바 내의 반대세력을 효과적으로 억압하면서 오랜 독재를 유지할 수 있었고, 이에 대한 대가로 쿠바의 알짜배기 산업시설과 관광지를 미국에 헐값으로 넘겨 쿠바의 경제를 더욱 종속적으로 만들었다.

역사가 나를 무죄로 만들 것입니다

법과 대학 학생이었던 피델 카스트로는 이러한 상황을 용납할 수 없었다.

그는 바티스타 정권의 붕괴를 목적으로 삼고 125명의 젊은이들과 함께 1953년 7월 26일 몬카다 병영을 습격했다. 그러나 의기만으로는 정규군에 대항할 수는 없었었고, 카스트로는 결국 사로잡혀 재판을 받게 된다. 반란 주모 혐의로 재판정에 선 카스트로는 죄를 뉘우치기는커녕 당당한 태도로 재판에 임했다. 그는 법정에서 다음과 같이 진술했다. "나에게 유죄판결을 내리십시오. 나는 상관없습니다. 역사가 나를 무죄로 만들 것이기 때문입니다."

언론과 여론은 카스트로 편이었다. 여론은 끊임없이 카스트로를 석방하라고 압력을 넣었고, 결국 바티스타 정권은 15년 형을 구형받았던 카스트로를 2년 만에 풀어줄 수밖에 없었다. 풀려난 카스트로는 멕시코로 정치적 망명을 떠나 훗날 있을 혁명에 대해 차근차근 계획을 세워나가기 시작했다. 그곳에서 그는 또 한 명의 위대한 영웅 체 게바라를 만난다.

카스트로와 게바라를 비롯한 80여 명의 혁명군은 1956년 쿠바에 상륙하는 데 성공했지만, 쿠바 정부군의 공격으로 17명밖에 남지 않았다. 이들은 공격을 피해 시에라마에스트라 산맥으로 숨어들어가 게릴라 전투를 전개했지만 초기에는 정부군의 상대가 되지 못했다. 하지만 바티스타 정부를 반대하고 혁명군의 정신에 동조하는 쿠바인들이 게릴라군에 직접 참여하거나 동조하면서 전세는 역전되었다. 결국 1958년 12월 31일 바티스타와 그의 가족은 도미니카 공화국으로 망명했고, 이듬해 1월 1일 혁명군이 아바나로 입성하는 것으로 쿠바혁명은 성공을 거두게 된다.

어떻게 17명이 혁명을 성공시켰을까?

어떻게 17명밖에 되지 않는 인원으로 카스트로와 게바라는 혁명을 성공으로 이끌 수 있었을까? 첫째, 바티스타 정권과 미국 정부에 염증을 느끼고

| 카스트로(우)와 게바라(좌)

있던 쿠바 국민들이 있었기 때문이다. 이들은 늘 변화를 바라고 있었고, 바로 그 시기에 쿠바혁명군이 국민들에게 민족주의와 저항정신을 일깨워준 것이다. 둘째, 소수의 게릴라를 통해 전투를 전개하면서 농민들의 협조를 이끌어낸 점이 적중했다. 셋째, 미국에서 쿠바혁명에 우호적인 분위기가 조성되었다. 언론과 학계에서 바티스타 독재와 이를 묵인한 미국 정부를 비판하는 여론을 주도했고, 이런 분위기에서 미국 정부는 더 이상 바티스타 정권을 적극적으로 도울 수가 없었던 것이다.

마지막으로 카스트로와 게바라의 리더십과 카리스마 있는 외양, 그리고 어떠한 시련에도 굴하지 않고 불의에 저항하는 굳건한 의지와 기백도 성공 요인으로 꼽을 수 있다.

A 쿠바 국민들의 도움, 효과적인 전술, 미국 내의 비판 여론, 카스트로와 게바라의 리더십 등이 있었기 때문이다.

Q 088

마틴 루터 킹과 맬컴 엑스는 서로를 증오했나?

★ **시대** : 20세기 중반 ★ **주제어** : 인종차별 철폐 운동, 비폭력주의

마틴 루터 킹과 맬컴 엑스

미국 사회가 안고 있던 고질적인 병폐 중 하나인 인종차별은 1950년대 말부터 거대한 저항에 부딪혔다. 위대한 두 흑인 지도자 마틴 루터 킹 목사(1929~1968)와 맬컴 엑스(1925~1965)를 중심으로 흑인민권운동이 뜨겁게 진행되었기 때문이다. 그런데 이 두 지도자의 운동 방향은 많이 달랐다.

마틴 루터 킹은 어린 시절부터 기독교 신앙을 갖고 살아왔다. 그는 서구 문명의 우월한 점이 곧 기독교에서 비롯된다고 여겼으므로, 서구 문명에 속하는 백인들은 근본적으로는 선하다고 믿었다. 즉 인종차별적 성향을 지니고 있는 백인들은 소수에 불과하고, 대부분의 백인들은 흑인들에게 선한 태도를 갖는다는 것이다. 따라서 마틴은 흑인과 백인이 조화로운 세상을 만들 수 있을 것이라 생각했다. 따라서 그가 취한 운동은 흑인들이 백인들과 마찬가지로 투표권을 비롯한 모든 기본권을 획득할 것을 목적으로 삼는 것이었다.

하지만 맬컴 엑스는 다른 입장을 지니고 있었다. 맬컴 역시 아버지가 목사인 기독교 가정에서 태어났지만, 어느 날 백인들에게 아버지가 살해당하고 어머니도 정신이상을 겪는 등 불행한 어린 시절을 보냈다. 뒷골목 생활을

전전하던 맬컴이 다시 태어난 것은 절도죄로 감옥에 있을 때 이슬람교를 만난 이후였다. 이때 맬컴은 맬컴 리틀(Malcom Little)이라는 본명을 버리고 맬컴 엑스(Malcom X)라는 이름으로 개명하면서 흑인무슬림운동이라는 민족주의적 저항을 계획했다. 그는 평등이 보장되지 않는 미국 사회의 법과 질서는 무용지물이므로 흑인의 권리는 흑인 스스로 확보해야 한다고 생각했고 필요한 경우에는 폭력도 사용할 수 있다는 입장을 취했다.

착한 마틴과 사악한 맬컴

이렇게 서로 다른 노선의 지도자 아래서 흑인민권운동도 두 흐름으로 나뉘어 진행된 것이 사실이다. 그렇지만 마틴과 맬컴이 서로를 증오하거나 비난하는 관계는 아니었다. 오히려 그들은 서로를 인정하고 존경했다. 두 사람의 사이가 나쁜 것으로, 그리고 마틴은 착한 흑인이지만 맬컴은 '사악한 깜둥이'로 여겨지는 것은 당시 미국 언론들의 편견에 의해 만들어진 이미지일 뿐이다.

마틴은 초기 흑인민권운동에 적극 참여할 때부터 언론의 찬사를 받아왔다. 게다가 기독교 목사였던 마틴은 흑백이 함께하는 평화를 추구하겠다는 이상을 선언했으므로, 누구도 그를 위협적인 대상으로 보지 않았다. 이에 비해 그 누구도 맬컴 엑스를 주목하지 않았다. 그는 단순히 폭력예찬자로 그려졌으며, 이슬람교를 믿었기 때문에 더욱 부정적으로 비춰졌다. 게다가 맬컴은 흑인들을 위해서라면 폭력도 불사하겠다는 극단적인 인종주의를 주장했기 때문에 미국 사회의 위험분자로 낙인 찍혔다.

최근 밝혀진 사실에 따르면 마틴과 맬컴은 생애 말년에 각자의 노선이 불완전함을 깨닫고 서로 협력했다고 한다. 마틴은 여전히 개선되지 않는 흑인들의 지위와 권리에 회의를 품고 투표권 획득만으로는 아무것도 변하지 않는다는 것을 깨달았다. 그는 인종주의 철폐를 주장하고 미국의 제국주의적 행태를 비판하기 시작했다. 맬컴 역시 흑인의 정체성 혹은 분리독립만을 주장하지 않고 미국 사회에서 흑인이 정당한 권리를 누릴 수 있도록 투표권 확보에도 노력을 기울여야 한다고 주장했다.

| 위대한 두 흑인 민권운동의 지도자 마틴 루터 킹과 맬컴 엑스

안타깝게도 맬컴 엑스는 1965년에, 마틴 루터 킹은 1968년에 암살당하고 말았다. 그들이 힘을 모아 민권운동에 헌신했다면 미국 사회에서 흑인들의 지위 향상은 보다 일찍 이루어지지 않았을까?

A 그렇지 않다. 오히려 말년에는 서로 협력하는 모습을 보였다.

Q 089

베트남 전쟁은 미국의 조작으로 일어났다?

★**시대** : 20세기 중반 ★**주제어** : 통킹 만 사건, 1차 인도차이나 전쟁, 2차 인도차이나 전쟁

5만 vs 40만

베트남인들은 거의 천 년이 넘는 세월 동안 중국의 통치 아래 살아왔고, 1885년경부터는 프랑스의 식민지가 되었다. 1940년경이 되면 대륙에서 세력을 확장하던 일본이 베트남 전역을 지배권에 둔다. 그러나 일본은 베트남 전체를 통치할 여력이 없어 프랑스의 자치를 허용하는 형태로 지배권을 행사했다. 1945년 일본이 2차 세계대전에서 패망하자, 베트남 독립운동을 이끌어온 호치민이 주도하는 베트민이 베트남 민주공화국을 선포했다.

그러나 2차 세계대전 전처럼 인도차이나 반도에서 지배권을 유지하려 했던 프랑스의 반발로 1946년 1차 인도차이나 전쟁이 발발했다. 하지만 프랑스는 독립을 열망하는 베트남 국민들의 전폭적인 지지를 얻은 베트민의 적수가 되지 못했다. 베트민은 연전연승을 했고, 결국 1954년 프랑스의 항복을 얻어냈다. 현대식 무장을 하고 미국의 군수물자 지원까지 받았던 40만 대군의 프랑스 군대가 5만 명에 불과한 베트민 군대에 패배한 것이다.

이어 열린 제네바 회담에서 북위 17도선을 경계로 베트남을 남과 북으로 나누어 전후 상황을 정리하기로 했다. 베트민 군대는 북부로 이동하고 프랑

스 군대는 남부로 이동하게 하여 더 이상의 무력충돌을 막기 위함이었다. 2년 뒤인 1956년에는 베트남 전역에서 총선거를 실시하여 통일된 베트남을 건설하기로 되어 있었다.

다윗이 골리앗을 이기다

문제는 남베트남의 총리가 된 고 딘 디엠이 총선거를 거부하면서 시작되었다. 북부로 이동한 베트민 군대는 호치민을 비롯한 공산주의자들이 주도했는데, 이들은 베트남 전역에서 국민의 지지를 받고 있었다. 총선거에서의 패배를 두려워한 딘 디엠 총리는 반공노선을 강조하며 남베트남에서 호치민과 그 동조세력을 제거하고자 했다. 결국 남베트남에서 딘 디엠에 대항한 베트남민족해방전선(베트콩)이 성립되면서 게릴라 전쟁이 벌어졌고, 이들은 북베트남에서도 공세를 전개하기 시작했다.

1964년 8월, 북베트남 인근 해역인 통킹 만에서 미국 함대가 공격을 받았다. '통킹 만 사건'이라고 불리는 이 사건을 구실로 미국은 베트남에 대한 공격을 전격 개시한다. 그리고 공산주의의 위협으로부터 민주주의를 수호하겠다는 명분으로 남베트남의 편에 섰다. 그런데 '통킹 만 사건'이 미국의 조작이었다는 보고서가 있다. 남베트남이 공세에 몰리자 인도차이나 지역에서 영향력을 상실할 것을 우려한 미국이 직접 전쟁에 개입할 필요를 느껴 공격을 개시할 구실을 만들었다는 내용이다.

2차 인도차이나 전쟁이라고 불리는 베트남 전쟁은 이렇게 시작되었고, 무려 20년에 걸쳐 계속되었다. 미국은 81만 2천 명이라는 엄청난 수의 병력을 베트남에 투입했다. 또한 베트남 전역에 쏟아 부은 폭탄의 양은 2차 세계대전에서 사용된 폭탄의 두 배가 넘었다. 총 전쟁 비용만 2천억 달러에 달한

독립

다는 연구 결과도 있다. 그럼에도 불구하고 세계 최강국이던 미국은 세계에서 가장 낙후된 나라 베트남에 승리할 수 없었다.

베트남이 미국을 이긴 이유

베트남은 미국을 이겼다. 이유는 여러 가지다. 첫째, 미국이 오만했다. 미국은 베트콩을 쉽게 굴복시킬 수 있을 것이라 생각했지만, 미군에게 베트남의 정글 지형은 생소한 것이어서 지리적 이점을 잘 활용한 베트콩이 전투를 수행하기에 더 유리했다. 둘째, 미국의 초토화 작전이 별 쓸모없었다. 초토화 작전이란 폭탄을 쏟아 부어 적의 기지나 산업기반을 제거하는 것인데, 영토 대부분이 농지나 숲이었던 베트남이었기 때문에 폭격의 피해가 별로 크지 않았다.

그러나 무엇보다도 자주독립을 바라는 베트남인의 강한 의지가 베트남의 승리를 이끌었다고 해야겠다. 사실 베트남 전쟁의 본질은 공산주의와 민주주의의 대결이 아니라, 외세의 부조리한 침입을 막고 독립을 성취하기 위한 베트남인의 민족투쟁이었다. 그들에게 미국은 민주주의의 친구가 아니라 민족의 자주독립을 방해하는 장애물이었다. 그리고 베트남인들은 미국을 몰아냄으로써 민족 독립의 마지막 과제를 수행한 것이다.

A 미국이 '통킹 만 사건'을 조작해 전쟁에 참여함으로써 전쟁이 확대된 것은 사실이다.

Q 090

1968년 전 세계에서 일어난 새로운 사회운동을 무엇이라 부르는가?

★ **시대 :** 20세기 중후반 ★ **주제어 :** 베트남 전쟁 반대, 여성권 운동, 반인종주의, 반자본주의, 반공산주의

시위와 소요의 열기에 빠진 지구촌

1968년 3월 22일 프랑스 파리의 낭테르 대학은 학생들에 의해 점거되었다. 낭테르 대학의 비민주적이고 반복지적인 정책의 개선을 요구한 학생들의 항의 시위를 폭력적으로 진압하고, 베트남 전쟁 반대 시위를 벌인 학생들을 연이어 체포한 당국의 처사에 학생들이 분노하여 들고 일어난 것이다.

이는 시작에 불과했다. 이들에 대한 끊임없는 폭력 진압이 바깥에 알려지면서, 다른 학생들과 노동자, 교수들의 항의 시위가 번졌고, 일반 시민들까지 반정부 구호를 외치며 동참했다. 5월이 되자 프랑스 파리의 거리는 마치 1848년 혁명의 시대로 돌아간 듯했다. 곳곳에 바리케이드가 세워졌다.

독일의 베를린에서도 마찬가지의 학생 운동이 폭발했다. 이들은 베트남 전쟁에 대한 반대를 분명히 하고 프랑스에서 벌어진 소요를 지지했다. 이러한 흐름은 영국과 이탈리아는 물론 대서양을 건너 미국에까지 이어졌다. 이미 베트남 전쟁 반대 시위대가 거리를 가득 채웠던 미국에서는 인종과 성적 소수자에 대한 억압과 같은 사회문제들이 덩달아 불거져 나오면서 거대한 소요의 소용돌이가 휘몰아쳤다.

서유럽뿐 아니라 동유럽의 체코슬로바키아, 유고슬라비아, 폴란드 그리고 아시아의 일본과 중국까지 전 세계는 시위와 소요로 들썩거렸다. 이러한 운동들이 정점에 달했던 때가 1968년이었기 때문에, '68혁명' 또는 '68운동'이라고 부른다.

하나로 묶을 수 없는 혁명

68혁명은 하나의 이유로 묶을 수가 없다. 전쟁 반대, 정부의 공권력에 대한 반발, 인종 차별 철폐, 여성의 권리 주장, 자본주의 반대 등 68혁명이 저항의 목표로 삼았던 것은 무척 다양했다. 특히 혁명을 주도한 젊은 세대는 기성세대의 보수성을 공격하고, 기존의 체제나 이념에 강한 의문을 제기했다. 자유민주주의를 추구한다는 프랑스나 미국조차 폭력을 통해 비판적인 목소리를 잠재우려 했으며, 학살을 주도하거나 묵인하거나 또 전쟁과 같은 극단적인 방법을 동원해서라도 자국의 대외 영향력을 유지하려 했기 때문이다.

당시 혁명을 주도한 서유럽의 젊은 세대 중에는 마오쩌둥 같은 공산주의자를 지지하는 이들도 있었지만, 동유럽의 체코슬로바키아에서는 공산주의에 반대하는 움직임이 거셌다. 당시 체코슬로바키아의 공산당 제1서기가 된 알렉산드르 두브체크가 '인간의 얼굴을 한 사회주의'를 모토로 내걸고 개혁에 들어갔는데, 이에 반대한 소련 공산당은 탱크를 몰고 프라하로 진격해 체코슬로바키아의 개혁을 진압하려 했다. 이에 체코슬로바키아의 노동자와 학생 들은 소련 공산주의에 반대하고 두브체크의 사회주의를 지지하는 시위를 일으켰다.

68혁명의 성패에 대해서는 논란이 분분하지만, 68혁명이 특정 정치제도나 이데올로기를 넘어서 진정한 인간의 삶과 보다 나은 미래에 대해 성찰한

사건인 것은 분명한 사실이다. 그리고 혁명에 참가한 사람들은 이상을 꿈꾸는 데 만족하지 않고 거리와 학교, 마을에서 이러한 고민들을 실천으로 옮겨 현실을 바꾸고자 노력했다.

A 68혁명

Q 091

이슬람은 원래 서양을 적대시했나?

★ **시대** : 20세기 중반~현대 ★ **주제어** : 팔레스타인, 이슬람, 이스라엘 건국

팔레스타인 문제의 역사

'한 손에는 칼, 한 손에는 쿠란'은 이슬람의 호전성을 나타내 주는 말로 유명하다. 그런데 이슬람교의 경전인 『쿠란』에는 종교 전파를 위해 무력을 사용해도 된다는 항목이 없으며, 정복사업을 벌이던 무슬림들도 무력과 강압보다는 관용과 융화를 통해 교세를 확장시킬 수 있었다고 한다. 그럼에도 왜 이슬람은 폭력적이라고 알려져 있을까?

이유를 알기 위해 우선 이슬람교를 믿는 아랍 지역의 여러 국가들과 미국과 영국 같은 서방 국가들이 첨예하게 대립하는 팔레스타인 문제의 역사를 훑어보자. 당초 유대인들은 서기 70년경 로마에 멸망당한 후 팔레스타인 땅에서 아랍인들과 2천년 가까이 평화롭게 공존해 왔다. 그러던 관계가 영국과 미국의 정치적 개입 때문에 서서히 악화되기 시작했다.

먼저 영국은 1차 세계대전 때 독일과 동맹관계에 있던 오스만투르크를 공격하기 위해 팔레스타인을 포함한 아랍 지역의 독립을 보장해 주겠다고 회유하며 오스만투르크 내의 아랍인들을 전쟁에 끌어 들였다. 동시에 영국은 미국의 전쟁 참여를 유도하기 위해 유대인들에게도 팔레스타인에 독립

국가를 세워 주겠다고 약속했다(밸푸어 선언). 영국의 이 같은 이중플레이는 아랍과 유대의 갈등의 씨앗이 되었다. 여기에 더해 영국은 이후 프랑스와 사이크스-피코 협정을 체결하여 팔레스타인과 바그다드를 점령함으로써 아랍인들의 기대를 완전히 저버렸다.

2차 세계대전이 끝난 후 1947년, 미국은 유엔총회에서 팔레스타인을 분할하여 이 지역에 아랍과 유대, 두 개의 독립 국가를 창설하자는 안건을 통과시켜 아랍인들의 불만을 샀다. 분할 안에는 아랍인의 3분의 1에 불과한 인구와 이 지역에서 7%의 면적만을 소유하고 있던 유대인들에게 경작 가능한 토지의 56%를 부여한다는 내용이 담겨 있었다.

유대인들은 지하 테러조직을 통해 데일 야신촌에 거주하던 254명의 아랍인들을 학살하고, 1948년 5월 14일에 이스라엘을 건국했다. 이집트를 중심으로 한 아랍 국가들은 팔레스타인 지역을 회복하기 위해 이스라엘 건국 직후부터 네 차례에 걸친 중동전쟁을 일으켰지만 미국의 일방적인 이스라엘 두둔정책으로 말미암아 모두 수포로 돌아가고 말았다.

평화를 위한 노력과 불공평한 현실

세계 최강대국 미국의 비호 아래에 있는 이스라엘에 맞서서는 자신들의 목적을 달성할 수 없다고 여겼던 아랍인들은 이스라엘을 하나의 국가로 인정해 주면서 협상을 통해 권익을 보장받고자 하는 쪽으로 정책을 변경했다. 아랍인들의 이러한 노력은 1993년 이스라엘과 오슬로 평화협정을 체결함으로써 현실화되었다.

협정에 따라 팔레스타인 지역의 아랍인들은 팔레스타인 자치정부를 수립할 수 있다는 동의를 얻어냈다. 그러나 협정에 반대하는 팔레스타인 측 무장

세력의 테러로 협정의 이행은 중단되고 말았다. 그 후 이스라엘은 미국의 방조와 도움으로 무고한 팔레스타인 민간인들을 학살했고 이는 아랍인들의 반유대인 감정과 반미 감정을 더욱 격화시키는 요인으로 작용했다.

이후 미국은 석유 자원을 독점하기 위하여 지속적으로 중동 지역의 아랍 국가들을 준식민지 상태로 몰아가고 있다. 미국은 이스라엘이 핵무기확산금지조약에 가입하지 않는 것을 예외로 인정하면서도 자신들과 적대관계에 있는 아랍 국가들의 국방정책에 일일이 간섭하며 전 세계 아랍인들의 분노를 사고 있다.

A 영국과 미국을 위시한 서방 국가들이 자신들의 이익을 위해 이슬람 세력을 배신하고 이들에게 정치적 압력을 가한 결과 이슬람 원리주의에 입각한 일부 무장 세력이 극단적인 방식을 통해 자신들의 견해를 표출하고 있다고 보아야 한다.

Q 092
프랑스인이 꼽는 프랑스 역사상 가장 위대한 인물은 누구?

★ **시대** : 20세기 중반~현대 ★ **주제어** : 민족주의, 샤를 드골, 리더십, 대통령

프랑스인의 마음을 사로잡은 라디오 연설

2차 세계대전에서 독일의 승리가 확실해진 1940년 6월 18일, 영국 BBC 라디오에서 프랑스 국민들에게 대독항쟁을 촉구하는 연설을 한 이가 있었다. 바로 샤를 드골(1890~1970)이다. 단호하고 열정적인 그의 연설은 프랑스인의 마음을 사로잡았고, 그는 애국주의와 대독항전을 이끄는 중심인물로 떠올랐다.

2차 세계대전 승리 후 프랑스로 돌아온 드골은 1945년 11월 새 헌법이 제정되고 총선이 실시될 때까지 프랑스의 재건을 책임지는 임시정부의 대통령으로 임명된다. 그러나 의회의 권한을 강화할 것이냐 드골의 주장대로 대통령 중심제로 갈 것이냐를 두고 벌인 국민투표에서 프랑스 국민이 드골의 손을 들어주지 않자, 그는 권좌에서 물러났다. 이후 드골은 프랑스인민연합을 조직하는 등 대중의 지지도를 회복하고자 노력했으나 별다른 성과를 거두지 못하자 정계에서 물러난다.

불안한 대중은 영웅을 원한다

강화된 의회의 권한을 기반으로 성립된 프랑스 제4공화정은 냉전과 1958년부터 본격화된 알제리 해방전쟁에 적절히 대응하지 못했다. 제4공화정 동안 21명의 수상이 교체될 정도로 국정이 혼란해지고, 프랑스를 내란 직전까지 몰고 간 알제리 해방전쟁의 위기 속에서 프랑스인들은 드골을 다시 찾았다. 12년에 이르는 오랜 '시련의 세월'을 뒤로 하고 드골은 1959년 1월 프랑스 제5공화국 대통령에 취임한다.

권좌에 복귀한 드골은 알제리의 독립을 승인했다. 1965년 사회당의 프랑수아 미테랑과의 결선투표에서 승리하여 대통령으로서 두 번째 임기를 맞은 이후에는 미국 주도의 북대서양조약기구에서 탈퇴하겠다는 입장을 표명하며 프랑스의 자주성을 강조했고, 1966년 1월 유럽공동체 발족에 주도적으로 관여함으로써 유럽 사회에서 프랑스의 위신을 높였다.

그렇다고 프랑스인들이 드골을 무턱대고 지지한 것은 아니다. 대체로 프랑스의 국익과 자주성 획득을 목적으로 추진된 외교정책에 대해서는 대중들의 지지도가 매우 높았지만, 물가가 치솟고 실업률이 증가하던 당시의 경제 상황 속에서 국내 정치에 대한 만족도는 상대적으로 낮았다. 특히 광부들의 파업이 한창이던 1963년에는 드골 체제에 대한 만족도와 불만도가 거의 비슷한 수준이었다.

드골, 영웅으로 다시 태어나다

68혁명을 기점으로 드골의 정치인생은 마무리 단계로 접어든다. 학생들과 노동자들은 드골을 독선과 권위로 가득 찬 위선적인 정치인으로 폄하하며 드골의 대통령직 사임을 강력하게 주장했다. 비록 그해 6월에 치러진 총

| 샤를 드골

선에서 드골이 이끄는 여당이 승리하기는 했지만, 이듬해에 치러진 지방분권 및 상원 개혁과 관련한 국민투표가 부결되면서 드골은 대통령직에서 물러난다. 이후 초야로 돌아가 회고록 집필로 소일하던 드골은 1970년 심장마비로 파란만장한 일생을 마감한다.

1980년대에 들어 드골은 되살아난다. 모사꾼, 스스로 왕이 되려 하는 자, 출세지상주의자, 독재자 등 1960년대 좌파 정치인과 언론이 만들어낸 부정적 이미지 대신, 프랑스의 영광과 통합을 이룩하기 위해 헌신한 역사의 영웅이라는 그의 이미지가 강조되었기 때문이다. 2차 세계대전 종전 이후 30년간 지속된 발전의 시기를 뒤로하고 1975년부터 본격화된 사회경제적 위기는 드골의 영웅화 작업을 추진하는 자양분이 되었다. 경기 침체와 실업률 상승, 산업체계 재편 등으로 빚어진 사회혼란으로 불안해하던 프랑스인들은 드골이라는 영웅의 신화에 빠져들어 과거의 영광이 재현되기를 고대했다.

현대 프랑스인들은 정파와 이념을 초월한 애국주의자로서 드골을 높이 평가하고 있다. 유럽 통합과 탈근대적 분위기 속에서 민족주의라는 구심점이 와해되는 불안의 시대를 극복할 수 있는 사회 통합의 힘을 드골에게서 찾고 있는 것이다. 이렇게 드골은 다시 태어나 현대 프랑스인들의 기억 속에서 최상의 위치를 굳건히 점하고 있다.

A 샤를 드골

Q 093

무하마드 알리가 베트남 전쟁 징집을 거부하며 한 말은?

★ **시대 :** 20세기 후반~현재 ★ **주제어 :** 나비처럼 날아 벌처럼 쏜다, 어떤 베트콩도 나를 검둥이라 부르지 않았다

금메달을 강물에 던지다

권투선수 무하마드 알리는 통산전적 61전 56승(37KO) 5패라는 놀라운 경력에 "나비처럼 날아 벌처럼 쏜다!"는 말로 유명한 헤비급 세계챔피언이었다. 본명이 캐시어스 마르셀루스 클레이인 그는 운동선수로도 위대하지만, 적극적으로 흑인의 민권 향상을 위해 사회운동을 펼친 운동가로는 더 위대한 족적을 남겼다.

그에게 재미있는 일화가 하나 있다. 1960년대 후반 맬컴 엑스가 이끌던 블랙 무슬림 운동에 큰 감명을 받아 노예식 이름인 본명을 버리고 무하마드 알리라는 이슬람식 이름으로 개명한 이후, 1960년 로마 올림픽에서 딴 금메달을 오하이오 강에 던져 버렸다고 스스로 밝힌 것이다. 정말로 메달을 강에 던졌는지 확인할 길은 없지만 왜 그가 금메달을 강에 던졌다고 말했는지는 짐작할 수 있다. 아마도 흑인의 권리를 짓밟는 미국이라는 국가의 대표로 올림픽에 참가한 것이 부끄러웠기 때문이었을 것이다.

“어떤 베트콩도 나를 검둥이라 부르지 않았다”

알리는 존재 자체가 논란의 대상이었다. 화려한 경기 스타일로 대중의 인기를 등에 업은 알리는 이슬람교로의 개종과 개명을 통해 언론의 스포트라이트를 한 몸에 받았다. 그뿐만이 아니었다. 1967년 알리는 베트남 전쟁에 징집되었지만, “어떤 베트콩도 나를 검둥이라 부르지 않았다.”라고 말하며 징집을 거부했다. 이에 징집거부 죄로 기소된 알리는 징역형을 선고받았지만, 항소 후 감옥에서 나올 수 있었다. 하지만 권투 단체들은 알리의 챔피언 타이틀을 박탈했으며 출전을 금지시켰다.

그러나 흑인들 사이에서 무하마드 알리는 영웅과도 같았다. 흑인들은 알리를 마틴 루터 킹 목사나 맬컴 엑스 같은 흑인 지도자들과 마찬가지로 여기고 존경했다. 많은 흑인 운동선수들도 알리의 선례를 따랐다. 1968년 멕시코시티에서 열린 올림픽에서 시상대에 오른 미국 육상선수들은 고개를 숙인 채 주먹을 높이 치켜들었다. 이는 무하마드 알리가 그랬던 것처럼 자신들의 운동능력만을 인정하고 다른 면에서는 전혀 대우를 해 주지 않는 미국 사회에 대한 저항의 표시였다. 이 행동 때문에 그들은 메달을 박탈당했다.

1971년 유죄 선고가 기각되고 권투 경기 출전이 허락된 알리는 재기에 성공하여 세계챔피언을 탈환하는 등 화려한 경기 경력을 이어갔다. 권투 역사상 최고의 명승부로 꼽히는 조 프레이저와의 경기도 바로 이 시기에 이루어졌다.

현재 알리는 파킨슨병을 앓고 있지만, 공식석상에 간간히 모습을 드러내면서 여전히 스포츠 영웅이자 흑인민권운동의 영웅으로서의 모습을 잃지 않고 있다.

A **"어떤 베트콩도 나를 검둥이라 부르지 않았다."**

Q 094

사파티스타가 성별과 인종을 불문한 평등의 상징으로 작용하는 것은?

★시대 : 20세기 후반 ★주제어 : 멕시코, 북미자유무역협정, 멕시코 혁명

농민들 일어서다

멕시코 동남부의 치아파스 주는 멕시코 원주민과 농민들이 터를 잡고 농사를 짓던 곡창지대였다. 20세기 초 멕시코 정부가 수출 지향적인 산업정책을 추구하기 시작하자 많은 토지가 대규모 자본가들의 손에 떨어졌고 이에 따라 원주민과 농민은 설 자리를 잃게 되었다. 엎친 데 덮친 격으로 미국과 멕시코 사이에 NAFTA(북미자유무역협정)가 체결되어 원주민과 농민의 상황은 더욱 악화되었다.

멕시코에서는 1917년 혁명을 통해 원주민과 농민이 지역 공동체를 통해 토지를 공동으로 소유할 수 있는 권리를 헌법으로 보장했다. 그러나 멕시코 정부는 NAFTA를 준비하는 중에 이 조항을 폐지했으며, 수출 지향적 산업정책 때문에 발생한 피해를 보상해 주던 옥수수 수입 제한 조치와 커피 보조금 제도를 더 이상 실시하지 않기로 결정했다.

남은 것이라곤 몸뚱이밖에 없었던 치아파스 주의 농민과 원주민은 1994년 1월 1일 NAFTA가 발효됨과 동시에 무장봉기를 일으켰다. 자신들의 고유한 삶과 문화를 꾸려 나가기 위한 토대인 토지 확보를 위하여, 또 초국적

기업이나 국제기구가 대표하는 시장과 화폐의 지배에서 벗어나 인간들이 스스로를 통치할 수 있는 사회를 건설함으로써 인간의 존엄성을 회복하기 위하여 일어난 것이다.

검은 복면의 사파티스타

이들은 검은색 복면을 두르고 눈만 내놓은 채 총을 하늘 높이 치켜든 모습으로 알려져 있는데, 특별히 복면을 하는 이유는 연령과 성별, 인종 등에 상관없이 복면을 하고 나면 모두가 평등해지기 때문이라고 한다.

그렇다면 이들은 왜 스스로를 '사파티스타(Zapatista)'라고 부르는가? 스페인어에서 '-스타(-ista)'라는 어미를 붙이면 어떤 사상이나 사람을 따르는 사람이라는 말이 된다. 이렇게 보면 사파티스타란 '사파타'를 따르는 사람이라고 볼 수 있다. 바로 1917년 멕시코 혁명의 위대한 농민 지도자 에밀리아노 사파타(1879~1919) 말이다.

'판초 비야'라는 별명으로 유명한 프란시스코 비야(1877~1924)와 함께 가장 유명한 혁명 지도자였던 사파타는 멕시코 남부의 모렐로스 주 출신 농민이었다. 그는 멕시코 혁명에 동참하여 '토지와 자유'를 외치며 농민 혁명군을 이끌었다. 대토지 소유자들이 강탈한 토지를 즉시 원주민 공동체에게 양도할 것과 혁명의 적들이 소유한 토지를 모두 몰수하여 농민에게 나누어 줄 것을 주장한 그는 '토지는 경작하는 사람들의 것'이라고 생각했다. 바로 이 지점에서 사파타와 사파티스타가 만난다.

에밀리아노 사파타는 큰 뜻을 이루지 못한 채 경쟁관계에 있던 세력들에 암살당했다. 사파티스타의 미래가 어떨는지 궁금하다.

A 검은 복면

Q 095

코스보가 '뜨거운 감자'가 된 이유는?

★ **시대** : 20~21세기 ★ **주제어** : 민족 분쟁, 인종청소, 세르비아, 알바니아

민족 분쟁의 씨앗을 뿌리다

1389년 오스만투르크는, 세르비아인과 슬로베니아인이 주축이 되어 6~7세기에 건설한 발칸 지역의 슬라브족 왕국(구 유고슬라비아 연방공화국에 해당하는 이 지역)을 무력으로 점령한다. 이후 500년 가까이 이 지역을 지배한 오스만투르크는 코소보 지역에 알바니아인들을 대거 이주시켜 대대적인 이슬람화 작업을 진행했다. 그런데 코소보 지역은 1219년 세르비아 정교회가 발생한, 세르비아 민족에게는 성지나 다름없는 곳이었다. 알바니아인 이주 사업이 왜 후일 코소보 지역에서 본격화될 세르비아인과 알바니아인의 분쟁의 씨앗으로 평가되는지 짐작할 수 있는 대목이다.

갈등이 표면화되다

1878년 오스만투르크에서 독립한 세르비아인과 몬테네그로인 들은 1912년 발발한 1차 발칸전쟁 기간 중 코소보와 페치, 메토히야를 오스만투르크로부터 해방시켰다. 그리고 코소보에서 알바니아인들을 학살 및 추방하고 이 지역에 세르비아인들을 대거 이주시키는 정책을 펼쳐 나갔다. 그러나

2차 세계대전 중 이탈리아와 독일은 세르비아, 크로아티아, 슬로베니아가 주축이 된 유고슬라비아 왕국을 해체했고, 1943년에는 나치 세력을 등에 업은 알바니아인들이 세르비아 민족주의자들과 티토가 이끄는 공산주의 빨치산 세력을 억압하는 상황이 발생하기도 했다.

2차 세계대전 이후 티토가 이끄는 공산주의 세력은 발칸 반도에 6개의 공화국으로 구성된 유고슬라비아 사회주의 연방공화국을 세운다. 1968년, 전후 유고슬라비아 사회가 세르비아인을 중심으로 운영되던 현실에 불만을 품고 코소보 내 알바니아인들이 공화국 수준의 자치를 요구했던 상황(1974년 새롭게 제정한 법률에서 코소보에 공화국에 상응하는 자치권을 부여하여 알바니아인들의 요구는 어느 정도 충족되었다)을 제외하면 티토 통치 기에는 티토의 정치적 카리스마와 공산주의 사상의 보편주의적 속성 덕분에 별다른 사회 분규가 발생하지 않았다.

인종청소

1980년 티토 사망 이후 유고슬라비아에 잠재되어 있던 민족 · 종교 분규가 다시 불거져 나오기 시작했다. 코소보 내의 알바니아인들은 세르비아로부터의 완전 독립을 요구하며 격렬한 저항활동을 전개해 나갔고 이에 뒤질세라 세르비아 민족주의자들도 극렬하게 대응했다.

세르비아 민족주의를 주창하며 세르비아 공화국의 대통령으로 당선된 슬로보단 밀로세비치는 연방에서 탈퇴하고 독립공화국을 건설하고자 하던 크로아티아와 슬로베니아, 보스니아-헤르체고비나, 코소보 자치주의 움직임을 좌시하지 않았다. 그는 1989년 코소보의 자치권을 완전히 철폐하면서 코소보 지역에 거주하던 이슬람 계통의 알바니아인들을 대대적으로 학살했다.

밀로세비치가 획책한 인종청소는 코소보 내 알바니아 주민들의 사활을 건 저항을 불러왔고, 급기야는 미국을 중심으로 한 나토(북대서양조약기구)가 이 지역에 직접 개입한다.

꺼지지 않은 불씨

미국과 서방 국가들은 3년 동안 나토가 코소보 지역의 행정과 치안을 관리한 후 코소보 지역을 독립시키자는 중재안을 내놓았다. 코소보 내 알바니아인들은 나토의 중재안에 찬성했으나, 세르비아는 내정간섭이라며 나토의 중재안을 거부했다. 나토와 세르비아는 이 문제로 전쟁을 치렀는데, 세르비아는 나토군의 막강한 화력 앞에 무릎을 꿇고 말았다. 결국 세르비아가 1999년 6월 10일에 코소보 지역에서 군대를 완전 철수하고 유엔평화유지군의 코소보 주둔을 승인하는 평화협정에 서명함으로써 유혈로 얼룩졌던 코소보 사태는 일단 종결되었다.

그러나 전쟁이 끝난 후에도 코소보 지역에서는 알바니아인과 세르비아인 간의 유혈충돌이 계속되어, 2007년 12월 10일을 시한으로 했던 코소보의 독립에 관한 최종결의문을 이끌어 내지 못했다. 이후 2008년 2월 코소보는 세르비아, 러시아, 중국의 반대에도 불구하고 미국과 서방 국가들의 지지로 독립을 선언했지만 코소보 지역을 중심으로 한 민족과 종교 분규의 불씨는 여전히 남아 있다.

A 민족과 종교가 상이한 두 세력이 오랜 역사적인 과정을 거치며 부단히 대립해 왔기 때문이다.

연표로 보는 현대 5대 사건

1946년
- 유고슬라비아 사회주의 연방공화국 수립
- 프랑스, 베트남에 대한 지배권 유지를 위해 1차 인도차이나 전쟁을 일으킴

1948년

중동전쟁. 국제연합의 결의에 따라 이스라엘이 건국되자 1948~1949, 1956, 1967, 1973년 네 차례에 걸쳐 이스라엘과 아랍 사이에 전쟁이 벌어졌다. 아랍 측의 연이은 패전으로 다수의 난민이 발생했지만 이후 이들은 다양한 무장단체를 통한 테러 행위를 통해 미국의 도움을 받고 있는 이스라엘에 맞서고 있다.

1962년

프랑스, 알제리 독립 승인

1963년
- 인종차별에 반대하는 워싱턴대행진 개최, 케네디 대통령 암살당함
- 케냐 독립

1965년
- 말콤 X 암살당함
- 베트남 전쟁(~1975)

1968년
- 소련군 주도의 동유럽 5개국 군이 체코를 침공하여 '프라하의 봄'을 진압
- 마틴 루터 킹 목사 암살당함

1969년

아폴로 11호의 달 착륙. 1969년 7월 20일, 인류 최초로 미국의 아폴로 11호가 달 표면에 착륙하는 성과를 올렸다. 7월 16일 발사된 아폴로 11호의 선장 닐 암스트롱과 올드린은 인류 최초로 달에 발을 내딛은 사람들로 기록되었다.

1992년

미국, 캐나다, 멕시코 3국이 관세와 무역장벽을 해체하고 자유무역권을 조성한다는 내용의 북미자유무역협정(NAFTA) 체결

1994년

사파티스타 민족해방군이 멕시코에 정부에 대항해 반군 활동 개시

1999년

세르비아의 코소보 주민 학살을 계기로 코소보 내전 발발

2001년

9·11사태

2003년

미국의 이라크 침공
후세인 축출

1950~53년

한국전쟁. 2차 세계대전 종전 후 미국과 소련이 자본주의 진영과 공산 진영을 대표하며 냉전이라는 이름의 치열한 이념 공방전을 벌였다. 냉전 체제의 첫 번째 희생양은 한반도였다. 1950년 6월 25일, 소련과 중국의 지원을 받은 북한이 한반도의 남반부를 침략하여 3년에 걸친 한국전쟁이 발발했다.

1952년

키쿠유족, '토지와 자유'를 허락할 것을 요구하며 영국의 공권력에 대항하는 투쟁을 전개(마우마우 봉기)

1954년

제네바 협정으로 베트남 남북으로 분단

1959년

쿠바혁명

1961년

말콤 X, 블랙 무슬림 운동의 기관지 「무하마드 스피크스」 창간

1975년

무하마드 알리, 이슬람에 정식 입교

1976년

베트남사회주의공화국 성립(베트남 통일)

1990년 12월

독일 통일. 1980년대 중반부터 공산주의 종주국 소련이 개혁개방 정책을 추진했음에도 동독은 전통적인 공산주의 노선을 유지했다. 그러나 반정부 시위가 격화되고 1989년 11월 9일, 베를린장벽마저 붕괴되는 상황에서 동독은 서독으로 흡수통합되는 절차를 밟는다. 결국 1990년 10월 3일, 독일은 분단 41년 만에 재통일을 완성했다.

1991년 1월

걸프전쟁. 1990년 8월 이라크가 기습공격으로 쿠웨이트를 합병하자 미국을 중심으로 한 '다국적 군'이 1991년 1월부터 이라크에 대대적인 공습을 감행해 같은 해 2월에 이라크의 잔여 지상군을 궤멸시켰다. 패전 후 이라크 정부에 반항하는 민중봉기가 잇달았으나 사담 후세인은 이를 진압하고 권력을 회복했다.

1991년

유고슬라비아 내전 발발 (~1995)

더 읽을거리

서양, 걸음마를 떼다

리처드 리키 · 로저 르윈, 최정필 옮김, 『오리진』, 세종서적, 1995.

부부 고고학자로 유명한 루이스 리키와 메리 리키의 아들인 리처드 리키가 저술한, 인류 기원에 관한 생생한 보고서이다. 저자 개인의 발굴 경험과 화석을 통해 인류 진화의 역사를 밝혀내려는 고인류학자들의 체험담이 실려 있다. 저자 개인의 고인류 화석 발굴 경험담과 이를 둘러싼 학술 논쟁이 조화롭게 담겨 있어 책을 읽는 재미도 함께 느낄 수 있다.

앤 기번스, 오숙은 옮김, 『최초의 인류』, 뿌리와이파리, 2008.

세계적으로 유명한 「사이언스」지의 진화 담당 기자 앤 기번스가 인류의 기원에 관한 논쟁을 둘러싸고 진행된 탐험가들의 이야기를 중심으로 책을 엮었다. 저자는 인류 최초의 조상을 찾는 노력을 과학적으로 수행하는 네 팀의 국제과학자 그룹들의 발굴 성과와 내용, 학술적 가치를 추적하면서 인류의 기원에 대한 해답의 실마리를 제공한다.

크리스티안 데로슈 노블쿠르, 우종길 옮김, 『태양을 삼킨 람세스』, 영림카디널, 1999.

프랑스 박물관 명예 총책임자로 있는 노블쿠르가 람세스의 신전과 고대 이집트 관련 사료들을 철저하게 고증하여 인간 람세스와 고대 이집트 사회의 역사적 실상을 재조명한 책이다. 그는 현존하는 자료들을 면밀히 분석하고 이를 체계적으로 종합하여 람세스와 고대 이집트 세계의 신화적 요소를 걷어 내고 파라오로서의 람세스의 정치활동과 사생활, 그가 살았던 당대 이집트 사회의 특성을 사실에 입각하여 역동적으로 재구성하였다.

장 보테로, 최경란 옮김, 『메소포타미아』, 시공사, 1998.

18세기 후반 탐험가들에 의해 발견된 메소포타미아 설형문자의 판독 과정과 그것의 내용 분석을 중심으로 엮어진 책으로 관련 사진 자료와 일목요연한 설명이 곁들여져 있어 고대세계 4대 문명의 하나인 메소포타미아 문명의 진수를 만끽할 수 있다.

 서양 역사의 서막

슈테판 레베니히, 최철 옮김, 『누구나 알아야 할 서양 고대 101가지 이야기』, 플래닛미디어, 2006.

베른 대학교 고대사 담당 교수 슈테판 레베니히가 학교에서의 강의 경험을 토대로 서양 고대사에 관해 일반 학생들이 궁금해하는 주제를 문답 형식을 빌려 해설한 책이다. 저자는 고대 그리스와 로마 시기에 나타난 역사적 현상들을 정치, 사회, 경제, 문화, 종교, 일상생활, 성별의 관점에서 종합적으로 서술하고 있다. 특히 현대인들에게 친숙하고 흥미로운 질문을 던지면서 그 시대의 현실을 설명하는 서술 방식은 독서의 흥취를 돋워준다.

김진경, 『고대 그리스의 영광과 몰락』, 안티쿠스, 2009.

헤로도토스의 서사성과 투키디데스의 역사성을 겸비하고자 했던 서양 고대사가인 저자가, 대학에서의 강의 경험을 바탕으로 태동에서 몰락까지 고대 그리스 역사의 일대기를 알기 쉽게 풀이한 책이다. 저자는 그리스 사회의 기원과 전성기, 멸망의 과정을 설명하면서 주된 사건에 내재한 역사적 인과성을 현대사회와의 연관 속에서 조명하고자 노력했다.

박홍규, 『그리스 귀신 죽이기』, 생각의나무, 2009.

진보적인 노동법학자이자 서양 중심의 역사관과 세계관을 비판해 온 저자가 그리스 신화에 담겨 있는 폭력성과 서구중심주의의 실상을 파헤친 책이다. 저자는 그리스 신화가 휴머니즘에 입각해 있고 인류 고대문화의 원류라는 기존의 해석을 비판한다. 그리스 신화에는 지배자인 남성의 폭력을 통해 세상의 질서를 유지하려는 정복주의적이고 제국주의적인 탐욕이 고스란히 담겨 있고, 이는 남성성으로 표상되는 서양이 수동적인 여성으로 표상되는 동양을 지배했던 역사를 실증하는 것이라는 주장이다.

사이먼 베이커, 김병화 옮김, 『처음 읽는 로마의 역사』, 웅진지식하우스, 2008.

BBC 다큐멘터리 〈고대 로마〉와 함께 출간된 책으로 기원전 2세기에서 기원후 5세기까지의 로마의 역사를 선악의 이분법적 관점이 아닌 현실적 관점에서 담담하게 묘사했다. 영웅과 악당의 구분이 아니라 인간의 성격에 내재하는 다종다양한 특성을 종합적인 차원에서 담아내어, 이 시기에 활동했던 유명한 인물들의 활동을 균형 잡힌 시각으로 그려내고 있다.

3장 소꿉동무로 만난 동양과 서양

정은주 · 박미란 · 백금희 공저, 『비단길에서 만난 세계사』, 창작과비평사, 2005.

비단길의 역사적 기원과 발전 과정을 중심으로 한국적 관점에서 비단길의 흥망성쇠를 조명하고 있는 책이다. 특히 북방 유목민족과 이슬람 문명권의 역사적 역할을 비단길이라는 공간적 배경을 통해 복원하였다. 균형 잡힌 시각에서 동·서양의 문물교류사를 바라보고 있다는 장점이 있다.

요요 마 외, 전원경 옮김, 『요요 마의 실크로드』, 시공사, 2007.

세계적인 첼리스트 요요 마와 자연과학, 사진, 천문학, 복식학 등 각 방면의 전문가 8인이 실크로드와 관련된 건축과 조각, 인간의 생활상을 통해 고대와 현대, 동양과 서양 간의 예술적·역사적 교류에 대해 조망하는 형식으로 책이 구성돼 있다. 이 책을 통해 비단길이 단지 특정한 시기 동안에만 존재했던 동·서 문물의 교역로가 아니라 현대의 우리 삶에서도 충분한 의미를 지닐 수 있는 역사적 보편성을 지니고 있다는 사실을 확인할 수 있다.

좌충우돌의 시대

클라우디아 메르틀, 배진아 옮김, 『누구나 알아야 할 서양 중세 101가지 이야기』, 플래닛미디어, 2006.

이른바 암흑시대로 알려져 있는 중세사회에 관한 오해에서 벗어나 중세 역사 전반의 성격을 일목요연하게 기술한 책이다. 특히 중세 역사의 기초를 이루는 역사용어 설명에서 시작하여 엄선된 질문과 상세한 답변으로 구성되어 있어 초보자도 충분히 흥미를 만끽하며 독서할 수 있다는 장점이 있다.

에디트 엔넨, 안상준 옮김, 『도시로 본 중세 유럽』, 한울, 1997.

중세 유럽 도시의 기원과 형성 과정, 도시의 발달이 역사 발전에 끼친 영향 등에 대해 학술적으로 조망한 책이다. 다소 딱딱하다는 느낌이 들 수 있으나 중세 도시의 성격과 실상에 관한 정보를 체계적으로 습득할 수 있다는 장점이 있다.

만프레트 라이츠, 이현정 옮김, 『중세 산책』, 플래닛미디어, 2006.

중세 사람들의 대표적 주거공간의 하나였던 성(城)을 중심으로 이루어진 일상생활과 꿈, 정치 활동, 사법 활동 등을 생생하게 그리고 있는 책이다. 이 책을 통해 현대인들과는 사뭇 다른 중세 사람들의 생활상을 다층적으로 엿볼 수 있다.

니키 로버츠, 김지혜 옮김, 『역사 속의 매춘부들』, 책세상, 2004.

실제 매춘부로 활동했던 저자가 매춘의 관념과 매춘 산업이 여성을 억압하는 사슬임을 직시하고 이에 대한 편견을 시정하고자 하는 목적에서 서양 매춘의 역사에 관해 고찰한 책이다. 특히 중세 편에서는 신성한 종교의 시대로 알려져 있는 서양 중세사회에서 교회의 성직자들과 세속 권력을 지니고 있던 왕들이 자신들의 경제적 이익을 위해 매춘 산업을 어떠한 방식으로 활용하였는지에 대해 자세히 진술하고 있어 매우 흥미롭다.

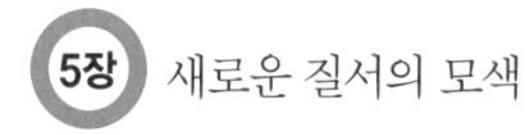

5장 새로운 질서의 모색

박홍규, 『인간시대 르네상스』, 필맥, 2009.

저자는 서양 르네상스의 세 가지 기본가치를 '인간의 자유', '자연세계에 대한 긍정과 존중', '정치적으로 자치하는 사회'로 규정하며 르네상스 정신의 현대적 부활을 꿈꾼다. 이러한 관점에서 저자는 서양의 르네상스를 단순히 인문주의로 정리하는 차원을 넘어서서 자유, 자연, 자치의 세 가지 가치를 구현했던 20명의 르네상스 지식인들의 사상과 삶을 통해 조명하였다. 또한 페트라르카로부터 셰익스피어에 이르는 르네상스 지식인들을 다루면서 서양 르네상스 정신이 근대 세계에 적용되면서 비서구 세계를 침략하는 정복의 이데올로기로 변질된 경과에 대해서도 논의했다.

김태권, 『르네상스 미술이야기』, 한겨레출판사, 2009.
저자는 이 책을 '미술지식만화'로 표방하고 르네상스 미술사의 기본 구조를 흥미진진한 소재와 감추어진 뒷이야기를 활용해 알기 쉽게 설명한다. 이 책은 초기 르네상스 미술 대가들의 작품에서 시작하여 미켈란젤로와 레오나르도 다 빈치 간의 라이벌 관계, 이들의 작품 창작에 얽힌 뒷이야기, 르네상스 미술을 후원했던 메디치가의 인물들에 대한 생생한 정보를 담고 있어 독서의 재미를 한층 더해준다.

이상덕, 『종교개혁 이야기』, 살림, 2006.
이 책은 종교개혁이 교회사적 사건일 뿐만이 아니라, 당시 근대사회로 이행하던 서양사회의 변화를 정치, 사회, 문화의 전 영역에서 추동했음을 보여주고 있다. 저자는 이 시기 대표적인 종교개혁가였던 루터, 츠빙글리, 칼뱅의 종교적 논의와 이와 관련된 교리적 논쟁의 양상을 두루 살핌으로써 종교개혁의 역사적 본질에 접근하고 있다.

오성근, 『마녀사냥의 역사』, 미크로, 2000.
이 책은 중세에서 근대로의 이행기에 서양 사회에서 마녀사냥이 횡행했던 이유와 마녀사냥의 실제적 진행 과정을 체계적으로 다루고 있다. 저자는 중세의 종교적 질서가 해체되기 시작해 사회적 권위를 잃어 가던 종교계에서, 역사 진행의 방향을 거꾸로 되돌리려는 노력의 일환으로 마녀사냥을 자행했다는 사실을 구체적인 사례와 실증을 통해 보여주고 있다.

로제 샤르티에 편집, 이영림 옮김, 『사생활의 역사 3』, 새물결, 2002.
이 책은 르네상스 이래의 서양 근대사회에서 개인과 어린이, 가족의 의미가 강조되고 사적 생활의 영역이 확대되는 과정을 당대인들의 사고와 감정, 삶의 태도, 관습 등에 대한 고찰을 통해 종합적으로 보여주고 있다.

주경철, 『대항해시대』, 서울대학교출판부, 2008.

저자는 근대 세계의 형성을 해상으로의 팽창과 교류의 과정을 통해 보여주고 있다. 대항해시대로 표상되는 시기부터 동양과 서양은 이전에 비해 훨씬 더 활발한 수준에서 물품과 사상, 종교, 지식, 정보 등을 주고받으면서 지구촌 네트워크를 형성해 갔다. 저자는 이러한 과정을 구체적인 사례를 통해 제시하고 여기에 수반하여 발생한 서구의 식민지화 및 제국주의화 과정을 무력 침략, 환경 파괴, 종교적 탄압의 구체적 일례를 통해 생생히 전달한다.

데이비드 문젤로, 김성규 옮김, 『동양과 서양의 위대한 만남 1500~1800』, 휴머니스트, 2009.

이 책의 저자는 서양의 항해술 발달로 동·서 간의 교류가 본격화되기 시작한 시점부터 1800년 이전까지는 서양 세계와 동아시아의 중심이었던 중국이 상호 대등한 수준에서 과학과 예술, 학문, 상품 등을 교역했음을 역설한다. 저자는 서양의 자연과학적 지식과 동양의 인문학과 예술품 간의 교류가 각자의 세계관을 새로운 방향으로 변모시켰고, 이러한 과정은 최소한 서양의 세계 지배가 본격화되는 1800년 이전까지는 호혜적 방향에서 이루어졌음을 밝히고 있다.

이성형, 『콜럼버스가 서쪽으로 간 까닭은?』, 까치, 2003.

저자는 콜럼버스가 서쪽으로 간 이유가 동양의 신비한 물품을 획득하기 위해 마땅히 거쳐야 했을 동쪽의 항로가 오스만투르크에 의해 가로막혀 있었기 때문이었다는 엄연한 역사적 사실을 상기하면서 책을 시작한다. 또한 라틴아메리카의 역사를 콜럼버스가 발견한 역사라고 보는 관점을 시정하고자 한다. 특히 라틴아메리카에서 활성화된 커피, 설탕 산업과 관련한 대목에서는 서양인들이 아프리카에서 라틴아메리카로 들여온 노예 노동력을 착취함으로써 자신들의 미각적 홍취를 만끽했다는 사실을 역사적으로 고증했다. 이를 통해 '지리상의 발견'이라는 서구 중심적 역사관의 오류와 허상을 날카롭게 지적하고 있다.

재레드 다이아몬드, 김진준 옮김, 『총, 균, 쇠』, 문학사상사, 2005.
진화 생물학자인 저자는 서양이 비서양 세계를 정복하게 된 원인을 인종적·민족적 요인에서 찾는 방식을 거부하고 환경적 요인에서 도출하려 한다. 그는 서양이 아메리카 대륙을 쉽사리 정복한 원인을 앞선 무력을 뜻하는 총, 다수의 아메리카 원주민들을 죽음으로 몰고 갔던 천연두, 인플루엔자 등의 균, 생산성 높은 농업기술과 그 외의 기술 문명을 대변하는 쇠를 활용할 수 있었던 능력에서 찾는다. 저자는 총, 균, 쇠로 대표되는 서양의 문화양식이 서양인들이 자신들의 지리적 환경에 적응하여 발달시킨 결과물일 뿐이라고 지적한다.

 비 갠 후의 햇살

김민제, 『영국 혁명의 꿈과 현실』, 역민사, 1998.
이 책은 이른바 '청교도 혁명'으로 표상되는 근대 영국의 정치·사회적 격변을 주제로 한 심층적인 학술 연구서이다. 영국 혁명을 바라보는 학자들 간의 서로 다른 관점들을 종합적으로 망라하고 있어 초보자들이 접근하기에는 무리가 있어 보이나 영국 혁명의 실체를 포괄적으로 이해하려 하는 독자에게는 충분히 도움이 될 만한 책이다.

김형곤, 『조지 워싱턴 – 미국의 기틀을 만든 불멸의 리더십』, 살림, 2009.
이 책은 미국의 초대 대통령 조지 워싱턴의 일대기와 통치철학을 주로 다루고 있다. 잘 쓴 위인전을 접한다는 마음으로 부담 없이 읽을 수 있고, 미국 역사의 발전 과정과 현대세계에서 미국이 누리는 국제적 위상의 근원에 대한 정보를 얻을 수 있다.

서정복, 『프랑스 혁명』, 살림, 2007.
서양 근대 시민사회의 출발점으로 알려져 있는 프랑스 혁명이라는 역사적 사건을 알기 쉽게 서술한 책으로 초보자에게도 유용한 정보를 제공한다. 혁명의 배경과 원인 및 혁명의 주도 계층, 경과, 결과 등을 일목요연하게 다루고 있어 프랑스 혁명의 얼개를 단번에 이해하고 싶은 독자들에게 안성맞춤이다.

NS교육연구소, 『와트의 산업혁명 이야기』, 에듀조선, 2009.

제임스 와트와 산업혁명, 프랑스 혁명 등 근대 시기에 일어난 주요한 역사적 사건들을 동화적 서술과 삽화 및 만화의 형식을 빌려 매우 흥미롭게 그려낸 책이다. 학술적인 내용을 담고 있지 않아 쉽게 읽을 수 있으며, 주요 인물과 사건의 연관성을 밀도 있고 역동성 있게 담아내고 있어 완성도 또한 비교적 높다.

헨드릭 빌렘 반 룬, 조재선 옮김, 『시몬 볼리바르』, 서해문집, 2006.

콜롬비아, 베네수엘라, 에콰도르, 페루, 볼리비아 다섯 나라를 스페인의 통치에서 해방시킨 장본인 시몬 볼리바르의 평전이다. 저자는 현대에도 여전히 라틴아메리카 민중들의 추앙을 받고 있는 볼리바르의 일대기를 그의 철학적 신조와 자기희생 정신, 정치적 실천의 과정을 통해 복원하고 있다. 볼리바르의 삶을 통해 라틴아메리카 초기 해방의 역사를 이해할 수 있는 단초를 얻을 수 있다.

8장 탐욕과 파국의 시대

정상수, 『제국주의』, 책세상, 2009.

이 책은 독점자본주의 국가들이 원료와 상품시장 획득을 위해 비서구 세계의 식민화에 본격적으로 뛰어들기 시작한 시점에서 나타난 제국주의의 역사적 원인과 경과를 다루고 있다. 특히 제국주의와 1차 세계대전의 연관성을 밝히는 대목에서는, 유럽 사회의 힘의 균형을 깨뜨리려는 독일과 이에 맞서 독일을 고립시킴으로써 기존의 힘을 유지하려던 영국과 프랑스 간의 주도권 다툼에 주목하고 있다.

스벤 린드크비스트, 김남섭 옮김, 『야만의 역사』, 한겨레출판, 2003.

저자는 사하라 사막을 버스로 여행하면서 18세기부터 서구 식민주의자들이 자행한 인종 학살의 역사에 대해 신랄한 필치로 고발하고 있다. 오지 체험담을 연상케 하는 장면이 계속 이어져 다소 지루한 느낌도 있지만, 제국주의 시기 유럽인들이 인종주의에 입각해 자행한 극단적 폭력과 현대사회에서 미국을 중심으로 벌어지는 대규모 군사 활동의 폐해를 현장감 있는 시선으로 묘사하고 있다는 장점을 지닌다.

프랭클린 D. 루스벨트, 조원영 옮김, 『온 아워 웨이』, 에쎄, 2009.

루스벨트 대통령이 경제대공황을 극복하기 위해 펼친 행정 정책의 입안 과정과 그에 수반된 고민의 흔적을 수기 형식으로 풀어 쓴 책. 경제대공황의 원인과 그것의 사회적 영향, 그 대응 방식의 일환으로 펼쳐진 뉴딜정책의 실체를 파악할 수 있다.

A.J.P. 테일러, 유영수 옮김, 『제2차 세계대전의 기원』, 지식의 풍경, 2003.

이 책의 저자는 1차 세계대전 후 독일이 처해 있던 정치·경제적 상황과, 영국과 프랑스 등 이른바 연합국의 외교 행태를 다각적으로 검토함으로써 2차 세계대전 발발의 책임이 히틀러에게 있다는 기존의 견해를 수정하려 한다. 저자는 히틀러가 전쟁광도 아니었고 당시 독일이 유럽 전역을 상대로 총력전을 벌일 만한 역량을 갖추지도 못했다고 단언한다. 그리고 전쟁 발발의 원인을 담담하고 객관적으로 살필 것을 권고하면서 전쟁 당사국들이 1차 세계대전 이후의 혼란한 상황을 평화적으로 해결하지 못한 데서 전쟁의 원인을 찾고 있다.

볼프강 쉬벨부시, 차문석 옮김, 『뉴딜, 세 편의 드라마』, 지식의 풍경, 2009.

경제대공황에 대응하기 위해 미국에서는 루스벨트 대통령을 중심으로 뉴딜정책이 펼쳐졌고, 후발 산업국이었던 독일과 이탈리아에서는 각기 나치즘과 파시즘이라는 전체주의 체제가 들어섰다. 저자는 일반적으로 전체주의와 미국식 자유민주주의가 물과 기름처럼 상호 대립하는 정치 이념으로 역사 속에서 구체화되었다는 기존의 견해에 동조하지 않는다. 뉴딜정책과 나치즘, 파시즘 모두 대중을 상대로 한 정부의 선전·선동 정책과 이에 적절히 부응한 대중들의 동의의 메커니즘이 있어 가능했음을 들어 세 가지 사건의 공통점에 주목한다.

9장 어제의 오늘

베른트 슈퇴버, 최승완 옮김, 『냉전이란 무엇인가』, 역사비평사, 2008.

이 책은 냉전을 미·소 양국의 정치적 긴장관계로 이해하는 시각에서 벗어나 있다. 저자는 냉전 체제 아래서 제3세계를 중심으로 세계 곳곳에서 펼쳐진 대리전 양상의 국지전과 같은 사례에 주목하며 냉전의 실체에 접근한다. 무거운 주제에 비해 알기 쉽게 내용이 서술되어 있어 독자의 접근이 용이하다.

이냐시오 라모네 · 피델 카스트로, 송병선 옮김, 『피델 카스트로』, 현대문학, 2008.
사회학자이자 기자이면서 대안세계운동가이기도 한 라모네가 카스트로와 대담한 내용을 엮은 책이다. 카스트로의 쿠바혁명 회고담이 실려 있으며, 그의 정치관 및 세계관을 생생한 느낌으로 만끽할 수 있다.

잉그리트 길혀홀타이, 정대성 옮김, 『68혁명, 세계를 뒤흔든 상상력』, 창비, 2009.
기존 사회질서의 부조리와 권위에 대한 도전이자 반전, 인권, 여성해방 운동 등 다양한 성격을 지니는 68혁명이라는 역사적 사건을 전 세계적 범주에서 종합적으로 조망한 책이다. 저자는 68혁명을 서구에서 벌어진 진보적 사회운동으로 한정하지 않고, 아시아 및 라틴아메리카를 포함한 전 세계적 연대를 통해 이루어진 전 지구적 혁명으로 바라보고 있다. 저자는 베트남전쟁과 마오쩌둥주의, 쿠바혁명 정권과 68혁명의 연관성을 구체적이고 다각적인 맥락에서 살핌으로써 자신의 견해를 뒷받침하려 했다.

이희수, 『이슬람문화』, 살림, 2003.
이슬람교의 교리와 종교적 특성, 무슬림들의 삶, 가치관 등을 서구적 관점이 아닌 사실적이고 객관적인 관점에서 서술한 책이다. 저자는 이를 통해 이슬람 문화권에 대한 그간의 오해와 편견을 불식시키고 이들이 테러를 통해 미국을 중심으로 한 서방세계에 맞설 수밖에 없었던 이유를 역사적 사례를 통해 밝혀내고 있다.

이원삼 · 이희수, 『이슬람』, 청아출판사, 2004.
저자들은 55개의 주제를 통해 이슬람 문화 전반과 무슬림들의 풍속에 대해 서술하면서, 호전적이고 배타적이며 전근대적인 문화를 지니고 있다고 알려져 왔던 무슬림들에 대한 기존의 편견을 신랄하게 고발한다. 이들은 이슬람 문화에 얽힌 오해를 일일이 지적하며 무슬림들이 원래 순수하고 합리적인 세계관을 일찍부터 지녀왔다는 점을 강조하고 있다.

이것만은 알고 죽자
Q&A 세계사 - 서양사편

펴낸날 **초판 1쇄 2010년 2월 18일**

지은이 **김유석, 정부원**
그린이 **심차섭**
펴낸이 **심만수**
펴낸곳 **(주)살림출판사**
출판등록 **1989년 11월 1일 제9-210호**

경기도 파주시 교하읍 문발리 파주출판도시 522-1
전화 **031)955-1350** 팩스 **031)955-1355**
기획·편집 **031)955-1364**
http://www.sallimbooks.com
book@sallimbooks.com

ISBN 978-89-522-1260-3 04080
ISBN 978-89-522-1296-2 04080(세트)

* 값은 뒤표지에 있습니다.
* 잘못 만들어진 책은 구입하신 서점에서 바꾸어 드립니다.

책임편집 **이기선**